国家金融与发展实验室
National Institution for Finance & Development

中国住房金融
发展报告
（2023）

顾问/李　扬

蔡　真　崔　玉/主编

社会科学文献出版社
SOCIAL SCIENCES ACADEMIC PRESS (CHINA)

构建房地产新模式　促进房地产市场软着陆（代序）

李　扬

由国家金融与发展实验室房地产金融研究中心编写的《中国住房金融发展报告（2023）》（以下称"报告"）如期同读者见面了，这是房地产金融研究中心编写的第五份年度报告。

按照惯例，每一期的报告都会围绕一个主题展开。2022 年的房地产市场显然延续了 2021 年的颓势，而且，长期累积的风险开始从企业端向消费端、由实体层面向金融层面进一步传导。由此可以认为：我国房地产市场的长期下行态势进一步得到确认，我们面临的紧迫任务就是，在努力促成市场软着陆的同时，加速构建房地产新模式。

一　房地产市场长期拐点已确立

国家统计局数据显示，2023 年第一季度，我国房地产市场走出了一波小阳春行情：70 城新建商品住宅价格较 2022 年末上涨 0.26%，结束了连续 17 个月的环比下跌态势；销售面积同比增长 1.4%，也止住了持续六个季度下行的局面。然而，这种"好时光"并没有持续太久，从 2023 年 4 月开始，形势又急转直下，销售面积环比下降 47.8%。更严重的是，供给端的风险进一步扩大：房企投资意愿骤减，致使住宅开发投资和新开工面积环比分别下降 23.1% 和 33.8%。这种状况让我们不得不正视房地产市场长期下行的趋势。

论及长期趋势，需要从多方面展开分析。首先看住宅的存量。"七普"

数据显示，2020 年我国人均住房建筑面积达到 41.76 平方米，同期，作为世界公认的住宅最为宽裕的俄罗斯，人均居住面积只有 26.9 平方米。从户均角度计算，我国的状况甚至好于德国、荷兰这两个发达国家。这些数据告诉我们，经过 30 余年的不懈努力，从居住面积来看，我国已经不存在住宅的供给缺口。"七普"住房数据其他指标也指向相同的结论：2020 年，我国城市人均住房间数为 0.99 间，有些城市（例如重庆）拥有 3 间以上住房的家庭户数占比超过 50%。[①] 再从每人获得独立居住空间的视角来看，全国居住性资产的人均配备已接近上限，一些二线城市甚至过剩。

从需求侧来看，具有以下特点。

其一，经济增速持续下行使得居民住宅需求不断萎缩。我国经济增长已由高速转为中高速的新常态，居民收入在 GDP 中的占比没有明显上升趋势，这意味着居民收入增速将更快趋于稳态。中国人民银行的城镇储户问卷调查报告表明，疫情以来，城镇储户对未来收入的预期一直处于下行态势，尽管 2023 年第一季度有所好转，但仍然低于 50 的荣枯线。缺乏收入面的支撑，加之前期居民债务堆积和预防性储蓄倾向加强，都从需求面对房地产市场形成拖累。

其二，人口红利逐渐消失。研究显示，房价与人口红利存在典型正相关关系。其道理很简单：当经济处于人口红利期时，社会的总抚养比较低，整个社会的储蓄水平较高，加之年轻人对住房需求大，自然引致房地产市场的上升行情。近年来，我国人口红利逐渐消退：世纪之交，我国人口进入老龄化时代；2012 年前后，我国进入劳动年龄人口负增长时代；2022 年，我国进入总人口负增长时代。应当说，上述三大变量出现趋势性变化，标志着我国的人口红利逐渐消失。人口红利消失后，需求相对萎缩将是长期现象。更值得关注的是，我国人口结构也在发生改变，最突出的问题是独居家庭增加。"七普"数据显示，2020 年，我国独居家庭户占比达到 25.4%。大量独

[①] 国务院第七次全国人口普查领导小组办公室编《中国人口普查年鉴（2020）》，中国统计出版社，2022。

居人群存在，意味着从代际传承角度来看，购房需求锐减。

其三，城镇化进程明显放缓。城镇化是推动房价上涨的另一动因，一方面，城镇化使人口由农村向城市聚集，住房需求增加；另一方面，城镇化过程中伴随着大量的基础设施建设，这些投资最终都会内化到住房价格中。国际经验表明，当城镇化率为65%～70%时，城镇化进程将明显放缓，而相反的趋势即逆城市化将日渐显现：人口不再表现为聚集，而开始由城市中心向郊区、城市带甚至乡村扩散。当城市规模不再扩张时，基础设施建设也相应停滞。2022年我国城镇化率达到65.22%，这意味着我国城镇化进程很快会进入后期，城市房价上涨将失去主要动力。

市场主体的行为可作为长周期拐点到来的微观验证。

第一，消费者的购房需求是终端需求，决定了房地产市场的最终走势，购房者的两个行为特征表明需求不稳。其一，调研显示，一些刚需购房者认购犹豫，甚至出现下定后又撤回的现象。主要原因是年轻人普遍认为收入上涨概率低甚至担心失业。国家统计局全国城镇调查失业率数据显示，16～24岁城镇人口调查失业率自2023年以来持续上升，4月达到20.4%。没有工作，即使有"六个钱包"的支持，年轻人也不敢买房。其二，房贷提前偿还诉求强烈。提前还贷在过往属于正常现象，但没有引起个人按揭贷款余额下行，因为过去房价一直处于上升期，个人归还按揭贷款后出于改善性或投资性需求还会购买住房，使用杠杆，这使得个人按揭仍处于净增加的状态。当前提前还款的逻辑完全不同于以往，购房人提前还款要么是为了替换成本更低的经营贷，要么是为了减少负债总额。居民提前还贷的目的已由过去的追求资产最大化转向负债最小化，这是典型的资产负债表衰退特征。

第二，房企的利润取决于销售与成本之差，其行为反映了自身对利润预期进而对市场走势的判断。其一，市场约束力更强的民企普遍不拿地，新开工面积明显低于竣工面积，这反映出大部分民企预期市场不好，不愿意增加投资。尽管一些优秀民营房企的年报显示其还处于盈利状态，但调研发现，这其实是表面现象，认真深入分析它们的报表就会发现，这些企业实际上已经亏损。这是因为房企采取预售制度，只有当住宅交付给购房人时才能在年报中确认营业收入，而住宅对应的拿地成本在两三年前已经产生。针对万科武汉公司的调研发现，如果按同时期的拿地成本核算，从 2018 年开始，该公司已经处于亏损状态。如果未来房价不能稳定或上涨，房企的利润表还将恶化，有演变为资不抵债的风险。其二，部分房企出现"躺平"现象。针对重庆的调研发现，部分出险房企希望仅依靠专项借款完成"保交楼"任务，或仅以出险项目剩余货值作为抵押，不愿提供其他项目的干净资产，自救意愿不强。

二　房地产市场与共同富裕

房地产市场下行不仅会对国民经济运行产生诸多负面影响，还会影响共同富裕的实现。

房价下行影响共同富裕的机制在于不同收入群体财富的构成不同：对于中低收入群体而言，房产是他们最主要的财富形式；而对于高收入群体而言，房产占其财富的比例则要低得多。在这种结构下，房价下跌导致中低收入群体受损最多，而高收入群体则可以通过更加多元化的投资组合来缓冲房价下跌带来的损失。对 OECD 国家的经验研究表明：处于财富分布顶端的家庭拥有更为多元化的投资组合，包括商业和金融财富；较不富裕家庭主要拥有住房；最不富裕家庭几乎一无所有。如果所有房屋价值突然暴跌至零，各国净财富分配的基尼系数将由 0.66 大幅上升至 0.82，财富差距扩大到原来的 1.24 倍。

除了房产作为资产组合的机制影响共同富裕外，作为一种资产，房产本身的分化也会导致财富分配差距扩大。调研发现，中国房价的分化不仅体现在一、二线与三、四线城市之间，而且一线城市的内部即城市中心与远郊区之间也表现出巨大差异。以广州为例，位于天河区的保利天御项目在 2022 年底的开盘价为 18 万元/平方米左右，2023 年 3 月的开盘价涨至 20 万元/平方米，一套房总价为 5000 万元至 1 亿元，在总价高、单价上涨的形势下，该楼盘仍一房难求。与之形成鲜明对比的是，位于广州郊区增城的华润置地公园上城项目的开盘价由 2023 年春节前的 3.8 万元/平方米降至 4 月的 2.4 万元/平方米，但仍然销售困难。再以武汉为例，联投中心·三千序项目位于武汉一环内，以 275、550 平方米户型为主，价格为 3.6 万元/平方米，销售情况较好；而碧桂园位于武汉四环外的汉南板块项目却销售困难，去化周期超过 8 年。

如果将房价分化与购房群体对应起来，可以清晰地看到这种财富分化的动态调整过程。远郊区购房者大多对应中低收入群体，城市中心购房者则对应高收入群体。根据《2021 意才·胡润财富报告》的统计，中国千万元以上高净值家庭数量约为 116 万户，亿元以上高净值家庭数量约为 11 万户，这类家庭在整个社会中所占比例极小，若要购买数千万元或上亿元的住宅，只能通过调整资产结构的方式实现。调研发现，这类家庭主要通过卖掉郊区住房实现豪宅置换，其中也有部分购房人使用经营贷。客观地说，无论通过何种方式调整资产配置，广大中低收入家庭都会"望房兴叹"。

在房地产市场整体下行且房价分化加剧的形势下，居民财富分配差距因资产结构调整进程进一步扩大，这显然不利于共同富裕目标的实现。

三　房地产新发展模式的三个宗旨

2021 年底中央经济工作会议首次提出探索房地产发展的新模式，2023 年以来，《政府工作报告》、国务院重要会议以及相关部委领导重要讲话，也多次提及房地产新模式。这意味着，"高负债、高杠杆、高周转"的旧发展模式已走到尽头，转型具有必要性和紧迫性。目前，房地产市场发展的新模式还在探索中，对于如何发展还存在较多争论。然而，可以确认的是，从大拆大建转向开发与改造并重，从以购房为主转向租购并举、以租为主，进一步完善以公租房、保障性租赁住房和共有产权住房为主体的住房保障体系，在超大、特大城市推进"平急两用"公共基础设施建设等，应是改革的大方向。毫无疑问，这个转变是一个根本性转变，鉴于旧模式已行之甚久，这个转变并不容易。我们要做好长期准备。

我们认为，新发展模式应遵循三个宗旨。

第一，可持续发展。如何才能实现可持续发展？2022年底中财办在解读中央经济工作会议精神时指出，要深入研判房地产市场供求关系、人口变化和城镇化格局，推动其向新模式过渡。这实际上给出了探寻新模式的原则遵循，即供给侧应与人口变化导致的需求变动适配。具体而言，中国人口变化的特征主要有三个。其一，从总量上看，2022年末人口比上年减少85万人，那么长期的人口负增长对应住房需求（无论是买还是租的需求）衰减。从这个意义上讲，大规模新建住宅不太现实了，"高周转"也不灵了。其二，人口结构的变动将产生深远的影响：一是新市民人口大量增长，这部分人群大多支付能力有限，在较长时期内买不起房；二是独居人口呈上升趋势，从代际传承的角度看，这部分人群的购房意愿较弱。这两类人群具有长期租房需求而不是购房需求。对于这一结构变化，2021年发布的《国务院办公厅关于加快发展保障性租赁住房的意见》中已有对应安排。对于房地产企业而言，应在这一指挥棒下尽快由过去以开发为主的模式转向以资产管理、服务经营为主的模式。其三，目前，我国的住房在总量上基本平衡，但需求结构问题突出，相应地，供给面须进行结构调整，以与需求面适配。目前，我国土地供给存在多重失衡，如城市与农村失衡，表现为农村集体土地大量闲置；城市内部失衡，表现为居住用地规划占比太小等。要解决这些问题，应从放开跨省（区、市）土地交易指标、转变土地用途、盘活存量多方面进行应对。

第二，应有利于实现共同富裕目标。因为住房在居民财富中占有70%以上的比重，尤其是中低收入家庭这一占比更高。房地产市场健康发展，是中低收入家庭分享中国经济增长红利、积累财富的重要方式，因而也构成促进共同富裕的重要政策内容。而房价下跌会导致财富分配差距进一步扩大，因此通过打压房价来实现共同富裕并非良策。我们认为，新模式应有利于更好地促进共同富裕。其一，对于低收入群体，政府应加大对保障性住房的支持力度。过去二十多年，我国住房市场过度强调商品房的发展，这导致房价过快上涨。对于未能买房的低收入群体而言，他们面临公共服务权益的实质不平等，还面临消费上的棘轮效应；对于买了房的低收入群体而言，他们背负较重的债务负担，生活质量明显下降。因此，加强对低收入群体的住房保障，意在避免由居住问题导致的诸多不平等现象和家庭财务脆弱性问题。其二，对于中等收入群体，政府应支持其合理拥有住房资产（包括刚需住房、改善性住房甚至投资性住房）。一方面，政府应谨慎开征房产税；另一方面，政府应降低中等收入群体的住房按揭负担，并改变按揭贷款比经营贷利率高的扭曲现象。目前，我国住房按揭利率为 4% 左右，而同期日本为 2.48%，德国为 1.79%，新加坡为 2.97%。这说明，我国按揭贷款利率仍有较大下降空间。其三，对于高收入群体，政府应更多考虑开征遗产税。

第三，应有利于房地产市场的软着陆。新旧模式的转换应是一个渐进式的过程，这是中国改革的宝贵经验。热若尔·罗兰（Gérard Roland）总结了渐进式改革的优势。其一，在总和不确定的情况下，渐进式改革缓解了事前政治约束，可以使改革有效推进；爆炸式改革尽管创造了不可逆转性，但最大的错误认识是以为改革完成后一定成功。其二，渐进式改革体现了"稳中求进"的思想。"稳"字体现在渐进式改革保持原有的计划合同义务，避免了对生产链条的破坏和产生新的高昂搜寻成本。"进"字体现在渐进式改革以帕累托改进的方式实施价格自由化，通过边际上的放开改善潜在受益者的状况。对应房地产市场，如果采取先破再立的改革方式，势必对行业乃至经济稳定产生影响。2021 年下半年以来，恒大风险事件逐渐蔓延扩散，大量房企违约，并最终引发"保交楼"事件，便是教训。这提示我们，旧模式中的购买需求依然需要重视，尤其是改善性需求。针对当前"卖一买一"的购房人群，应松绑"认房又认贷"的二套房首付认定标准，将其视为首套房，按首套房首付比例要求发放贷款。

总之，2023 年第二季度以来，我国房地产市场继续下行现象至少给了我们两大警示：其一，我国房地产市场长期下行的趋势已经确认；其二，房地产市场发展模式转型刻不容缓。

目　录

综合篇

市场篇

专题篇

综合篇

General Report

第一章
中国住房市场及住房金融
总报告（2023）

蔡 真[*]

- 在房地产市场面临需求收缩、预期转弱和房企违约冲击的形势下，2022 年，政府部门持续释放积极的房地产政策信号来稳定房地产市场和预期，包括重新明确房地产行业的国民经济支柱产业地位、通过金融"三支箭"政策支持房企的合理融资需求、支持居民的刚性和改善性住房需求、放松供需两端的限制性行政政策、推进"保交楼"和房企债务风险的防范化解等。

- 房地产市场运行方面，2022 年，房地产市场延续 2021 年下半年以来的下行态势，商品住宅销售各季度同比增速全部为负值，商品住宅销售面积为 11.46 亿平方米，已回落至 2013 年的水平；商品住宅销售额为 11.67 万亿元，已回落至 2017 年的水平；70 城商品住宅销售价格环比下跌态势已持续 16 个月，住房租赁市场租金水平普遍下跌。住宅销售市场的趋冷通过房企的拿地投资行为影响到土地市场，2022 年百城住宅类土地在供给大幅下降的同时，仍有大量土地流拍，全国百城共有 6279 宗土地未能成交。

- 房地产金融形势方面，在住房贷款利率大幅下调、住房消费金融服务持续优化的情况下，个贷余额增速仍持续回落；因出现提前还贷

---

* 蔡真，中国社会科学院金融研究所副研究员，国家金融与发展实验室房地产金融研究中心主任、高级研究员。

潮，第四季度，个贷余额净减少1100亿元，表明居民部门正在通过增加储蓄、降低消费和减少债务来修复家庭资产负债表。受房企债务违约影响，房地产信托仍在持续压降，房企境外债发行规模腰斩；但随着房地产融资政策环境的进一步改善和"保交楼"专项借款的有序投放，房地产开发贷款余额增速由负值转为正值，同比增长了3.7%。

- 2022年，中国房地产市场最大的风险点是购房者集体停贷事件。购房者停贷动机是，在"拿不到资产且背负巨额债务"的双重困境下，购房者希望通过将银行拉下水的方式倒逼开发商复工复产。集体停贷事件的直接原因是预售资金监管不力，预售资金监管陷入"一收就死、一放就乱"的尴尬境地；发生集体停贷事件的根本原因是房企债券违约潮造成购房者预期转弱，以至于对保交付失去信心。房企违约潮在2022年的演进表现出明显的阶段性特征：第一季度，世茂爆雷；第二季度，融创爆雷。头部房企违约给市场造成巨大冲击，同时前期违约的其他房企选择二次展期，这造成投资人信心缺失，房企资金"输血"断崖式下降，在这样的背景下，一些房企干脆选择躺平，或进行"表演式"复工复产，这最终激化了房企和购房者的矛盾，于是，第二季度末第三季度初爆发了"集体停贷事件"。第四季度，房企违约势头蔓延至优质民企，旭辉发生违约，此外，市场传闻碧桂园以及一些国有房企处于违约边缘。

- 2022年11月，决策层出台了金融"三支箭"政策。过往政策主要针对房地产需求端，而金融"三支箭"政策全部针对供给端，从信贷、债券和股权三个方面支持房企融资。房地产市场面临需求偏弱、预期不稳、供给冲击（房企违约）三个方面问题，而根源在于供给冲击。此次金融"三支箭"政策有效有力，为市场注入强心剂。经过2022年12月以及2023年1月两个月的市场运行，金融"三支箭"政策的效果已初显：其一，供给侧资金快速落地；

其二，这些资金已推动"保交楼"顺利发展；其三，政策已明显改善房地产市场预期；其四，二手房市场已释放企稳信号。

- 展望 2023 年，我们认为房地产政策将着力于稳需求、保供给和防范化解风险三个方面。从短期看，随着金融"三支箭"政策的推进，房地产市场将进一步复苏，其政策发挥效力的途径包括两条：其一，随着房企资产负债表改善计划的实施，"保交楼"项目将进一步推进，这将大幅减少新房交付的不确定性；其二，随着二手房市场的复苏，资产价格将有所回升并从二手房市场传导至新房市场，这将使消费者购买新房的预期明显改善。两条途径共同作用，最终实现房地产市场软着陆。我们预计房地产市场有望在 2023 年上半年完成筑底。但从中长期来看，随着我国人口正式进入负增长时代，城镇化速度放缓，购房主力人口数量大幅减少，住房来源中继承比例逐步上升，我国住房市场有可能步入下行通道，这是特别值得警惕的。房地产金融方面，我们认为，2023 年，房地产金融将维持相对宽松环境。住房消费金融服务进一步优化，个贷利率进一步下降，受提前还贷潮的影响，个贷余额增速可能会进一步下降。随着金融"三支箭"政策的落地，房企融资环境将显著改善。

一　住房市场运行

（一）政策环境

1. 中央及部委层面

2022 年，中央层面在坚持"房住不炒"的政策底线基础上，持续释放积极的房地产政策信号：一是重新明确房地产行业的国民经济支柱产业地位；二是要求加大对居民刚性和改善性住房需求的支持力度；三是要求满足房企合理融资需求，推动行业重组并购，防范和化解房企债务风险；四是压实地方政府责任，推动"保交楼、保民生、保稳定"工作；五是增加保障性租赁住房供给，探索长租房市场建设，加快建立租购并举的住房制度；六是推动房地产行业向新发展模式平稳过渡。

央行、银保监会、财政部、住建部等部委层面，主要从以下几个方面贯彻落实中央要求。第一，支持居民刚性和改善性住房需求。推动 LPR 下行，放宽部分城市的首套房政策利率下限，下调住房公积金贷款利率；优化住房金融服务，加大对居民刚性、改善性住房需求的金融支持力度；支持居民通过换购的方式改善住房条件，并给予个人所得税退税优惠。第二，支持和有效满足房企合理融资需求。通过银行信贷融资（第一支箭）、债券融资（第二支箭）与股权融资（第三支箭）满足房企合理融资需求；允许商业银行与优质房企开展保函置换预售监管资金业务；通过政策性银行专项借款方式支持房企保交楼工作。第三，推进房企债务风险的防范化解。按照法治化、市场化原则，通过债务展期、债务置换、项目并购和资产处置等方式开展出险房企债务风险化解工作。第四，压实地方政府责任，用足用好政策工具箱，"保交楼"、稳民生。第五，加大对住房租赁的金融支持力度。优化住房租赁信贷服务，支持住房租赁企业融资；鼓励银行业金融机构按照依法合规、风险可控、商业可持续的原则，加大对保障性租赁住房发展的支持力度，明确保障性租赁住房项目有关贷款不纳入房地产贷款集中度管理范围；实现保障性租赁住房公募 REITs 发行和上市。

2. 地方政府层面

2022 年，在住房销售规模大幅下降、销售价格持续下行和市场预期较弱的形势下，为稳定市场运行和维持土地财政的可持续性，地方政府在"因城施策"的原则下，从供需两侧密集出台宽松的房地产政策。

需求侧的支持政策主要包括以下几个方面。第一，放松住房需求端限制。放松或取消落户限制，放松或取消区域限购政策，放松首套房认定标准。第二，加大金融支持力度。放宽公积金贷款发放和使用要求，允许提取公积金账户缴存余额支付首付款，允许提取直系亲属公积金账户缴存余额，提高个人住房公积金贷款最高额度；优化或放松区域限贷要求，下调首付比例，下调个人住房贷款利率，合理设置区域个人住房贷款利率下限。第三，鼓励住房消费。发放购房补贴，给予购房者税费补贴或优惠，推行二手房"带押过户"模式，鼓励农村居民进城买房，重启棚改货币化安置或出具房票安置。

供给侧的支持政策主要包括以下几个方面。第一，放松供给端限制。放松或取消区域限售政策，放松房地产项目限价要求，调整新建商品房预售条件，优化房地产项目预售资金的监管和使用。第二，调整土拍规则。稳定供地节奏，放宽土地出让要求，降低土地竞买保证金，允许土地出让价款和税费延期缴纳，设置土地合理上限价格。第三，加大对区域内房地产项目的融资支持力度。第四，落实城市主体责任，推动问题房企和房地产项目处置。牵头推动"保交楼"工作，成立区域房地产纾困基金，支持优质房企进行项目收并购，回购滞销存量商品住房以作为安置房、人才房或保障性租赁住房。

（二）住房买卖市场形势

2022 年，中国房地产市场持续下行。各季度商品住宅销售面积同比增长率分别为-18.64%、-32.08%、-23.79%和-29.75%，商品住宅销售额数据呈现同样的走势，各季度同比增长率分别为 - 25.62%、- 36.24%、-21.31%和-27.17%（见图 1-1）。从累计数据看，2022 年商品住宅销售面积为 11.46 亿平方米，已跌至 2013 年的水平[①]；2022 年商品住宅销售额为 11.67 万亿元，已回落至 2017 年的水平[②]。2022 年房地产市场深度下探的原因包括三点：第一，自 2021 年第三季度以来，受房企债务违约事件的影响，购房者因担心购买期房可能会陷入烂尾楼纠纷，暂缓了购房计划；第二，2022 年 6 月底爆发了"集体停贷事件"，这导致更多意愿购房者陷入观望中，市场需求萎缩；第三，受疫情影响，购房者对未来收入增长预期下降，

---

① 2013 年的商品住宅销售面积为 11.57 亿平方米。
② 2017 年的商品住宅销售额为 11.02 万亿元。

这些因素叠加在一起导致住房市场需求端持续低迷，住房销售规模大幅下跌。尽管政策持续放松、试图扭转预期，但仅仅在边际上对房价起到了托底作用，在数量上未能有效稳住市场需求。

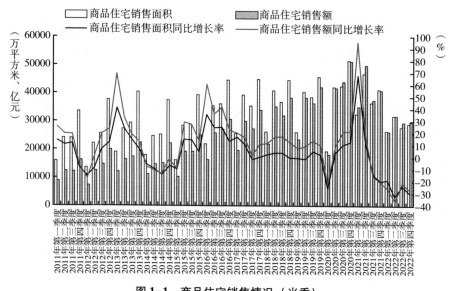

图 1-1　商品住宅销售情况（当季）

资料来源：根据 Wind 数据计算。

国家统计局公布的 70 个大中城市商品住宅销售价格同样反映出市场的低迷状态：2022 年新建商品住宅和二手住宅销售价格累计分别下跌了 2.29% 和 3.76%，从环比数据看，70 个大中城市商品住宅销售价格环比下跌态势已持续 16 个月，但跌幅明显小于历史上的最深跌幅（2014 年 5 月至 2015 年 4 月的跌幅）（见图 1-2）。这表明持续、密集出台的宽松性房地产政策，虽然不能完全改变房价持续下行的趋势，但避免了房价大幅下探的情况，在边际上对房价起到了托底作用。2022 年，一线城市的房价在市场下行、交易量下滑的形势下仍表现得相对较为坚挺，新建商品住宅和二手住宅销售价格同比涨幅分别为 2.52% 和 0.58%；二、三线城市的房价在回落，其中，二线城市新建商品住宅和二手住宅销售价格的同比降幅分别为 1.14% 和 3.19%，三线城市新建商品住宅和二手住宅销售价格的同比降幅分别为 3.86% 和 4.76%。

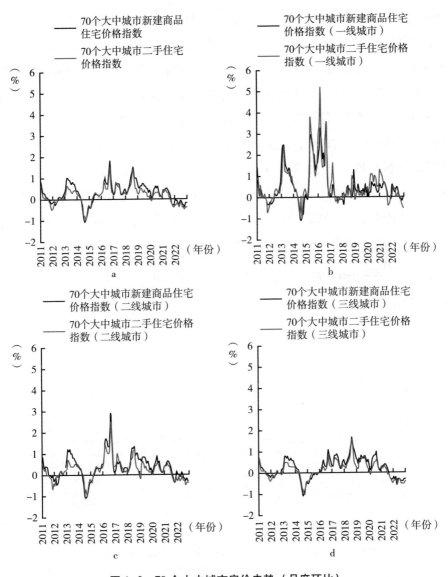

图1-2 70个大中城市房价走势（月度环比）

资料来源：国家统计局，Wind。

从库存去化情况来看，截至2022年12月末，18个样本城市平均住宅库存去化月数由2021年12月末的21.2个月上升至2022年底的30.3个月，房地产整体上表现出滞销的现象。分城市层级来看，2022年，一线城市住宅库存去化周期在上半年经历了快速上升的势头，这主要是由于世茂和融创两家头部企业违约，市场信心受到打击；2022年下半年，即使是在6月底发生"集体停贷事件"的情况下，一线城市的库存去化周期基本保持平稳，这反映出一线城市抗风险能力较强。2022年末，一线城市平均住宅库存去化周期为11.3个月，处于相对合理水平。二线城市住宅库存去化周期走势大体与一线城市保持一致，差异表现为7月和8月上升较快，但随后保持平稳。2022年末，二线城市平均住宅库存去化周期为15.9个月，基本处于合理水平。三线城市平均住宅库存去化周期在下半年出现大幅跳升，这是因为"集体停贷事件"主要发生在三线城市并产生严重的传染效应。2022年末，三线城市平均住宅库存去化周期为63.8个月，库存去化的压力较大，三线城市房地产存在较大的库存去化风险（见图1-3）。

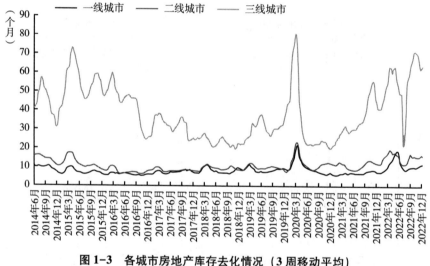

图1-3　各城市房地产库存去化情况（3周移动平均）

注：图中的一线城市包括北京、上海、广州、深圳，二线城市包括杭州、南京、苏州、厦门、南昌、福州、南宁、青岛，三线城市包括泉州、莆田、东营、东莞、舟山、宝鸡。

资料来源：根据Wind统计计算。

（三）土地市场形势

住宅销售市场的趋冷通过开发商的拿地投资行为影响到土地市场。2022年，百城住宅类用地供应面积为3.19亿平方米，同比下降28.86%；成交面积为 2.54 亿平方米，同比下降 19.49%；成交金额为 3.01 万亿元，同比下降了 26.79%（见图 1-4a）。在土地供给大幅下降的同时，仍有大量土地流拍；住宅类用地成交土地溢价率持续保持低位，大部分土地以低价或低溢价率成交。2022 年，全国百城共有 6279 宗土地未能成交，平均住宅类用地成交土地溢价率仅为 3.29%（见图 1-4b）。总体来看，土地交易市场持续低迷。自 2021 年第三季度以来，因销售持续疲软，房企的销售回款规模大幅下降；部分房企债务违约带来行业信用收缩效应，房企的融资性现金流普遍下降。受这些因素影响，大部分房企（尤其是民营房企）的拿地意愿和能力均较低，从而导致土地市场成交规模大幅下降。

（四）住房租赁市场形势

住房租赁市场与住房销售市场和土地市场的走势基本保持一致，住房租赁市场价格普遍下跌。根据中原地产统计的四个一线城市、两个二线城市的租金数据，2022 年末，北京的住房租金水平同比下降 2.81%；深圳的住房租金水平同比下降 3.96%；上海的住房租金水平同比下降 2.99%（见图 1-5a）；广州的住房租金水平同比下降 0.78%；天津的住房租金水平同比下降 1.11%；成都的住房租金水平同比下降 4.14%（见图 1-5b）。2022 年，六个样本城市的住房租金水平整体下跌，即使在 6~8 月住房租赁的传统旺季，六城的住房租金水平仅表现为小幅上涨，市场上部分机构的长租房房源可以原价续租。究其原因，疫情导致人们收入下降和预期不稳，住房租赁市场即使涨价也没多少人埋单。

除考察住房价格的绝对水平外，还可以通过相对指标衡量价格水平，下文采用的是租金资本化率。租金资本化率由每平方米住宅的价格除以每平方米住宅的年租金得到，其可以反映一套住宅完全靠租金收回成本要经过多少年，可以较好地用于刻画房价泡沫程度。这一概念与租售比类似，但更加直观。租金资本化率走势见图 1-6。2022 年，四个一线城市的租金资本化率除广州由年初的 62.00 年上升至 66.81 年外，其余三个一线城市的租金资本化率都是下降的。同期，二线热点城市的平均租金资本化率由年初的 52.9 年上升至 56.2 年，这主要是由厦门和合肥这两个二线热点城市的租金上涨

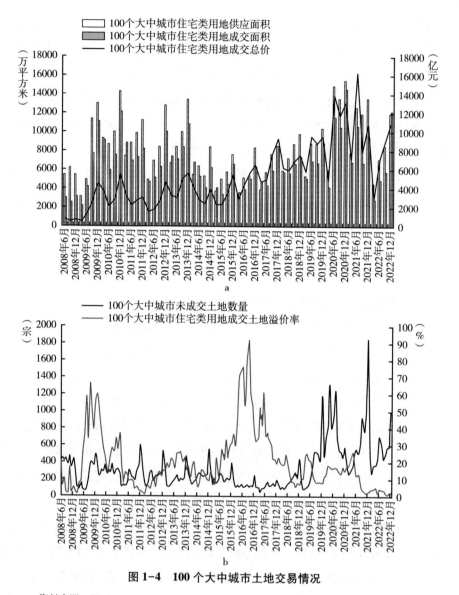

图1-4　100个大中城市土地交易情况

资料来源：Wind。

较快造成的；二线非热点城市的平均租金资本化率基本保持稳定，由年初的
46.4年上升至47.5年。三线城市方面，平均租金资本化率基本保持不变，
2022年末为42.0年，略低于年初的42.1年。

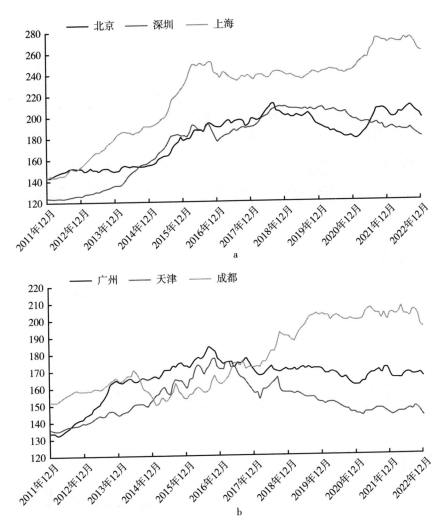

图 1-5　中原地产统计的二手住房租金指数

注：定基 2004 年 5 月 = 100。
资料来源：中原地产，Wind。

总体而言，租金资本化率基本保持稳定且有一定程度的下降，房价泡沫不再是威胁金融稳定的主要因素。相反，房价的持续下行可能形成负资产，进而造成个人抵押贷款大面积违约。2022 年，在一线城市深圳，已经出现因房价下跌银行要求业主补缴抵押金的现象，这是尤为值得注意的。

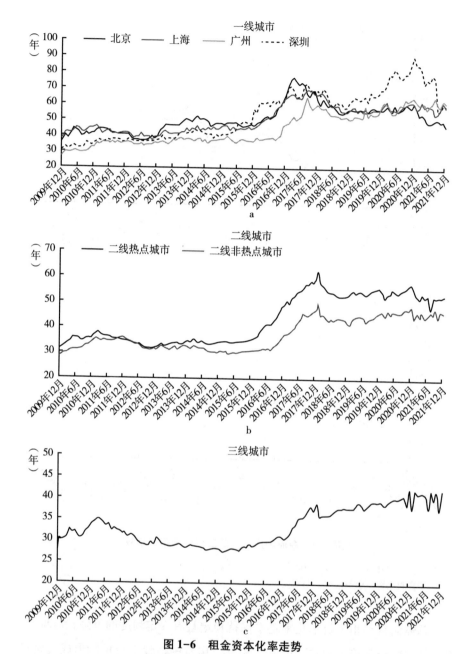

图 1-6　租金资本化率走势

注：本报告监测的二线热点城市包括杭州、南京、苏州、武汉、成都、厦门、福州、
西安、合肥，二线非热点城市包括天津、重庆、郑州、长沙、南宁、南昌、青岛、宁波，
三线城市包括昆明、太原、兰州、乌鲁木齐、呼和浩特、湖州、泉州、常德、蚌埠。

资料来源：国家金融与发展实验室监测数据。

二 住房金融形势

（一）个人住房金融形势

1. 个人按揭贷款总量情况

从余额数据看，截至 2022 年末，我国个人住房贷款余额为 38.8 万亿元，占全部信贷余额的比例下降至 18.13%。从余额增速来看，个人住房贷款余额同比增速从 2017 年第二季度开始呈持续下降态势。2022 年，个人住房贷款余额同比增速延续这一走势：第一季度的同比增速为 8.90%，第二季度的同比增速为 6.20%，第三季度的同比增速为 4.10%，第四季度的同比增速仅为 1.20%（见图 1-7a），已远低于金融机构人民币各项贷款余额的同比增速。从个人住房贷款余额的净增量数据来看，2022 年第一季度，个人住房贷款余额净增量为 5200 亿元；第二季度，个人住房贷款余额净增量仅为 200 亿元；第三季度，个人住房贷款余额净增量为 500 亿元；第四季度，个人住房贷款余额净减少 1100 亿元。从居民部门月度新增中长期贷款数据来看，2022 年，居民部门新增中长期贷款月度平均增量仅为 2291.67 亿元，较 2021 年的 5066.67 亿元的月度平均增量下降了 54.77%；其中，2022 年 2 月和 4 月，居民部门新增中长期贷款的净增量出现负值的情况。

在对合理住房消费的金融支持力度不断加大、个人住房消费金融服务持续优化的情况下，个贷余额增速仍持续回落，且因出现提前还贷潮，个贷余额在第四季度罕见地出现了负增长。究其原因，可能包括以下三个方面。一是受住房销售规模下降影响，新增个人住房贷款的融资需求也随之下降。二是新增和存量住房贷款利率差较大，叠加理财市场收益率较低，部分前期较高利率的借款人在手头存款或资金充足情况下，为降低利息支出，开始提前偿还房贷。三是疫情三年对居民部门的收入预期和资产负债表均产生了较大的冲击。居民部门通过降低消费、将大部分收入或积蓄用于还债等方式来修复家庭资产负债表，部分借款人开始提前还贷，提示发生居民部门资产负债表衰退的苗头。

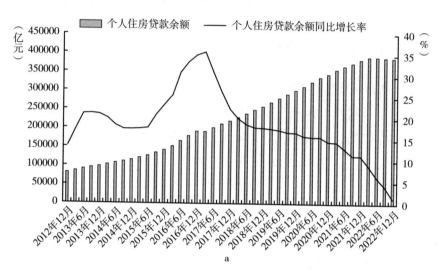

a

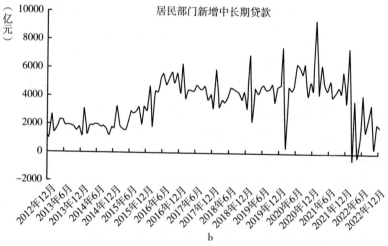

b

图1-7　个人住房贷款余额及同比增速与居民部门新增中长期贷款情况

资料来源：中国人民银行，Wind。

2. 个人按揭贷款风险情况

我们计算了一线城市和部分二线城市新增二手住房贷款价值比（Loan

to Value，LTV），这一指标可以衡量住房价值对新增住房贷款的保障程度，也可以用于反映个人住房贷款违约风险的大小。相关研究表明，LTV 与个人住房贷款违约率显著正相关，如果这一指标数值较低，说明购房者中使用自有资金的比例较高，则银行等金融机构面临的风险不大。

2022 年末，一线城市中北京的平均新增二手住房贷款价值比为 23%，上海的平均新增二手住房贷款价值比仅为 18%，均处于较低水平（见图 1-8a）；广州的平均新增二手住房贷款价值比为 34%，深圳的平均新增二手住房贷款价值比为 36%，处于合理水平（见图 1-8b）。2022 年，深圳出现了因房价下跌，住房贷款抵押物价值下降，银行要求借款人提前偿付部分本金或补充额外担保的个案事件，但这在深圳属于个别现象。整体来看，深圳个人抵押贷款的风险"安全垫"仍较为厚实。二线城市方面，成都的平均新增二手住房贷款价值比为 46%，合肥的平均新增二手住房贷款价值比为 45%，南京的平均新增二手住房贷款价值比为 49%，西安的平均新增二手住房贷款价值比为 51%，均处于合理水平（见图 1-8c）；重庆的平均新增二手住房贷款价值比为 55%，天津的平均新增二手住房贷款价值比为 39%，东莞的平均新增二手住房贷款价值比为 54%，佛山的平均新增二手住房贷款价值比为 54%，亦处于合理水平（见图 1-8d）。总体来看，受益于较高的首付比例、较低的 LTV，12 个样本城市的新增二手住房贷款抵押物的保障程度均较高，个人住房贷款总体风险可控。

从上述数据来看，一线城市比二线城市的贷款比例更小、风险更加可控，造成这一现象的原因包括以下几点。第一，一线城市的二套房认定标准严格，且最低首付比例要求较高，具有改善性住房需求的借款人的首付比例较高。例如，北京的二套房认定标准为"认房又认贷"，最低首付款比例为60%①。第二，一线城市（除深圳外）的老旧住宅普遍较多，而银行对于一些接近产权年限的住宅不发放贷款，这也是造成一线城市贷款比例低的原因。第三，一线城市住房总价较高，借款人为降低月供还款压力或仅使用住房公积金

---

① 购买普通自住房的首付款比例不低于 60%，购买非普通自住房的首付款比例不低于 80%。

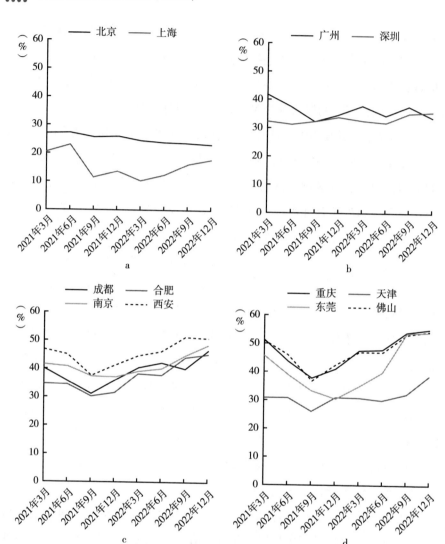

图1-8　一线城市和部分二线城市新增二手住房贷款价值比

资料来源：贝壳研究院。

贷款，倾向于通过掏空"六个钱包"和向亲友借款来提高首付比例。第四，一线城市的房价远高于二线城市，因而交易税费较高，部分购房人出于避税目的签订阴阳合同，即在阳合同中通过降低房款总额来减少税费支出，在阴合同中需要多出首付款，这造成贷款比例小。第五，因个贷和经营抵押贷之间存在利差，部分购房者在全款或高首付比例的前提下，再违规使用抵押经营贷或二次抵押贷款。在这种情形下，个人住房贷款的低 LTV 并不意味着低风险。

（二）房企融资形势

1. 房企开发贷融资情况

从央行公布的金融机构贷款投向统计数据来看，截至 2022 年末，房地产开发贷款余额为 12.69 万亿元（见图 1-9），占全部信贷余额的比例为 5.93%，同比增长 3.7%，同比增速在经历第一、二季度持续为负值后，在第三季度转为正值。

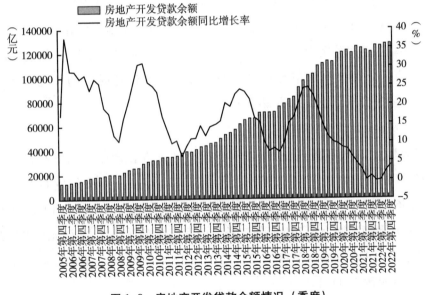

图 1-9　房地产开发贷款余额情况（季度）

资料来源：中国人民银行，Wind。

从 2021 年第四季度开始，中国人民银行、银保监会等部门多次表态，要求银行业金融机构准确把握和执行好房地产金融审慎管理制度，支持和满足房企合理融资需求。但因为房企债务违约事件仍在持续发生，行业信用远未恢复，商业银行受制于风险约束和经营考核压力，对新增房地产开发贷款的发放仍然极为审慎，2022年第一、二季度，房地产开发贷款余额表现为同比增速持续为负值。2022年第三、四季度，随着房地产融资政策环境的进一步改善和"保交楼"专项借款的有序投放，房地产开发贷款余额增速由负值转为正值，恢复正增长。

2. 房地产信托融资情况①

从投向房地产行业的信托资金数据来看，截至2022年第三季度末，房地产信托余额为1.28万亿元，与2021年末相比，余额压降了4808.21亿元，同比下降34.20%，占资金信托余额的比重进一步下降至8.53%（见图1-10a）。在强监管和房地产信托违约风险事件频发的背景下，信托投资公司持续压降房地产信托规模，房地产信托余额的规模、增速和占比均持续压缩。

从融资成本来看，2022年第一、二、三季度，房地产信托发行的平均预期年化收益率分别为7.55%、7.58%、7.62%（见图1-10b）；加上2%~3%的信托公司报酬和信托计划发行费用，房企信托融资的平均成本为9.55%~10.62%，较2021年略有上升。

3. 房企信用债发行情况

2022年，房企境内信用债（不包括资产证券化产品）的发行总额是4937.27亿元，同比下降9.93%。其中，2022年第一季度的发行金额为1247.56亿元，平均票面利率为3.61%；第二季度的发行金额为1282.81亿元，平均票面利率为3.39%；第三季度的发行金额为1328.24亿元，平均票面利率为3.34%；第四季度的发行金额为1078.66亿元，平均票面利率为3.27%（见图1-11a）。

2022年，房企境外债的发行规模为214.32亿美元（约为1450.96亿元），同比下降50.28%，发行规模腰斩。其中，2022年第一季度的房企境外债的发行规模为53.98亿美元（约为342.70亿元），平均票面利率为7.79%；第二季度的发行规模为34.50亿美元（约为231.54亿元），平均票

---

① 由于信托数据的发布滞后一个季度，当前数据更新至2022年第三季度末，本部分分析基于2022年第三季度末及之前的数据。

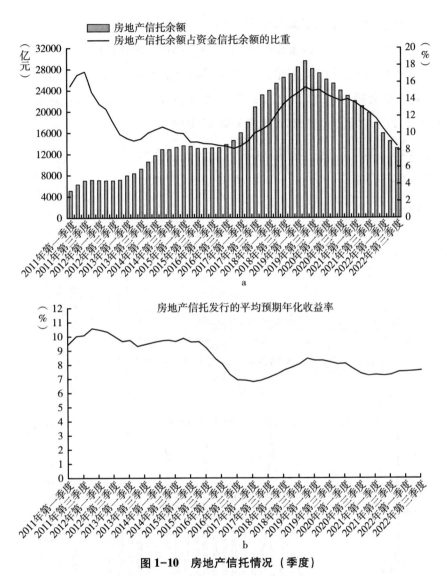

图 1-10　房地产信托情况（季度）

资料来源：中国信托业协会，用益信托网，Wind。

面利率为 8.88%；第三季度的发行规模为 81.66 亿美元（约为 579.77 亿元），平均票面利率为 6.95%；第四季度的发行规模为 44.17 亿美元①（约

---

①　包括当代置业因债务重组而发行的 29.09 亿美元债，新的债券用于替换已违约高息美元债。

为 299.05 亿元），平均票面利率为 8.56%（见图 1-11b）。

从存量情况来看，截至 2022 年末，房企境内信用债待还余额为 1.77 万亿元，同比下降 6.84%，其中，一年内到期债券余额为 3357.52 亿元，三年内到期债券余额为 1.02 万亿元；房企境外债存量余额为 1729.61 亿美元（约为 1.17 万亿元），较 2021 年末下降 12.07%。

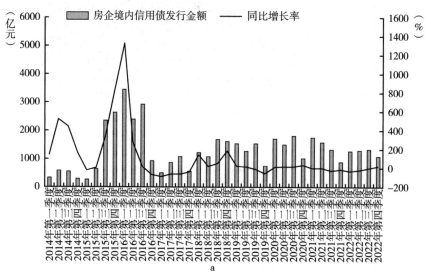

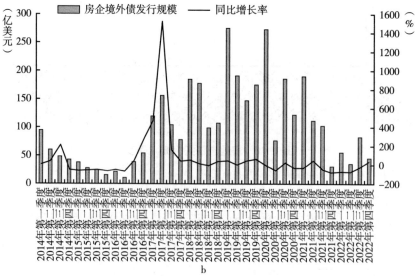

图 1-11 房企境内信用债、境外债发行情况（季度）

资料来源：Wind。

三　房地产金融主要风险情况分析

（一）购房者集体停贷事件

2022年，中国房地产市场最大的风险点是购房者集体停贷事件。2022年6月30日，江西省景德镇市恒大珑庭的业主将一份强制停贷告知书发布到社交媒体，其主要内容是，在一定期限内如果业主所购买的期房项目未能全面恢复正常施工，业主将单方面强制停止房贷的偿还。购房者停贷事件快速发酵：6月30日至7月9日，数个楼盘的业主组织起来发布停贷告知书；7月10~16日，每天都有数十个楼盘加入停贷队伍，在百度指数中以"停贷"+"停贷潮"+"断供"为关键词进行检索，搜索指数迅速上升至数万条以上，2022年7月14日达到峰值45123条，而正常时期这一检索词的指数不到1000条。集体停贷事件迅速传染扩散，根据刘鹤副总理于2023年1月17日在世界经济论坛上公布的数据，已付款未交付的项目有2600多个，涉及188万名居民，其成为影响社会稳定的重大隐患。

1. 购房者停贷动机分析

从法律方面来看，购房者和开发商之间的购房合同关系、购房者和银行之间的按揭贷款合同关系，是两个独立的合同关系。尽管按照行业惯例，银行在大多数情况下会要求开发商为购房客户的按揭贷款提供阶段性担保。在开发商出现违反购房合同的约定，发生长期停工、逾期交付或项目烂尾等情形时，购房者只能依据购房合同关系向开发商主张权利。在购房者与银行之间的按揭贷款合同未解除的前提下，购房者单方面做出停止还贷的行为，会构成对按揭贷款合同的违反并需承担违约责任。这可能会使购房者被纳入征信失信名单、产生逾期利息、被要求承担还款责任或被强制拍卖所购房屋。

那么购房者是否可以要求开发商解除购房合同？解除购房合同之后，贷款合同作为购房合同的附属合同，也可以解除，从而实现退房退贷。这在理论上是可行性的，但现实中的操作很难：首先，购房者需要举证开发商违约，调查举证的精力成本和金钱成本都很高；其次，审理需要较长周期，法庭可能主张庭外和解，即使审判开发商违约也存在执行难的情况（因为开发商陷入财务困境）。更为重要的是，购房者购房的目的是获取住房资产，其中大部分还是刚需群体（以自住为首要目的），而开发商停工使购房者陷入"拿不到资产且背负巨额债务"的双重困境，可以说购房者在整个住宅生产的链条中是最弱势的群体。在考虑初始意愿、综合权衡停贷的负面影响和向开发商主张权利的成本后，购房者只能选择"停贷"的下策，其目的是将银行拉进来倒逼开发商复工复产。

2. 集体停贷事件产生的原因

从大部分停贷告知书来看，预售资金监管不力是停贷风波发生的直接原因。根据《城市商品房预售管理办法》和各地区出台的《商品房预售资金监督管理办法》中的相关规定，商品房的预售资金①应当直接存入监管账户。住建主管部门对存入监管账户的商品房预售款进行监管，监管资金分为重点监管资金和一般监管资金。重点监管资金是确保项目竣工交付所需的资金，实行专款专用，必须用于有关的工程建设（如建筑材料、设备和工程款等）。重点监管资金以外的资金为一般监管资金，预售项目留足重点监管资金后，在项目无拖欠工程款和农民工工资的情况下，房企可以申请提取一般监管资金以拨付至其基本账户，这部分资金由房企提取和使用。理论上来说，仅重点监管资金就足以支付房地产项目的建安成本，并不会出现因建设资金不足而导致停工、延期交付或烂尾的情况。然而，现实中存在预售资金没有进入监管账户的情况，如郑州奥园项目的7亿元销售收入被挪用；此外还有房企与总包方合谋虚报工程进度、提前支取重点监管资金的情况。

出现停贷风波的根本原因是"高负债、高杠杆、高周转"的模式在当前环境下失灵了。自2021年下半年恒大爆雷以来，预售资金监管经历了收紧的过程，其目的是"保交楼"，然而房企资金运作高度依赖预售款，有的

---

① 预售资金指期房销售中购房人按照商品房买卖合同约定支付全部购房款，包括定金、首付款、分期付款、一次性付款和银行按揭贷款、住房公积金贷款等。

城市将重点监管资金额度设置为预售款的 10%（这在二、三线城市不足以支付建安成本），政策收紧后，房企因不能回流资金而不能开工，这就出现了"一收就死"的局面。2022 年上半年，预售资金监管政策放松，政策目标依然是"保交楼"，但放松后，资金很快被房企挪用，其主要将其用于还债，这就出现了"一放就乱"，结果与政策目标背离的情况。当"三高"模式导致房企资金全面失血时，从单方面着手难以解决问题，关键是对房企输血，并使其具备造血功能。

3. 集体停贷事件的影响

集体停贷事件的迅速传染扩散，产生的影响可能包括以下几个方面。一是影响借款人的征信。停贷行为可能会构成对按揭贷款合同的违约，导致购房者被纳入征信失信名单，产生逾期利息，被要求承担还款责任或被强制拍卖所购房屋。二是导致个人住房贷款不良率和不良贷款规模上升，影响银行的信贷资产质量。如果风险敞口较大，就可能会对金融体系的稳定产生影响。三是影响房地产市场需求和预期。停贷事件对房地产市场信心和预期产生较大冲击，引发潜在购房者对于购买期房的极大担忧，导致市场需求下降。四是影响社会稳定。这容易引发相关人员群体性聚集维权，成为社会稳定的重大隐患。

4. "保交楼"行动积极推进

购房者集体停贷事件表明，房地产风险已经从企业端传导至金融市场和需求端，风险实际上已由企业、行业风险演化为金融风险，进而引发社会稳定风险。因而，"保交楼"工作至关重要，它已成为抵挡风险进一步蔓延的最后屏障。

鉴于集体停贷事件产生严重的负面影响，政策快速做出响应。2022 年 8 月 19 日，住建部、财政部、中国人民银行等有关部门出台措施，通过政策性银行专项借款方式支持已售逾期难交付住宅项目建设交付。此次专项借款初期规模为 2000 亿元，以城市为单位借入、使用、偿还，专项借款计入地方政府债务。原则上，地方政府借款期限不超过 3 年。借款前两年，利率执行贴息后 2.8% 的标准；第三年，借款利率涨至 3.2%；若债务超过三年不能归还，借款利率在第三年基础上翻倍，且财政部将督促有关地方政府还款。2022 年 9 月 14 日，用于"保交楼"的 2000 亿元全国性纾困基金启动。

在地方层面，位于集体停贷事件旋涡中心的郑州于 2022 年 9 月 7 日发起了"大干 30 天，确保全市停工楼盘全面复工"专项行动，强调压实各方责任，全面核查是否存在资金被抽逃挪用情况，排查所有停工、半停工项目。2022 年 10 月 6 日，郑州发布"保交楼"专项行动阶段性成果：全市已排查出的 147 个已售停工、半停工商品住宅项目中，有 145 个实现全面、实质性复工，2 个未复工项目已确定化解路径。在"保交楼"行动中，郑州公安系统、法院系统、财政金融系统、住房保障系统采取了四个方面的措施，其中公安系统围绕常见涉房领域犯罪开展调查取证，形成震慑效应；法院系统主动对接各级专班发挥"保交楼"护航作用。

（二）房企债券违约潮

恒大债务危机的爆发，拉开了房企大规模债务违约问题的序幕。2021 年第三季度以来，房企债务违约风险加速暴露，2022 年，房企成为债券市场违约的主力，可谓形成了潮水之势；而集体停贷事件爆发的根源在于违约潮造成购房者预期转弱，以至于对保交付失去信心。

仅从 2022 年房企公开市场债务违约情况来看，首次公开市场债务违约的房企不断增加，房企债券违约成为债券市场违约的绝对主力。其中，2022 年，房企境内债出现展期、未按时兑付本息、触发交叉违约、实质违约的数量高达 105 只，涉及 28 家债券发行主体，违约规模（违约日债券余额）为 1283.8 亿元，占境内债券市场新增违约债券规模的 79.4%（见表 1-1）；房企境外债出现展期、未按时兑付本息、技术性违约、实质违约的数量达到 94 只，涉及 36 家发行主体，违约规模（违约日债券余额）为 320.1 亿美元，占新增境外债违约规模的 88.0%（见表 1-2）。受债务违约风险加速暴露影响，金融机构和金融市场投资者对民营房企的信心不断减弱，违约房企逐渐从前期高杠杆民营房企蔓延至曾被市场认可的优质大型民营房企，如龙光、旭辉等。截至 2022 年底，共有 40 家上市房企违约，目前，A 股和 H 股共有 176 家上市房企，尽管违约房企数量的占比不到 1/4，但违约房企的资产和负债规模占上市房企的资产和负债规模的比例分别为 40.5% 和 42.6%，如果这些违约房企都进入破产清算程序，那么产生的影响是系统性的。

表 1-1　2022 年房企境内债违约情况

月份	房地产行业月度新增违约债券数量（只）	房地产行业月度新增违约债券余额（亿元）	月度新增违约债券数量（只）	月度新增违约债券余额（亿元）	房地产行业月度新增违约债券数量占月度新增违约债券数量的比重（%）	房地产行业月度新增违约债券余额占月度新增违约债券余额的比重（%）
1	6	53.43	6	53.43	100.00	100.00
2	1	2.00	1	2.00	100.00	100.00
3	13	85.78	17	114.84	76.47	74.70
4	6	170.50	11	195.48	54.55	87.22
5	11	264.76	17	292.89	64.71	90.40
6	9	78.67	18	145.89	50.00	53.93
7	16	214.07	26	265.59	61.54	80.60
8	16	142.19	22	174.51	72.73	81.48
9	9	140.30	15	164.06	60.00	85.51
10	5	50.74	5	50.74	100.00	100.00
11	7	53.16	14	109.17	50.00	48.69
12	6	28.20	12	48.41	50.00	58.25

资料来源：Wind。

表 1-2　2022 年房企境外债违约情况

月份	房地产行业月度新增境外债违约数量（只）	房地产行业月度新增境外债违约余额（亿美元）	月度新增境外债违约数量（只）	月度新增境外债违约余额（亿美元）	房地产行业月度新增境外债违约数量占月度新增境外债违约数量的比重（%）	房地产行业月度新增境外债违约余额占月度新增境外债违约余额的比重（%）
1	9	21.75	10	25.25	90.00	86.14
2	7	16.98	7	16.98	100.00	100.00
3	14	51.04	15	58.54	93.33	87.19
4	10	41.81	12	62.32	83.33	67.08
5	8	41.72	8	41.72	100.00	100.00
6	20	47.73	20	47.73	100.00	100.00

续表

月份	房地产行业月度新增境外债违约数量（只）	房地产行业月度新增境外债违约余额（亿美元）	月度新增境外债违约数量（只）	月度新增境外债违约余额（亿美元）	房地产行业月度新增境外债违约数量占月度新增境外债违约数量的比重（%）	房地产行业月度新增境外债违约余额占月度新增境外债违约余额的比重（%）
7	11	34.37	12	37.37	91.67	91.97
8	5	11.37	7	20.39	71.43	55.74
9	4	15.14	4	15.14	100.00	100.00
10	3	30.76	3	30.76	100.00	100.00
11	1	0.70	1	0.7	100.00	100.00
12	2	6.73	2	6.73	100.00	100.00

资料来源：Wind。

1. 房企违约潮是如何演变的

2021 年 7 月，恒大被广发银行宜兴支行申请资产保全，这是房企违约潮的起点。在陷入债务困境后，恒大于 2021 年 9 月召开"保交楼"誓师大会。与此同时，政策从两个方面做出响应：一是将项目复工和保交付作为重要的政治任务推进，采取的核心措施为预售资金强监管，结果导致"一收就死"的局面，资金难以回流到项目中；二是央行高层表示部分房企对"三道红线"政策的理解有误，同时提出并购贷款不纳入"三道红线"考核，然而，银行是典型的顺周期部门，在紧缩环境下，银行表现出"雨天收伞"行为。

2021 年第四季度，尽管政策暖风频吹，但仅仅产生了短暂的宣告效应，信用环境并没有实质改善，销售同比增速依然加速下滑。在这样的背景下，市场意识到房地产的"三高"模式难以持续，那么谁是下一个"恒大"，成为投资者的密切关注点。市场的普遍观点是融创为第二个"恒大"，世茂为第三个"恒大"。

2022 年 1 月中下旬，世茂发行两期 ABS 公告，将与投资人进行展期谈判，这对市场造成极大冲击，第一是市场之前的预期被证实；第二是世茂困境发生的速度较快，因为仅仅在两个月之前的 2021 年 11 月，在大量民企美元债大跌的时候，世茂的美元债收益率还稳定在 5% 附近。在债券价格下跌之前，世茂被认为资产质量较好、运营管理能力较强，但是其实该公司表外负债和或有债务过多，财务管理严谨度相对较为一般。2021 年 12 月 10 日，世茂对国通信托的一笔信托借款逾期，背后的真实情况令人错愕。该笔信托贷款只有 3000 万元，且背后的投资人是散户，在 12 月 10 日信托计划到期这一天的下午，世茂才通知国通信托不能正常兑付该信托计划，需要展期。一个年销售金额为 2700 亿元的大型地产公司的财务安排居然混乱到如此程度、现金流居然紧张到如此程度，令市场大感错愕。

2022 年 5 月 12 日，融创公告称一笔金额为 2947 万美元优先票据的利息已于 2022 年 4 月 11 日到期应付，公司有 30 天宽限期支付利息，截至公告日，公司未能支付有关款项。融创爆雷既在市场意料之外也在意料之中。意料之外是因为其距世茂倒下只有不到 4 个月的时间，而这期间许多城市出台了降首付的政策，贷款利率也在持续下行；融创自身在采取自救行动：2021 年 11 月，融创以 16.73 亿元的作价将杭州的两个项目出售给了滨江集团；12 月融创以 26.8 亿元的价格将上海虹桥商务区写字楼、杭州核心地段酒店及写字楼三个项目出售；2022 年 1 月，融创将昆明融创文旅城二期 40% 股权作价 14 亿元转让给华发。意料之中是因为融创是典型的"三高"模式房企，且战略极为激进。融创的口号是："抢别人的地，让别人无地可买。"融创在 2021 年上半年在多个城市成为地王，而这恰恰是拐点来临的前夜。

进入 2022 年第三季度，房地产行业形势更加严峻：一方面，头部房企违约给市场带来巨大冲击；另一方面，前期债务展期的房企进行第二次展期。如果说第一次展期是给债权人与债务人双方一次诚心商讨的机会，那么第二次展期意味着第一次展期失败，导致双方矛盾更加激化。市场信心缺失部分来自于此，一些投资人甚至认为债务可能永续。房企一方面得不到输血，另一方面造血功能丧失，于是，一些房企干脆选择躺平，或进行"表演式"复工复产，这最终激化了房企和购房者的矛盾，引发集体停贷事件。这意味着房地产风险已经从企业端传导至金融市场进而传导至购房者一端，呈现螺旋式下降态势。

2022 年第四季度，房企违约蔓延至优质民营房企。2022 年 11 月，一直被市场认为是模范生的旭辉宣布暂停支付到期的 4 亿美元境外债本息，并终止境外债务的相关讨论。此外，市场传闻大型民企碧桂园以及首创和越秀两家国企也处于违约边缘。

2. 房企大规模债务违约的原因分析

房企大规模债务违约主要有四个方面的原因。

第一，高负债、高杠杆经营是房企债务违约风险爆发的根源。我国房企普遍采取"高负债、高杠杆、高周转"经营模式，这种经营模式可以说是市场选择和激励的结果，通过"三高"经营模式可以迅速扩大房企规模，获得资本市场的入场券，并降低融资成本。值得一提的是，从 2015 年开始的"棚改货币化"政策带来的一轮房价全国性大幅普涨行情及土地价格持续上涨，也是刺激房企进一步加杠杆经营的重要原因。房企维持高负债、高杠杆、高周转经营模式的运转，高度依赖外源性融资和经营性现金流。对于大多数高杠杆房企来说，其融资模式都属于明斯基所谓的投机性融资[①]模式。但在市场下行时，房企的经营性现金流净额会迅速下滑至低于当期利息支付规模，房企的融资模式就转变为明斯基所谓的庞氏融资[②]模式。房企的这种投机性融资和庞氏融资持续的条件是信贷环境的宽松和销售回款的顺利。在"房住不炒"的政策背景下，房企融资环境在大幅紧缩，高杠杆房企无法通过外源性融资获得足额的融资性现金流，借新还旧模式难以为继。严峻的人口形势和房地产调控政策，导致市场对房价长期上涨预期发生转变，房地产市场销售规模和价格均开始下滑，房企销售回款规模大幅下降。两者叠加使房企高负债、高杠杆、高周转的模式难以运转，部分高杠杆房企资金链断裂，无力偿付到期债务本息，从而发生债务违约事件。可以说高负债、高杠杆经营是本轮房企债务违约潮爆发的根源。

---

① 投机性融资即债务人经营性现金流净额能够支付得起利息，却覆盖不了全部到期本息，本金的偿还需靠债务的借新还旧。
② 庞氏融资即债务人经营性现金流净额已覆盖不了全部债务利息，需出售资产或借入更大规模的债务来支付到期债务本息。

第二，融资环境的收紧是引发房地产行业集中出现债务风险的直接诱因。"三道红线"政策出台倒逼房企财务去杠杆，2021年7月中国恒大债务出现违约之后，对市场产生巨大冲击，不仅银行收紧了对房地产行业的贷款，地方政府也加大了对预售资金的监管力度，形成房地产金融的紧缩机制。如果将高杠杆（依赖金融体系）和高周转（依赖预售制度）比作房企快速发展的两个车轮，那么信贷资金的收紧叠加预售资金监管趋严无疑是给奔跑在高速路上的巨型重卡踩下了急刹车，侧翻、碰撞、人员伤亡等在所难免。

第三，资产负债期限结构错配是房企债务风险暴露的重要原因。房企的资产以存货为主，而其负债以短期债务为主。资产与负债的期限错配使房企短期债务兑付压力巨大，当"借新"无法续上"还旧"，房企就很容易爆发流动性风险。

第四，房企间的风险传染机制导致爆雷范围扩大。在信用恶化房企的债务风险暴露后，风险会通过项目合作方、共同债权人、共同供货商三个途径进行传染，造成整个链条融资困难。

3. 房企大规模债务违约的影响

房地产关联上下游行业、银行等金融机构、土地财政和众多的购房消费者，房企债务风险爆发会通过债权与债务关系、合作关系对上下游供应商、金融体系、地方政府和购房者产生负面影响。

第一，房企对产业链上下游的建筑公司、建材供应商、规划设计公司、家居家装公司、中介代理公司存在大规模的应付账款和应付票据。房企违约后，上下游公司的相关应收账款难以回收，应收票据出现逾期或拒付的情况，给其带来巨大的资金和经营压力，甚至会被拖入破产泥潭，如南通六建就已经因为受房企债务违约拖累而进入了破产重组程序。

第二，房企债务违约对金融体系的最直接影响是相关金融产品违约，包括房地产债券大规模违约，银行房地产不良贷款规模上升，房地产信托爆雷，商票、私募基金、理财产品逾期或兑付困难等。

第三，房企债务违约导致项目"烂尾"，期房购买者会面临无法收楼的风险。购房者集体停贷事件爆发就是因为房企债务违约后期房项目建设缓慢或停工，购房者在陷入"拿不到资产且背负巨额债务"的双重困境下采取维权行为。

房企违约潮已经引发行业风险、金融风险和社会稳定风险，下一个爆发点可能是土地财政领域，应高度重视。

房企违约潮导致大量房企失去拿地能力，这导致土拍市场持续低迷。在这样的形势下，原先主要参与土地一级开发的城投公司等地方国资企业开始大举进入土地二级市场。一方面，地方政府希望以这种非市场化拿地行为，支撑土地市场的交易热度和交易价格，实现"稳地价"目标；另一方面，地方政府通过城投平台举债拿地的方式，从金融机构或金融市场套取资金，从而获得土地出让金收入来弥补土地财政缺口。2022年集中土地拍卖已全部结束，地方国资拿地金额的占比高达53%。

2022年9月24日，财政部印发了《关于加强"三公"经费管理严控一般性支出的通知》（财预〔2022〕126号），提出"严禁通过举债储备土地，不得通过国企购地等方式虚增土地出让收入，不得巧立名目虚增财政收入，弥补财政收入缺口"，这一政策对约束地方城投非市场化托市行为会起到规范和约束作用。然而，在房企违约潮未得到遏制、土拍市场未恢复之前，地方政府的这一行为模式难以根本转变，由此可能导致城投债违约风险增加。目前已出现风险苗头：贵州遵义最大城投公司遵义道桥宣布银行贷款展期20年，青岛城阳区因地方国资方没钱出资导致已建好的共有产权房不能交付。

由于土地出让金收入是城投债还款本息的主要来源，我们测算了2022年土地出让金收入对城投债利息的覆盖情况，如果该比例小于100%，则该地区发行的城投债的违约风险较大。从测算的453个城市的情况来看，监利市等36个城市的比例低于100%，其中不乏长春这样的省会城市（见表1-3）。如果考虑到土地出让金80%的金额需要用于土地拆迁补偿，仅考虑20%的土地出让金是否能够覆盖城投债的利息，那么该比例低于100%的城市将扩大至235个，城投债信用风险形势非常严峻。

表 1-3　部分城市土地出让金收入对城投债利息的覆盖情况

单位：亿元，%

序号	城市	债券余额	年利息支付额	土地成交总价	土地成交总价/年利息支付额
1	监利市	23.60	1.66	0.00	0.00
2	祁阳市	10.00	0.66	0.00	0.00
3	共青城市	3.20	0.19	0.00	0.00
4	简阳市	197.00	12.31	0.00	0.00
5	拉萨市	210.53	8.48	0.00	0.00
6	日喀则市	10.00	0.50	0.00	0.00
7	巴音郭楞蒙古自治州	16.30	0.91	0.00	0.00
8	可克达拉市	41.00	1.40	0.00	0.00
9	铁门关市	5.80	0.33	0.00	0.00
10	大理白族自治州	12.00	0.87	0.00	0.00
11	龙港市	44.00	1.96	0.00	0.00
12	韩城市	37.26	2.72	0.17	6.24
13	邵东市	118.00	7.90	1.05	13.32
14	都江堰市	77.70	5.45	0.94	17.18
15	射洪市	18.00	1.35	0.25	18.29
16	永安市	25.20	2.00	0.46	22.93
17	牡丹江市	56.50	3.78	0.89	23.51
18	张家界市	128.40	8.51	2.08	24.41
19	临湘市	48.17	3.32	1.14	34.27
20	瑞丽市	32.26	2.52	0.92	36.48
21	邛崃市	92.90	5.86	2.44	41.65
22	巢湖市	51.60	2.71	1.19	43.93
23	大庆市	98.47	6.98	3.45	49.40
24	华阴市	12.00	0.90	0.52	57.53
25	双鸭山市	41.36	3.32	1.97	59.47
26	弥勒市	26.50	2.02	1.27	62.90
27	伊宁市	142.32	6.26	4.20	67.10
28	延安市	155.65	9.29	7.24	77.94
29	醴陵市	129.50	8.64	6.77	78.30
30	凯里市	44.85	3.20	2.52	78.83
31	柳州市	897.31	61.06	50.41	82.57
32	老河口市	29.82	2.15	1.81	84.32

续表

序号	城市	债券余额	年利息支付额	土地成交总价	土地成交总价/ 年利息支付额
33	娄底市	144.22	8.25	6.98	84.51
34	吉林市	85.00	5.99	5.13	85.66
35	长春市	993.50	53.76	52.38	97.42
36	如皋市	373.12	17.24	17.21	99.85

资料来源：Wind。

四 金融"三支箭"政策分析

防范化解重大经济金融风险，确保房地产市场平稳发展，扎实做好保交楼、保民生、保稳定各项工作，推动房地产业向新发展模式平稳过渡，这是2023年中央经济工作重点之一。2022年11月，央行、银保监会、证监会、住建部多部门联合发文，围绕中央经济工作会议精神提前部署，针对房企信贷、债券融资和股权融资出台了一系列支持性政策（市场称之为金融"三支箭"政策）。本部分介绍金融"三支箭"政策的主要内容，并对政策效果进行分析。

（一）金融"三支箭"政策的主要内容

金融"三支箭"政策指为房地产业供给端——房企提供信贷、债券和股权三个方面的融资支持，通过大量输血改善房企流动性，最终使其具备造血功能。具体政策包括四个。第一，11月8日，中国银行间市场交易商协会发布信息，支持包括房地产企业在内的民营企业发债融资。预计可支持约2500亿元的民营房企发债规模。同时，中债信用增进公司发布《关于接受民营企业债权融资支持工具房企增信业务材料的通知》，向风险缓释工具提供指导，预计其中的抵押品要求相对之前有所放松。第二，11月12日，银保监会办公厅、住建部办公厅、中国人民银行办公厅发布《关于商业银行出具保函置换预售监管资金有关工作的通知》，允许商业银行与优质房企开展保函置换预售监管资金业务。第三，11月23日，《中国人民银行　中国银行保险监督管理委员会关于做好当前金融支持房地产市场平稳健康发展工作的通知》（业界称为"金融16条"）发布，从稳定开发贷、债券、信托等资管产品、并购贷、"保交楼"专项借款等多个渠道支持房企融资，并支持对房企的存量融资进行合理展期。第四，11月28日，证监会调整优化五项措施，支持房地产企业股权融资，支持房地产市场平稳健康发展：其一，恢复涉房上市公司并购重组及配套融资业务；其二，恢复上市房企和涉房上市公司再融资业务；其三，调整完善房地产企业境外市场上市政策；其四，进一步发挥REITs盘活房企存量资产的作用；其五，积极发挥私募股权投资基金的作用。

（二）金融"三支箭"政策效果分析

我们认为金融"三支箭"政策有效有力，为市场注入了强心剂，能遏制市场下行趋势。

政策有效性表现在金融"三支箭"政策找准了问题方向。房地产市场面临的问题来自需求偏弱、预期不稳、供给冲击（房企违约）三个方向。需求在经济学上的定义包括购买意愿和购买能力两个方面，需求偏弱一方面来自购买能力下降，包括居民收入下滑和失业情况增多，这不是由房地产风险导致的，也不是通过行业政策就能够解决的；另一方面来自购买意愿下降，主要是老百姓存在"购房交不了楼"的担心。实际上在交付问题未妥善解决的前提下，前期单纯在需求端降房贷利率的做法并没有收到很好的效果。预期不稳的原因来自多个方面，如"房住不炒"精神导致投资预期消失，收入不稳导致刚需购房者预期下降等，但更主要的还是担心"购房交不了楼"。因而三个方向的问题最后都集中到供给冲击即房企违约上。而金融"三支箭"政策都是针对供给冲击的，方向精准。

政策有力度表现在抓住了重点环节。当前供给冲击的主要问题是房企资金"失血"严重，而金融"三支箭"政策可谓一剂"君臣佐使"搭配合理的经典方剂，针对房企资金"失血"最为严重的地方。我们统计测算了房地产行业2021年底的各类债务（包括隐性债务）的存量：对金融体系负债最多，为 19.8 万亿元；对购房者负债次之，房企提供的按揭贷款担保以及由此推算的定金及预付款共计 19.3 万亿元；对上游供应商负债相对较少，为 6.8 万亿元。"君"药即为 11 月 23 日发布的《中国人民银行　中国银行保险监督管理委员会关于做好当前金融支持房地产市场平稳健康发展工作的通知》，该政策主要从稳定开发贷、债券、信托等资管产品等多个渠道支持房企融资，并支持对房企的存量融资进行合理展期。"臣"药为 11 月 12 日银保监会办公厅、住建部办公厅、中国人民银行办公厅发布的《关于商业银行出具保函置换预售监管资金有关工作的通知》，该政策允许商业银行与优质房企开展保函置换预售资金监管业务，使对购房者的负债资金得以运转，从而化解预售资金监管"一收就死，一放就被抽离"的死循环。"佐"药的作用在于防止"君"药和"臣"药的副作用，如存量债务展期必然会影响债权人利益，新增融资也存在较大风险等，"金融 16 条"中的"佐"药包括保证债券安全、资金封闭运作、协商自愿原则、保障住房金融消费者权益等。"使"药主要发挥引经的作用，"君"药与"臣"药在市场中发挥效力必然导致房企财务杠杆上升，11 月 28 日证监会发布的调整优化五项措施有力支持房企股权融资，这可以保持杠杆稳定，引导债务性资金发挥作用。

经过 2022 年 12 月以及 2023 年 1 月两个月的市场运行，金融"三支箭"政策的效果已经初步显现，具体表现在四个方面。

第一，供给侧资金快速落地。信贷方面，"金融 16 条"发布实施以来，据不完全统计，有 120 多家房地产企业获得银行授信。从获得授信额度看，万科、绿城超过 4000 亿元，碧桂园超过 3000 亿元，美的置业为 1000 亿元。从房地产开发贷款余额数据看，2022 年第四季度为 12.69 万亿元，同比增长 3.7%，扭转了第一、二季度负增长的局面，相对于第三季度保持了更快的增长势头。债券方面，根据同策研究院的统计，40 家典型房企在 2022 年 12 月的债券融资金额为 580.44 亿元，环比上升 140.65%。[①] 2023 年 1 月，

---

① 资料来源：《【房企融资】大幅反弹！12 月 40 房企融资终于迎来小高峰》，同策研究院微信公众号，https://mp.weixin.qq.com/s/HkSb24py8jLkx9C-z6lvzQ。

海外债在连续 5 个月断发后再度迎来曙光，越秀、金茂率先在澳门金交所成功发行债券。股权融资方面，2022 年 12 月，10 家房企公告拟增发股票规模合计为 312.65 亿元，实际落地 97.45 亿元；2023 年 1 月，4 家房企公告拟增发股票规模合计为 75 亿元，实际落地 4.89 亿元；2023 年 2 月 12 日，万科公告称拟非公开发行股票募资金额为 150 亿元，成为房地产行业再融资规模最大一单。

第二，供给侧资金已推动"保交楼"顺利发展。克而瑞跟踪了 32 个典型城市 290 个停工项目情况，截至 2022 年 12 月 31 日，62 个项目全面复工，86 个项目部分复工，合计占比为 51%；另有 16 个项目间歇式、小范围复工，占比为 6%。"集体停贷"最严重的郑州，因政策纾困力度较大，复工项目占比接近 9 成。

第三，政策已明显改善房地产市场预期。中央经济工作会议强调要确保房地产市场平稳发展，并提出因城施策支持刚性和改善性需求。由于二手房市场不存在不能交付的风险，国家对稳房价的决心已完全扭转购买二手房的消费者预期。2022 年 12 月，贝壳 50 城二手房景气指数由 2022 年 11 月的 15 回升至 19，在金融"三支箭"政策发出后回升明显。2023 年 1 月，该景气指数上升至 24，进入市场平稳运行区间[①]，并且超越 2022 年最高水平。昆明、厦门、泉州、中山、福州、深圳、珠海、杭州等城市的二手房景气指数已超过 30。从反映从业者预期的贝壳经纪人交易信心指数[②]来看，多个城市已进入交易量预期扩张区间，北京、廊坊、天津、佛山、广州、深圳、成都和重庆等城市的贝壳经纪人对二手房成交量的信心指数均在 55 以上。

第四，二手房市场已释放企稳信号。除了二手房带看活跃度和经纪人信心指数回升外，二手房的量价数据释放出企稳信号。根据贝壳研究院的统计数据，2022 年 12 月，贝壳 50 城二手房成交量环比增长 4%；在春节假期的影响下，2023 年 1 月成交量与 2022 年 12 月持平，与 2022 年春节同期相比

---

① 根据贝壳研究院的定义，该指数低于 20 表示市场趋冷，20~40 表示市场平稳运行，超过 40 表示市场过热。

② 贝壳经纪人交易信心指数基于经纪人带看量数据编制，50 为信心荣枯线。

提升了 28%。二手房成交价变动相对滞后，但也出现了企稳势头。2022 年 12 月，贝壳 50 城二手房价格环比下跌 1%，但相对于 11 月跌幅缩小 0.3 个百分点；2023 年 1 月，贝壳 50 城二手房价格与 2022 年 12 月持平，更为重要的是，之前房价深度下跌的城市出现了弱回升的趋势，如中山和佛山分别上涨 0.9% 和 0.6%。

五　2023年住房市场及住房金融展望

房地产政策方面，在坚持"房住不炒"的房地产调控政策底线基础上，政策将重点从以下三个方面发力。第一，稳需求。包括改善房地产市场预期，进一步取消或放松区域性限购、限售、限贷政策；加大对居民刚性和改善性住房需求的金融支持力度，进一步下调个人住房贷款利率、降低首付比例、提高公积金贷款额度、优化住房消费金融服务、放松二套房认定标准；发放购房补贴，给予税费优惠降低购房成本，优化购房交易流程，支持和鼓励居民住房消费。第二，保供给。包括推进保交楼工作，支持和有效满足房企合理融资需求，优化土拍规则，回购滞销存量商品住房，支持保障性租赁住房市场建设。第三，防范化解房地产市场风险。一是向房地产行业提供合理充裕的流动性，避免房企债务违约风险进一步蔓延；二是推动房企转变"高负债、高杠杆、高周转"经营模式，向新发展模式过渡；三是加快推动出险房企的债务处置进度，改善房企资产负债表状况。

房地产市场运行方面，我们认为，目前，房地产市场最艰难的凛冬时期已经过去。随着金融"三支箭"政策的推进，房地产市场将进一步复苏，其政策发挥效力的途径包括两条。第一，随着房企资产负债表改善计划的实施，"保交楼"项目将进一步推进，这将大幅减少新房交付的不确定性。第二，随着二手房市场的复苏，资产价格将有所回升并从二手房市场传导至新房市场，这将使消费者购买新房的预期明显改善。两条途径共同作用，最终实现房地产市场软着陆。我们预计房地产市场有望在 2023 年上半年完成筑底。但从中长期来看，随着我国人口正式进入负增长时代，城镇化进程放缓，购房主力人口数量大幅减少①，住房来源中继承比例逐步上升，我国住房市场有可能进入下行通道，这是特别值得警惕的。

房地产金融方面，我们认为，2023 年，房地产金融将维持相对宽松环境。住房消费金融服务进一步优化，个贷利率进一步下降，首套、第二套房贷的利差可能会有所缩小；受提前还贷潮的影响，个贷余额增速乏力。随着金融"三支箭"政策的落地，房企融资环境将显著改善。对于优质房企来说，可以通过新增银行信贷融资、债券融资与股权融资来改善流动性状况；但对于已违约的房企来说，政策还需加大重组或破产整合力度。

---

① 基于第七次全国人口普查数据推算，25～35 岁购房主力人口的数量在 2028 年将相对 2022 年减少 5509.24 万人，减少约 24.55%。

市场篇

Market Reports

第二章
个人住房贷款市场

崔 玉 罗岸希*

- 从总量来看，2022 年底，我国金融机构个人住房贷款余额为 38.80 万亿元；同比增长 1.20%，增速自 2016 年以来连续 6 年下降；个人住房贷款余额的年度净增额约为 4800 亿元，较 2021 年的 3.88 万亿元的净增额下降了 87.63%；受大量购房者提前偿还个人住房贷款等因素影响，第四季度，个贷余额净减少 1100 亿元，出现负增长，表明居民部门开始通过提前还贷、增加储蓄、降低消费等方式来修复家庭资产负债表。从市场结构看，国有大型商业银行依然是我国个人住房信贷市场的主力军，截至 2022 年末，中国工商银行、中国农业银行、中国银行、中国建设银行、交通银行、中国邮政储蓄银行六家国有大型商业银行的个人住房贷款余额合计为 27.02 万亿元，占全国金融机构个人住房贷款余额总量的 69.63%；且个人住房贷款业务在商业银行资产业务中的占比仍是最高的。

- 从利率水平看，全国首套、第二套住房贷款在 2022 年全年呈下降趋势。截至 2022 年末，全国首套、第二套住房贷款平均利率为 4.11%（为 LPR 减 19 个基点）和 4.92%（为 LPR 加 62 个基点），分别较 2021 年末下降了 153 个基点和 100 个基点。

- 从风险看，部分商业银行个人住房贷款不良率和不良余额在 2022

---

* 崔玉，国家金融与发展实验室房地产金融研究中心研究员；罗岸希，中国社会科学院大学应用经济学院硕士研究生。

年继续呈现"双升"的情形，但受益于审慎的个人住房信贷政策，个人住房贷款整体风险可控。2022 年末，我国住户部门的债务收入比为 143.92%，房贷收入比为 74.52%；住户部门债务收入比上升趋势放缓，房贷收入比有所回落，住户部门债务过快增长的势头得到遏制。从银行业金融机构房地产贷款集中度管理制度的执行情况来看，该政策得到了有效落实。2021 年，涉房贷款超出监管要求的商业银行，均实现了房地产贷款集中度不同程度的下降，其中，六家国有大型商业银行的房地产贷款集中度和个人住房贷款集中度在 2022 年上半年末均已符合监管要求，体现了国有大行的责任担当。年内发生了购房者集体停贷事件，涉及江西、河南、山西、湖南、湖北、广西、陕西等 20 多个省区市的问题房地产项目，表明房地产风险已经从企业端传导至需求端和金融市场；随着"保交楼"工作的积极推进，停贷事件进一步蔓延风险已经得到有效遏制。

- 展望 2023 年，政策方面，我们认为政府部门会进一步加大对居民刚性和改善性住房需求的金融支持力度，可能下调 LPR 和差别化住房信贷利率下限、降低首付比例、提高公积金贷款额度、优化住房消费金融服务等。数量方面，我们认为个人住房贷款余额增长乏力，一方面是因为住房市场交易恢复会较为缓慢，相应的新增个人住房贷款的融资需求增长也就较弱；另一方面是预计借款人提前偿还存量个人住房贷款的规模会较大。价格方面，我们认为个人住房贷款利率还会进一步下行，一方面，长期 LPR 存在下行趋势。另一方面，住房市场持续下行的城市会设定较低的住房信贷利率下限来引导个人住房贷款利率下行，通过降低房贷利息负担来支持居民住房消费，推动住房市场复苏和回暖；且为更好地支持改善性住房需求，首套、第二套房贷的利差可能会有所缩小。风险方面，我们认为个人住房贷款市场整体风险仍然可控，预计新增住房贷款价值比和住户部门债务收入比仍会有所上升；但因住户部门住房消费意愿不足，房贷收入比可能会有所回落。

一 个人住房贷款市场运行情况

（一）总量运行情况

个人住房贷款，通常也被称为个人住房按揭贷款，指商业银行等金融机构向在城镇购买、建造、大修各类型住房的自然人发放的贷款，借款人必须以购买、建造或已有的住房产权为抵押物或其他抵押、质押、保证、抵押加阶段性保证等担保方式提供担保。

截至 2022 年底，我国金融机构个人住房贷款余额为 38.80 万亿元，同比增长 1.20%（见表 2-1），增速自 2016 年以来连续 6 年下降；个人住房贷款余额年度净增额约为 4800 亿元，较 2021 年的 3.88 万亿元下降了 87.63%。2022 年末，个人住房贷款余额占金融机构各项贷款余额的比重为 18.13%，较 2021 年下降了 1.76 个百分点，个人住房贷款余额的同比涨幅显著低于金融机构各项贷款余额的同比涨幅。

表 2-1 1998~2022 年我国金融机构个人住房贷款市场情况

单位：万亿元，%

年份	个人住房贷款余额	个人住房贷款余额同比增长率	金融机构各项贷款余额	个人住房贷款余额占金融机构各项贷款余额的比重
1998	0.07	271.58	8.65	0.81
1999	0.14	94.05	9.37	1.49
2000	0.33	142.34	9.94	3.32
2001	0.56	67.47	11.23	4.99
2002	0.83	48.56	13.13	6.32
2003	1.20	45.28	15.90	7.55
2004	1.60	35.15	17.74	9.02
2005	1.84	15.00	19.47	9.45
2006	2.27	19.00	22.53	10.08
2007	3.00	33.60	26.17	11.46
2008	2.98	10.50	30.34	9.82

年份	个人住房贷款余额	个人住房贷款余额同比增长率	金融机构各项贷款余额	个人住房贷款余额占金融机构各项贷款余额的比重
2009	4.76	43.10	39.97	11.91
2010	6.20	29.40	47.92	12.94
2011	7.14	15.60	54.79	13.04
2012	8.10	13.50	62.99	12.86
2013	9.80	21.00	71.90	13.63
2014	11.52	17.50	81.68	14.10
2015	14.18	23.20	93.95	15.09
2016	19.14	35.00	106.60	17.95
2017	21.90	22.20	120.13	18.23
2018	25.75	17.80	136.30	18.89
2019	30.07	16.70	153.11	19.64
2020	34.44	14.60	172.75	19.94
2021	38.32	11.30	192.69	19.89
2022	38.80	1.20	213.99	18.13

资料来源：《中国货币政策执行报告》《金融机构贷款投向统计报告》，中国人民银行；Wind。

住房既是消费品也是资产，其价格波动与个人住房信贷增速表现出较强的相关性。从个人住房贷款余额增速情况来看，2006~2007年、2009~2010年、2012~2013年、2015~2016年这四个时间段是个人住房贷款增速较快的阶段，同时是房价上涨较快的阶段，两者保持了较为一致的正相关关系。

自2016年中央明确"房住不炒"精神以来，个人住房按揭贷款这一需求端杠杆工具被有效抑制：2016~2017年，个人住房贷款余额同比增速由38.1%大幅下降至22.2%，且在2017年第二季度之后呈持续下降态势（见图2-1）。2022年，个人住房贷款余额同比增速延续这一走势：第一、二、三、四季度，个人住房贷款余额同比增速分别为8.90%、6.20%、4.10%、1.2%，已显著低于金融机构人民币各项贷款余额的同比增速。从余额的季度净增量数据来看，2022年第一季度的个人住房贷款余额净增量为5200亿元，第二季度的个人住房贷款余额净增量仅为200亿元，第三季度的个人住房贷款余额净增量为 500 亿元，第四季度的个人住房贷款余额净减少 1100 亿元。个人住房贷款余额增速持续回落，且个人住房贷款余额在第四季度罕见地出现了负增长。究其原因，可能包括以下两个方面。一是受住房销售规模下降影响，新增个人住房贷款的融资需求随之下降。二是大量购房者提前偿还个人住房贷款。一方面是因为新增和存量住房贷款利差较大，叠加理财市场收益率较低，部分前期较高利率的借款人在手头存款或资金充足情况下，为降低利息支出，开始提前偿还房贷；另一方面是由于疫情三年对居民部门的收入预期和资产负债表均产生了较大的冲击，居民部门开始通过提前还贷、增加储蓄、降低消费等方式来修复家庭资产负债表，这提示发生居民部门资产负债表衰退的苗头。

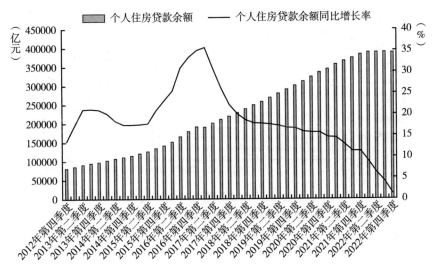

图 2-1 2012~2022 年个人住房贷款余额及同比增长率（季度）

资料来源：Wind。

（二）市场结构

国有大型商业银行是我国个人住房贷款业务的开拓者和主力军，最早一笔个人住房贷款就是由中国建设银行于 1985 年发放的。截至 2022 年末，中国工商银行、中国农业银行、中国银行、中国建设银行、交通银行、中国邮政储蓄银行①六家国有大型商业银行的个人住房贷款余额合计为 27.02 万亿元，占全国金融机构个人住房贷款余额总量的 69.63%（见图 2-2），这表明国有大型商业银行依然是我国个人住房信贷市场的主力军。2017 年以来，这六家国有大型商业银行个人住房贷款余额占全国金融机构个人住房贷款余额总量的比例有所下降。不过，2010~2019 年，该比例均维持在 70% 以上。从 2020 年开始，该比例下降至 70% 以下。

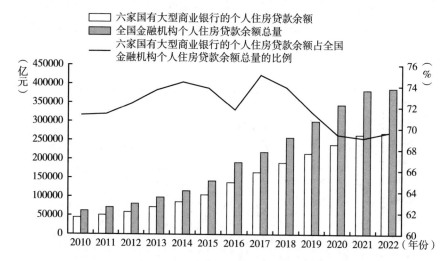

图 2-2　六家国有大型商业银行的个人住房贷款余额及占全国金融机构个人住房贷款余额总量的比例

资料来源：Wind。

从六家国有大型商业银行个人住房贷款余额的同比增速来看，自 2016年以来，六家国有大型商业银行个人住房贷款余额的同比增速持续下降，这一走势与全国金融机构个人住房贷款余额同比增速的走势基本保持一致。其中，2016~2017 年的增速表现为急剧下降，从 2016 年末的 31.23% 下降至2017 年末的 19.67%；2017~2021 年的增速降幅变小且较为稳定，从 2017

---

① 自 2019 年起，中国邮政储蓄银行被纳入银保监会"商业银行"及"大型商业银行"统计口径。

年末的 19.67% 缓慢下降至 2021 年末的 10.74%；2022 年，六家国有大型商业银行的个人住房贷款余额同比增速再次表现为大幅下降，下降至 2.04%（见图 2-3）；高于全国金融机构个人住房贷款余额 1.2% 的同比增速，但远低于同期六家国有大型商业银行贷款总余额 12.72% 的同比增速。从银行贷款业务结构看，六家国有大型商业银行个人住房贷款余额占贷款总余额的比重从 2010 年的 17.08% 上升到 2019 年最高时的 31.46%，之后开始缓慢下降；2022 年末，六家国有大型商业银行个人住房贷款余额占贷款总余额的比重下降至 28.11%。

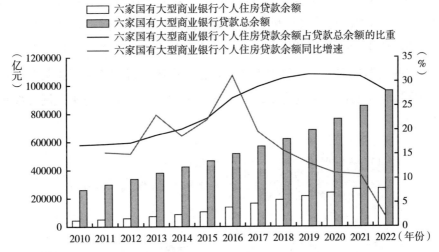

图 2-3　2010~2022 年六家国有大型商业银行的个人住房贷款余额情况

资料来源：Wind。

从截面数据来看，六家国有大型商业银行 2022 年年报显示，中国建设银行个人住房贷款余额最大，约为 6.55 万亿元，占该行贷款总额的 30.96%，较上年末下降了 3.08 个百分点；中国工商银行个人住房贷款余额为 6.43 万亿元，占该行贷款总额的 27.71%，较上年末下降了 3.08 个百分点；中国农业银行个人住房贷款余额为 5.35 万亿元，占该行贷款总额的 27.11%，较上年末下降了 3.48 个百分点；中国银行个人住房贷款余额为 5.66 万亿元，占该行贷款总额的 28.08%，较上年末下降了 2.71 个百分点；交通银行个人住房贷款余额为 1.51 万亿元，占该行贷款总额的 20.73%，较上年末下降了 1.97 个百分点；中国邮政储蓄银行个人住房贷款余额为 2.26 万亿元，占该行贷款总额的 31.37%，较上年末下降了 2.24 个百分点（见图2-4）。总体来看，受个人住房贷款增速大幅下滑影响，六家国有大型商业银行的个人住房贷款的占比在 2022 年均有所下降。对照《中国人民银行　中国银行保险监督管理委员会关于建立银行业金融机构房地产贷款集中度管理制度的通知》的要求，截至 2022 年末，六家国有大型商业银行的个人住房贷款余额占比全部低于监管要求的上限（32.5%）；其中，在 2021 年个人住房贷款余额占比超过监管要求的上限（32.5%）的中国建设银行和中国邮政储蓄银行，已通过增加其他行业贷款余额占比来优化信贷结构，将个人住房贷款余额占比调整至低于监管要求。这些数据表明，六家国有大型商业银行有效执行和落实了相关房地产金融审慎管理制度，为促进房地产市场和金融市场的平稳健康发展发挥重要的作用。

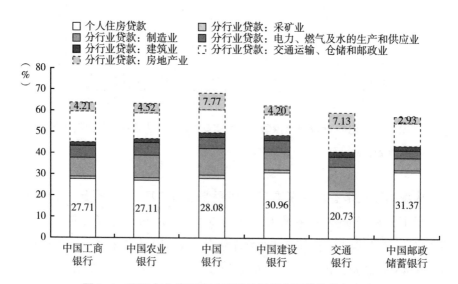

图 2-4　2022 年六家国有大型商业银行主要贷款业务占比

资料来源：Wind。

二 个人住房贷款利率走势情况

（一）全国首套、第二套住房贷款平均利率情况

从首套住房贷款平均利率水平看，2022年，全国首套住房贷款全年的平均利率约为4.63%，较2021年5.50%的平均贷款利率下降了87个基点。从首套住房贷款平均利率趋势来看，2022年呈现回落趋势。在2022年前三个季度，全国首套住房贷款平均利率从1月的5.47%快速下滑至9月的4.16%（见图2-5），下降了131个基点；在进入第四季度之后，首套住房贷款平均利率降速开始放缓。2022年末，全国首套住房贷款平均利率为4.11%（为LPR减19个基点），较2021年末下调了153个基点。其中，泉州、石家庄、温州的首套住房贷款利率已降至3.8%，仅深圳、上海、北京三个一线城市的首套住房贷款利率仍高于LPR（4.30%）。

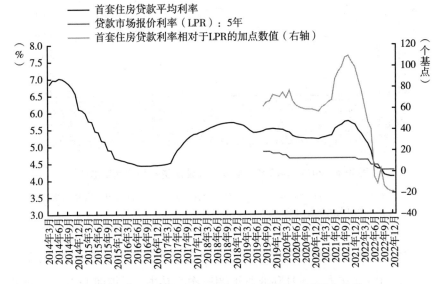

图2-5　2014~2022年全国首套住房贷款平均利率走势

资料来源：《中国房贷市场报告》，融360大数据研究院；《百城银行房贷利率简报》，贝壳研究院；中国人民银行；Wind。

从第二套住房贷款平均利率水平看，2022 年，全国第二套住房贷款全年的平均利率约为 5.21%，较 2021 年 5.77% 的平均贷款利率下降了 56 个基点。从第二套住房贷款平均利率趋势来看，2022 年第二套住房的平均利率走势几乎与首套住房的平均利率走势一致，亦是经历了快速下滑后降速放缓的过程。在 2022 年前三季度，全国第二套住房贷款平均利率从 1 月的 5.73% 快速下滑至 9 月的 4.93%（见图 2-6），下降了 80 个基点；而在进入第四季度之后，第二套住房贷款平均利率降速开始放缓。2022 年末，全国第二套住房贷款平均利率为 4.92%（为 LPR 加 62 个基点），较 2021 年末下调了 100 个基点。

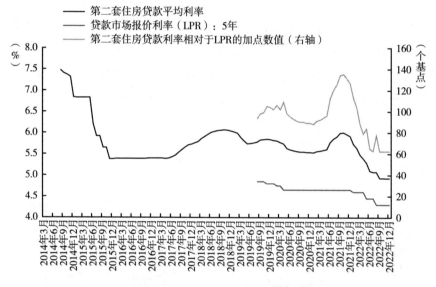

图 2-6　2014~2022 年全国第二套住房贷款平均利率走势

资料来源：《中国房贷市场报告》，融 360 大数据研究院；《百城银行房贷利率简报》，贝壳研究院；中国人民银行；Wind。

全国个人住房贷款平均利率在 2022 年大幅下降的主要原因如下。第一，2022 年，LPR 于 1 月、5 月和 8 月下调三次；其中，1 年期 LPR 下调两次，累计下调 15 个基点，5 年期以上 LPR 下调三次，累计下调 35 个基点。因个人住房贷款利率以最近一个月相应期限 LPR 为定价基准，伴随着 LPR 的下行，个人住房贷款利率也会下降。第二，个人住房贷款市场的资金供给增加、资金需求下降，导致个人住房贷款市场的均衡价格（利率水平）下降。从资金供给端来看，2022 年，央行在 4 月、12 月两次下调金融机构人民币存款准备金率各 0.25 个百分点，释放长期资金超 1 万亿元，并综合运用中期借贷便利（MLF）、再贷款、再贴现和公开市场操作等多种方式投放流动性，银行体系流动性合理充裕。为稳定房地产市场运行，政府部门持续出台积极的房地产政策，并要求银行业金融机构加大对居民刚性和改善性住房需求的支持力度，更好地满足合理住房信贷需求。在银行体系资金合理充裕和支持个人住房贷款投放的政策环境下，个人住房贷款市场的资金供给增加。从资金需求端来看，受房企债务违约、市场预期较弱、购房者对未来收入增长预期下降等因素影响，我国住房销售规模大幅下降（2022 年全国商品住宅销售额为 11.67 万亿元，同比下跌 28.3%），相应地，新增个人住房贷款的融资需求也随之下降。对于个人住房贷款市场，在资金供给增加、需求下降形势下，利率水平相应下降。第三，首套住房贷款利率下限的下调或放宽进一步促进个人住房利率的下行。为支持刚性和改善性住房需求，促进房地产市场平稳健康发展，2022 年 5 月，《中国人民银行　中国银行保险监督管理委员会关于调整差别化住房信贷政策有关问题的通知》（银发〔2022〕115号）发布，将首套住房商业性个人住房贷款利率下限从不得低于相应期限 LPR 调整为不低于相应期限 LPR 减 20 个基点，下调 20 个基点；2022 年 9 月，对于 2022 年 6~8 月新建商品住宅销售价格环比、同比均连续下降的北海、湛江、哈尔滨等 23 个城市，央行与银保监会阶段性放宽其首套住房贷款利率下限（这些城市的地方政府可以自主决定阶段性维持、下调或取消当地首套住房商业性个人住房贷款利率下限）；在阶段性放宽部分城市首套住房贷款利率下限的基础上，2022 年 12 月，央行与银保监会建立新发放首套住房个人住房贷款利率政策动态调整长效机制，对于新建商品住宅销售价格环比、同比均连续 3 个月下降的城市，允许其阶段性维持、下调或取消当地首套住房商业性个人住房贷款利率下限。首套住房贷款利率下限的下调或放宽，使首套住房贷款利率的下调空间更大，进一步促进了个人住房贷款利率的下行。

（二）部分城市住房贷款利率情况

从四个一线城市的个人住房贷款利率走势情况来看，2022 年，北京、上海、广州、深圳的个人住房贷款利率均呈阶梯式下降的态势。2022 年末，北京首套、第二套个人住房贷款平均利率分别为 4.85% 和 5.35%（见图 2-7a），高于全国平均水平；首套、第二套个人住房贷款利差全年稳定在 50 个基点。上海首套、第二套个人住房贷款平均利率分别是为 4.65% 和 5.35%（见图2-7b），亦高于全国平均水平；首套、第二套个人住房贷款利差全年稳定在 70 个基点。广州首套、第二套个人住房贷款平均利率分别为 4.30% 和 4.90%（见图 2-7c），首套个人住房贷款利率高于全国平均水平，第二套个人住房贷款利率低于全国平均水平；首套、第二套个人住房贷款利差呈扩大态势，从年初的 20 个基点扩大到 60 个基点，这主要是因为首套个人住房贷款利率的降幅更大。深圳首套、第二套个人住房贷款平均利率分别为 4.60% 和 4.90%（见图 2-7d），首套个人住房贷款利率高于全国平均水平，第二套个人住房贷款利率低于全国平均水平；首套、第二套个人住房贷款利差全年稳定在 30 个基点。

从四个样本二线城市个人住房贷款利率走势情况来看，2022 年，南京、杭州、武汉和重庆四个二线城市首套、第二套个人住房贷款利率走势与全国平均利率走势较为接近，从全年来看均呈现下降趋势；在前三季度利率降速较快，在第四季度利率降速大幅放缓，其中，南京和重庆的首套、第二套个人住房贷款平均利率甚至在第四季度维持稳定。2022 年末，南京首套、第二套个人住房贷款平均利率分别为 4.10% 和 4.90%（见图 2-8a），均略低于全国平均水平；首套、第二套个人住房贷款利差呈跳跃式扩大趋势，1~4 月利差保持在 20 个基点，5 月利差扩大至 25 个基点，6 月利差进一步扩大至 80 个基点，并保持到年末。杭州首套、第二套个人住房贷款平均利率与南京相同，分别为 4.10% 和 4.90%（见图2-8b），均略低于全国平均水平；首套、第二套个人住房贷款利差同样呈扩大趋势，但其利差变动表现不同，从年初的 20 个基点缩小至 3 月的 10 个基点，随后该利差逐步扩大至 80 个基点。武汉首套、第二套个人住房贷款平均利

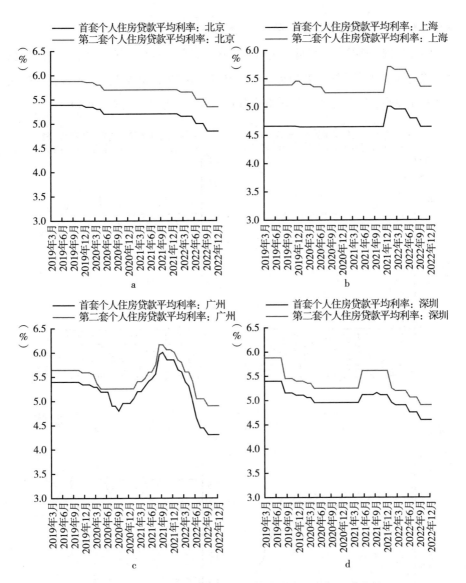

图 2-7 2019~2022 年四个一线城市个人住房贷款利率走势

资料来源:《百城银行房贷利率简报》,贝壳研究院;中国人民银行;Wind。

率分别为 3.90% 和 4.90%(见图 2-8c),均低于全国平均水平,首套个人住房贷款利率在四个样本二线城市中最低;首套、第二套个人住房贷款利差呈扩大趋势,且扩大幅度为四个样本二线城市中的最大值,从年初的 25 个基点扩大至年末的 100 个基点。重庆首套、第二套个人住房贷款平均利率分别为 4.10% 和 4.90%（见图 2-8d），均略低于全国平均水平；重庆首套、第二套个人住房贷款利差全年呈先扩大后缩小的趋势，1~5 月利差保持在 20 个基点，6 月利差扩大至 100 个基点，7 月利差回落至 80 个基点，并在下半年保持利差稳定。

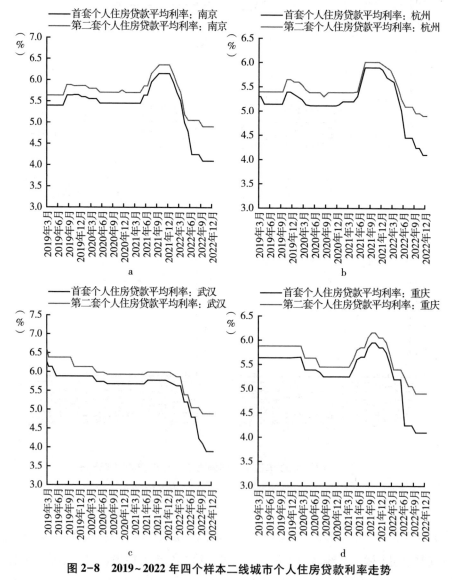

图 2-8　2019~2022 年四个样本二线城市个人住房贷款利率走势

资料来源：《百城银行房贷利率简报》，贝壳研究院；中国人民银行；Wind。

三 个人住房贷款市场风险状况分析

(一)部分商业银行个人住房贷款不良率和余额"双升"

贷款不良率是衡量商业银行贷款质量和风险的重要指标;相应地,个人住房贷款不良率是对个人住房贷款风险的度量指标,它是一个事后指标。从我们整理的 16 家样本银行的个人住房贷款不良率数据来看,2022 年上半年末,样本银行个人住房贷款不良率为 0.08%~1.34%(见表 2-2),不同银行间的差异较大,但远低于同期商业银行平均 1.67% 的不良贷款率。从银行的经营视角来看,个人住房贷款仍是风险最低的一个贷款品种,因此,不难理解个人住房贷款居各商业银行贷款投向之首了。个人住房贷款不良率相对其他贷款较低的原因有三。第一,来自银行对第一还款来源居民收入的风险控制。相对于企业收入,居民收入的现金流更为稳定。长期来看,居民收入会伴随着经济发展而增长,因此,个人住房贷款的违约风险会相对较小。加之银行在放贷时要求居民月收入为还款月供两倍以上,这一措施很好地控制了风险。住房在中国极受重视,即使在还款能力不足的情况下,借款人主动违约意愿也较低,存在借助"六个钱包"或亲友的民间借贷还款的情况。第二,我国实行审慎的个人住房信贷政策,对于个人住房贷款提出较高的首付比例要求。目前,我国商业银行首套个人住房贷款的最低首付比例要求为 20%~35%;第二套个人住房贷款的最低首付比例要求为 30%~60%,这可以有效降低借款人主动违约意愿,有利于商业银行控制个人住房贷款的风险。第三,房价在过去较长一段时间里经历了多轮上涨,住房抵押是个人住房贷款的重要担保措施,因此,对于大部分存量个人住房贷款来说,保护垫较厚。

从近年来部分商业银行个人住房贷款不良率和不良余额的变化来看,2022 年上半年招商银行的个人住房贷款不良率略有下降,下降幅度为 0.01 个百分点;中国农业银行的个人住房贷款不良率维持不变;而苏州银行、交通银行、杭州银行、中国建设银行、上海银行、中国工商银行、中国民生银行、中国邮政储蓄银行、成都银行、重庆银行、浦发银行、青农商行、渝农商行、郑州银行的个人住房贷款不良率和不良余额出现了"双升"的情况，个人住房贷款不良率上升幅度为0.02~0.38个百分点（见表2-2）。在房地产市场区域形势大分化的背景下，我们需要警惕因区域性房价下行或期房项目烂尾引发个人住房贷款资产质量迅速恶化的情况，从而出现区域商业银行个人住房贷款不良率大幅上升的风险。例如，对于区域期房项目烂尾较多的郑州，该区域的城市商业银行——郑州银行的个人住房贷款不良率增长异常迅速；2019年至2022年上半年末，其个人住房贷款不良率分别为0.11%、0.52%、0.96%、1.34%，个人住房贷款不良余额从0.34亿元增长至5.34亿元。

表2-2 部分商业银行个人住房贷款不良率及不良余额

单位：%，亿元

银行名称	金融机构类型	个人住房贷款不良率				个人住房贷款不良余额			
		2019年	2020年	2021年	2022年上半年	2019年	2020年	2021年	2022年上半年
中国农业银行	大型商业银行	0.30	0.38	0.36	0.36	123.86	176.55	188.72	194.76
交通银行	大型商业银行	0.36	0.37	0.34	0.37	40.38	48.49	50.83	55.94
中国工商银行	大型商业银行	0.23	0.28	0.24	0.31	116.79	162.07	154.60	202.55
中国邮政储蓄银行	大型商业银行	0.38	0.47	0.44	0.52	64.89	90.44	94.10	116.40
中国建设银行	大型商业银行	0.24	0.19	0.20	0.25	124.84	113.20	129.09	161.40
浦发银行	股份制商业银行	0.27	0.34	0.40	0.52	19.78	28.65	36.68	46.51
中国民生银行	股份制商业银行	0.21	0.22	0.26	0.33	8.81	11.08	15.68	19.90
招商银行	股份制商业银行	0.25	0.29	0.28	0.27	27.49	37.59	38.21	37.86
郑州银行	城市商业银行	0.11	0.52	0.96	1.34	0.34	1.86	3.91	5.34
苏州银行	城市商业银行	0.12	0.04	0.15	0.17	0.25	0.11	0.47	0.57
杭州银行	城市商业银行	0.04	0.07	0.05	0.08	0.23	0.49	0.43	0.68
上海银行	城市商业银行	0.16	0.14	0.09	0.14	1.47	1.77	1.48	2.31
成都银行	城市商业银行	0.25	0.25	0.25	0.33	1.49	1.83	2.12	2.85
重庆银行	城市商业银行	0.34	0.29	0.27	0.37	0.90	1.03	1.17	1.59
青农商行	农村商业银行	0.23	0.27	0.41	0.60	0.50	0.78	1.33	1.96
渝农商行	农村商业银行	0.33	0.31	0.46	0.70	2.38	2.80	4.69	6.93

资料来源：Wind。

（二）个人住房贷款整体风险可控

贷款价值比（LTV）指贷款金额与抵押品价值（评估价值或交易价格中的较小者）的比例，是一个国际通用的抵押贷款风险评估指标，多见于评估抵押贷款时，可以用于衡量金融机构的抵押品价值对贷款的保障程度。LTV 具体计算公式为：贷款价值比（LTV）= 贷款金额/住房市场价值。相关研究表明，LTV 与个人住房贷款违约率显著正相关，即 LTV 越高，个人住房贷款的违约风险就会越大。原因是当房价波动使作为抵押品的住房市场价值小于待偿还的个人住房贷款金额时（即 LTV 大于 1 时），其会对理性的贷款人产生违约激励，金融机构面临的贷款违约风险增加。LTV 除了作为风险监测的指标外，也是宏观审慎管理的政策工具之一，即通过提高首付比来降低 LTV，以达到防范市场风险向信用风险传导的目的。

由于我们难以获得计算存量个人住房贷款的 LTV 所需数据，基于数据可得性方面的考虑，我们计算了一线城市和部分二线城市新增二手个人住房贷款价值比。这一指标反映了当年居民部门在购买二手住房中使用杠杆的程度，也可以反映新增二手个人住房贷款的信用风险。2022 年末，一线城市中北京的平均新增二手个人住房贷款价值比为 23%，上海的平均新增二手个人住房贷款价值比仅为 18%，均处于较低水平（见图 2-9a）；广州的平均新增二手个人住房贷款价值比为 34%，深圳的平均新增二手个人住房贷款价值比为 36%，处于合理水平（见图 2-9b）。尽管 2022 年深圳出现了因房价下跌，个人住房贷款抵押物价值下降，银行要求借款人提前偿付部分本金或补充额外担保的事件，但这在深圳属于个别现象。整体来看，深圳个人抵押贷款的风险安全垫仍较为厚实。二线城市方面，成都的平均新增二手个人住房贷款价值比为 46%，合肥的平均新增二手个人住房贷款价值比为 45%，南京的平均新增二手个人住房贷款价值比为 49%，西安的平均新增二手个人住房贷款价值比为 51%，均处于合理水平（见图 2-9c）；重庆的平均新增二手个人住房贷款价值比为 55%，天津的平均新增二手个人住房贷款价值比为 39%，东莞的平均新增二手个人住房贷款价值比为

54%，佛山的平均新增二手个人住房贷款价值比为54%，亦处于合理水平（见图2-9d）。总体来看，受益于较高的首付比例、较低的LTV，12个样本城市的新增二手个人住房贷款抵押物保障程度均较高，个人住房贷款风险总体可控。

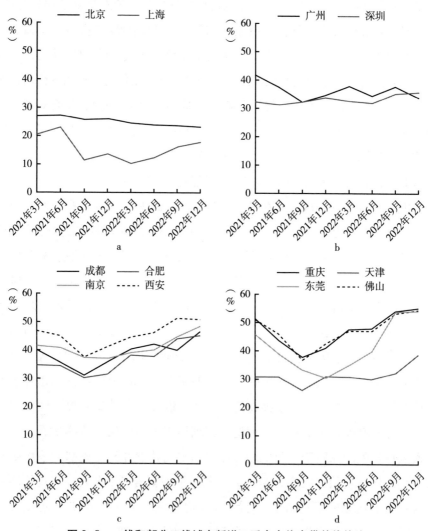

图2-9　一线和部分二线城市新增二手个人住房贷款价值比

资料来源：贝壳研究院。

从上述数据来看，一线城市比二线城市的贷款比例更小、风险更加可控，造成这一现象的原因包括如下几点。第一，一线城市第二套住房的认定标准严格，且最低首付比例要求较高，改善性住房需求的借款人的首付比例较高。例如，北京的第二套住房的认定标准为"认房又认贷"，最低首付款比例为60%。第二，一线城市（除深圳外）普遍老旧住宅较多，而银行对于一些接近产权年限的住宅不发放贷款，这也是造成一线城市贷款比例小的原因。第三，一线城市住房总价较高，借款人为降低月供还款压力或仅使用住房公积金贷款，倾向于通过掏空"六个钱包"和亲友借款来提高首付比例。第四，一线城市的房价远高于二线城市，因而交易税费较高，部分购房人出于避税目的签订阴阳合同，即在阳合同中降低房款总额来减少税费支出，在阴合同需要多出首付，这造成贷款比例小。第五，因个人住房贷款和经营抵押贷之间存在利差，部分购房者在全款或以高首付比例购房的前提下，再违规使用抵押经营贷或二次抵押贷款。在这种情形下，个人住房贷款的低 LTV 并不意味着低风险。

（三）住户部门债务收入比上升趋势放缓

住户部门债务收入比（Debt to Income，DTI）是指住户部门债务余额与可支配收入的比值，用于衡量住户部门的债务水平。因为住户部门债务中占比最高的是个人住房贷款，所以 DTI 成为多数发达经济体和部分新兴市场经济体进行房地产宏观审慎管理的重要工具之一。从该指标的分子与分母的含义来看，分子为住户部门债务余额（主要为住户部门的消费贷款和经营贷款），是一个存量指标；分母为可支配收入，是住户部门偿还债务的主要资金来源，是一个流量指标。

从住户部门债务收入比数据来看，该指标仅在 2008 年下降，其余年份都处于上升趋势。2008 年前上升速度比较慢，从 2005 年底的 37.85% 缓慢上升至 2008 年末的 43.17%，年均上升 1.77 个百分点；2008 年之后开始快速上升，从 2008 年底的 43.17% 快速上升至 2020 年末的 139.02%，上升了95.85 个百分点，年均上升 7.99 个百分点。从 2021 年开始，住户部门债务收入比上升趋势显著放缓；2022 年末，住户部门债务收入比为 143.92%，与 2021 年相比，仅上升了 0.62 个百分点。从房贷收入比①数据来看，其从 2008 年底的 22.54% 上升至 2021 年末的 77.22%，累计上升了 54.68 个百分点；但受个人住房贷款余额同比增速大幅下滑影响，该指标在 2022 年出现回落，从 2021 年底的 77.22% 下降至 2022 年末的 74.52%，下降了 2.70 个百分点（见图 2-10）。总体来看，2022 年住户部门债务收入比上升趋势放缓，房贷收入比有所回落，但住户部门债务收入比和房贷收入比仍处于高位。这表明，2022 年住户部门债务过快增长的势头得到遏制。

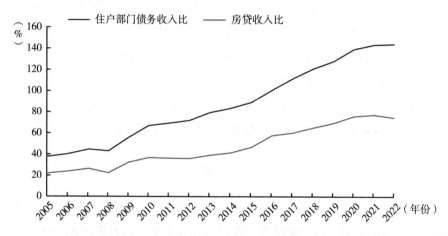

图 2-10　2005~2022 年我国住户部门债务收入比和房贷收入比

注：住户部门债务为居民贷款，数据来自中国人民银行《金融机构本外币信贷收支表》，包括消费贷和经营贷；个人住房贷款数据来自中国人民银行《中国货币政策执行报告》《金融机构贷款投向统计报告》；居民可支配收入数据根据国家统计局公布的年度人均可支配收入与年末总人口数量相乘得到。

资料来源：Wind、CEIC、国家统计局、中国人民银行。

（四）银行业金融机构房地产贷款集中度管理制度得到有效落实

为防范房地产贷款过度集中带来的潜在系统性金融风险，2020 年 12 月 28 日，《中国人民银行　中国银行保险监督管理委员会关于建立银行业金融

———————————

① 即个人住房贷款余额与居民可支配收入的比值。

机构房地产贷款集中度管理制度的通知》（银发〔2020〕322 号）发布。该管理制度根据银行业金融机构资产规模及机构类型，分档设置房地产贷款占比、个人住房贷款占比①上限（见表2-3）；根据区域差异，中国人民银行副省级城市中心支行以上分支机构会同所在地银保监会派出机构可以基于区域具体情况，对第三、四、五档的要求上下浮动2.5个百分点，并给予涉房贷款占比超出监管要求的银行业金融机构2~4年的差别化过渡期。

表2-3 房地产贷款集中度分档管理内容

单位：%

银行业金融机构分档类型	房地产贷款占比上限	个人住房贷款占比上限
第一档,中资大型银行:中国工商银行、中国建设银行、中国农业银行、中国银行、国家开发银行、交通银行、中国邮政储蓄银行	40	32.50
第二档,中资中型银行:招商银行、中国农业发展银行、浦发银行、中信银行、兴业银行、中国民生银行、中国光大银行、华夏银行、中国进出口银行、广发银行、平安银行、北京银行、上海银行、江苏银行、恒丰银行、浙商银行、渤海银行	27.50	20
第三档,中资小型银行和非县域农合机构:城市商业银行(不包括第二档中的城市商业银行)、民营银行、大中城市和城区农合机构(农村商业银行、农村合作银行、农村信用合作社)	22.50	17.50
第四档,县域农合机构(农村商业银行、农村合作银行、农村信用合作社)	17.50	12.50
第五档,村镇银行	12.50	7.50

资料来源：中国人民银行。

2022年是银行业金融机构房地产贷款集中度管理制度实施的第二年，从样本银行的执行情况来看，该政策得到了有效落实。截至2022年6月末，

① 房地产贷款占比和个人住房贷款占比计算公式如下：

$$房地产贷款占比 = \frac{房地产贷款余额}{人民币各项贷款余额} \times 100\%$$

$$个人住房贷款占比 = \frac{个人住房贷款余额}{人民币各项贷款余额} \times 100\%$$

39 家样本商业银行中平安银行等 8 家①商业银行的房地产贷款占比超过监管要求，平安银行等 7 家②商业银行的个人住房贷款占比超过监管要求。2021年末，房地产贷款占比超过监管要求的 11 家商业银行的房地产贷款占比在 2022 年上半年均有所下降，下降幅度为 0.07~2.99 个百分点；且北京银行、厦门银行和齐鲁银行已经调整至符合监管要求。2021 年末，个人住房贷款占比超过监管要求的 12 家商业银行的个人住房贷款占比在 2022 年上半年也均有所下降，下降幅度为 0.20~3.19 个百分点，且中国建设银行、中国邮政储蓄银行、北京银行、厦门银行和渝农商行已经调整至符合监管要求（见表 2-4）。值得一提的是，六家国有大型商业银行的房地产贷款集中度和个人住房贷款集中度在 2022 年上半年末均已符合监管要求，这在一定程度上体现了国有大行的责任担当。

（五）购房者集体停贷事件的发酵与"保交楼"工作的积极推进

2022 年 6 月 30 日，江西省景德镇市恒大珑庭的业主们将一份强制停贷告知书发布到社交媒体，其主要内容是，在一定期限内如果业主所购买的期房项目未能全面恢复正常施工，业主将单方面强制停止房贷的偿还。购房者停贷事件快速发酵：6 月 30 日至 7 月 9 日，数个楼盘的业主组织起来发布停贷告知书；7 月 10~16 日，每天都有数十个楼盘加入停贷队伍，在百度指数中以"停贷"＋"停贷潮"＋"断供"为关键词进行检索，搜索指数迅速上升至数万条以上，2022 年 7 月 14 日达到峰值 45123 条，而正常时期这一检索词的指数不到 1000 条。截至 2022 年末，江西、河南、山西、湖南、湖北、广西、陕西等 20 多个省区市的问题房地产项目的众多购房者加入集体停止还贷的行列。根据刘鹤副总理在 2023 年 1 月 17 日在世界经济论坛上公布的数据，全国已付款未交付的房地产项目有 2600 多个，涉及 188 万名居民。

---

① 平安银行、招商银行、兴业银行、兰州银行、郑州银行、青岛银行、成都银行、青农商行。
② 平安银行、招商银行、兴业银行、青岛银行、齐鲁银行、成都银行、瑞丰银行。

表2-4　2020年至2022年6月部分商业银行房地产贷款集中度情况

分档情况	银行名称	房地产贷款占比上限（%）	个人住房贷款占比上限（%）	房地产贷款占比（%）				个人住房贷款占比（%）			
				2020年	2021年	2022年6月	2022年上半年变动情况（个百分点）	2020年	2021年	2022年6月	2022年上半年变动情况（个百分点）
第一档：中资大型银行	中国农业银行	40	32.50	36.08	35.71	32.96	-2.74	30.80	30.59	28.47	-2.12
	交通银行			28.08	29.10	28.53	-0.57	22.12	22.70	21.56	-1.14
	中国工商银行			35.90	35.30	33.08	-2.22	30.76	30.79	28.87	-1.92
	中国邮政储蓄银行			35.24	35.76	34.43	-1.33	33.61	33.61	31.89	-1.72
	中国建设银行			39.85	38.50	36.53	-1.97	35.14	34.04	32.18	-1.86
	中国银行			39.17	38.52	36.62	-1.90	31.15	30.79	28.94	-1.85
第二档：中资中型银行	平安银行	27.50	20	19.18	30.81	30.42	-0.39	8.98	21.38	21.18	-0.20
	浦发银行			26.37	25.85	24.97	-0.88	18.73	18.93	18.31	-0.62
	华夏银行			20.14	19.42	18.70	-0.72	12.88	13.73	13.83	0.10
	中国民生银行			24.76	23.62	22.67	-0.95	13.37	14.72	14.13	-0.59
	招商银行			33.12	31.89	30.10	-1.79	25.35	24.68	23.40	-1.28
	兴业银行			34.56	32.93	30.15	-2.77	26.55	25.32	23.17	-2.15
	中国光大银行			23.82	23.06	22.02	-1.05	16.36	17.09	16.67	-0.42
	浙商银行			20.17	19.32	18.69	-0.63	6.34	6.76	6.57	-0.19
	北京银行			30.70	28.18	25.43	-2.75	20.90	20.90	19.39	-1.51
	上海银行			25.55	25.51	23.21	-2.30	11.28	12.76	12.57	-0.19
	江苏银行			26.06	23.91	22.14	-1.76	18.63	17.42	15.95	-1.46

续表

分档情况	银行名称	房地产贷款占比上限（%）	个人住房贷款占比上限（%）	房地产贷款占比（%）				个人住房贷款占比（%）			
				2020年	2021年	2022年6月	2022年上半年变动情况（个百分点）	2020年	2021年	2022年6月	2022年上半年变动情况（个百分点）
第三档：中资小型非银行和非县域农合机构	苏州银行	22.5±2.5	17.5±2.5	17.72	18.78	18.02	-0.76	14.24	15.17	14.12	-1.04
	兰州银行			22.72	23.27	23.20	-0.07	12.91	14.27	14.64	0.38
	宁波银行			8.69	8.57	8.48	-0.09	3.38	4.33	4.55	0.22
	郑州银行			27.96	26.05	23.05	-2.99	15.11	14.13	12.56	-1.57
	青岛银行			29.77	27.52	26.86	-0.66	19.63	18.81	17.64	-1.17
	杭州银行			24.38	20.48	19.21	-1.28	14.90	14.02	13.06	-0.97
	西安银行			21.40	19.30	18.32	-0.98	13.86	13.99	13.40	-0.58
	南京银行			14.21	14.72	13.54	-1.18	10.79	10.57	9.44	-1.13
	厦门银行			26.92	22.55	20.82	-1.73	19.50	18.22	16.59	-1.63
	长沙银行			20.42	19.28	18.32	-0.95	16.43	15.95	15.24	-0.72
	齐鲁银行			24.24	23.28	21.35	-1.93	19.02	18.91	18.00	-0.91
	成都银行			34.64	28.15	25.72	-2.43	25.79	21.88	18.69	-3.19
	重庆银行			17.81	17.21	15.89	-1.32	12.63	13.56	12.64	-0.92
	贵阳银行			14.25	14.50	15.10	0.60	7.29	7.02	7.10	0.08
	青农商行			29.03	26.95	24.62	-2.33	13.07	13.96	13.36	-0.60
	无锡农商行			12.44	15.55	14.70	-0.84	11.39	14.85	14.05	-0.80
	渝农商行			19.10	18.15	16.85	-1.30	17.98	17.35	16.11	-1.24
	瑞丰银行			22.74	20.52	18.55	-1.96	22.33	20.26	17.82	-2.44
	苏农银行			11.85	10.76	11.11	0.35	9.46	9.24	9.12	-0.12
第四档：县域农合机构	江阴农商银行	17.5±2.5	12.5±2.5	10.59	11.91	10.91	-0.99	10.24	11.73	10.68	-1.05
	张家港农商行			10.91	10.93	10.46	-0.47	9.94	10.13	9.65	-0.48
	常熟农商银行			8.73	9.38	8.50	-0.88	7.74	8.55	7.56	-0.99

资料来源：Wind。

从大部分停贷告知书来看，预售资金监管不力是产生停贷风波的直接原因。根据《城市商品房预售管理办法》和各地区出台的《商品房预售资金监督管理办法》中的相关规定，商品房的预售资金应当直接存入监管账户。住建主管部门对存入监管账户的商品房预售款进行监管，监管资金分为重点监管资金和一般监管资金。重点监管资金是确保项目竣工交付所需的资金，实行专款专用，必须用于有关的工程建设（如建筑材料、设备和工程款等）。重点监管资金以外的资金为一般监管资金，预售项目留足重点监管资金后，在项目无拖欠工程款和农民工工资的情况下，房企可以申请提取一般监管资金拨付至其基本账户，这部分资金由房企提取和使用。理论上来说，仅重点监管资金就足以支付房地产项目的建安成本，并不会出现因建设资金不足而导致停工、延期交付或烂尾的情况。然而，现实中存在预售资金没有进入监管账户的情况，如郑州奥园项目7亿元销售收入被挪用；此外还有房企与总包方合谋虚报工程进度、提前支取重点监管资金的情况。从实质上来看，出现停贷风波的根本原因是"高负债、高杠杆、高周转"的模式在当前环境下失灵了，导致房企资金链断裂。自2021年下半年中国恒大爆雷以来，预售资金监管经历了收紧的过程，其目的是"保交楼"，然而，房企资金运作高度依赖预售款，有的城市将重点监管资金额度设置为预售款的10%（这在二、三线城市不足以支付建安成本），政策收紧后，房企因不能回流资金而不能开工，这就出现了"一收就死"的局面。2022年上半年，预售资金监管政策放松，政策目标依然是"保交楼"，但放松后，资金很快被房企挪用，其主要将其用于还债，这就出现了"一放就乱"，结果与政策目标背离的情况。当"三高"模式导致房企资金全面失血时，从单方面着手难以解决问题，关键是对房企输血，并使其具备造血功能。

集体停贷事件的迅速传染扩散，产生的影响可能包括以下几个方面。一是影响借款人的征信。停贷行为可能会构成对按揭贷款合同的违约，导致购房者被纳入征信失信名单，产生逾期利息，被要求承担还款责任或被强制拍卖所购房屋。二是导致个人住房贷款不良率和不良贷款规模上升，影响银行的信贷资产质量。如果风险敞口较大，就可能会对金融体系的稳定产生影响。三是影响房地产市场需求和预期。停贷事件对房地产市场信心和预期产生较大冲击，引发潜在购房者对于购买期房的极大担忧，导致市场需求下降。四是影响社会的稳定。这容易引发相关人员群体性聚集维权，成为社会稳定的重大隐患。

购房者集体停贷事件表明房地产风险已经从企业端传导至金融市场和需求端，风险实际上已由企业、行业风险演化为金融风险，进而引发社会稳定风险，因而"保交楼"工作至关重要，它已成为抵挡风险进一步蔓延的最后屏障。鉴于购房者集体停贷事件产生严重的负面影响，为稳定房地产市场预期和维护社会稳定，政策快速做出响应，"保交楼"行动积极推进。在中央和部委层面，2022年8月19日，住建部、财政部、中国人民银行等有关部门出台措施，通过政策性银行专项借款方式支持已售逾期难交付住宅项目建设交付。此次专项借款初期规模为2000亿元，以城市为单位借入、使用、偿还，专项借款计入地方政府债务。原则上，地方政府借款期限不超过3年。借款前两年，利率执行贴息后2.8%的标准；第三年，借款利率涨至3.2%；若债务超过三年不能归还，借款利率在第三年基础上翻倍，且财政部将督促有关地方政府还款。2022年9月14日，用于"保交楼"的2000亿元全国性纾困基金启动，9月22日，国家开发银行向辽宁省沈阳市支付全国首笔"保交楼"专项借款。2022年11月，在前期推出的"保交楼"专项借款的基础上，中国人民银行再次推出2000亿元"保交楼"贷款支持计划，为商业银行提供零成本资金，以鼓励其支持"保交楼"工作。在地方政府层面，通过设立地方房地产纾困基金、派遣工作组、压实项目公司责任等多个方面积极推进"保交楼"工作。例如，位于集体停贷事件旋涡中心的郑州，于2022年9月7日发起了"大干30天，确保全市停工楼盘全面复工"专项行动，强调压实各方责任，全面核查是否存在资金被抽逃挪用情况，排查所有停工、半停工项目。2022年10月6日，郑州发布"保交楼"专项行动阶段性成果：全市已排查出的147个已售停工、半停工商品住宅项目中，有145个实现全面、实质性复工，2个未复工项目已确定化解路径。在"保交楼"行动中，郑州公安系统、法院系统、财政金融系统、住房保障系统采取了四个方面的措施，其中公安系统围绕常见涉房领域犯罪开展调查取证，形成震慑效应；法院系统主动对接各级专班发挥"保交楼"护航作用。随着"保交楼"工作的积极推进，停贷事件进一步蔓延风险已经得到有效遏制。

四 2023年个人住房贷款市场展望

展望2023年，政策方面，我们认为，政府部门会进一步加大对居民刚性和改善性住房需求的金融支持力度，可能下调LPR和差别化住房信贷利率下限、降低首付比例、提高公积金贷款额度、优化住房消费金融服务等。数量方面，我们认为，个人住房贷款余额增长乏力，一方面是因为住房市场交易恢复会较为缓慢，相应的新增个人住房贷款的融资需求增长也就较弱；另一方面是预计借款人提前偿还存量个人住房贷款的规模会较大。价格方面，我们认为，个人住房贷款利率还会进一步下行，一方面，长期LPR存在下行趋势。另一方面，住房市场持续下行的城市会设定较低的住房信贷利率下限来引导个人住房贷款利率下行，通过降低房贷利息负担来支持居民住房消费，推动住房市场复苏和回暖；且为更好地支持改善性住房需求，首套、第二套房贷的利差可能会有所缩小。风险方面，我们认为，个人住房贷款市场整体风险仍然可控，预计新增住房贷款价值比和住户部门债务收入比仍会有所上升；但因住户部门住房消费意愿不足，房贷收入比可能会有所回落。

第三章
房地产开发企业融资市场

蔡 真　陈姝畅　崔 玉[*]

- 从房企主要融资渠道来看，银行贷款方面，截至 2022 年末，房地产开发贷款余额为 12.69 万亿元，同比增长 3.7%，增速较 2021 年末上升了 2.8 个百分点；房地产开发贷款的净增量为 6800 亿元，较 2021 年增加了 5800 亿元。信托融资方面，2022 年末，房地产信托余额为 1.22 万亿元，同比下降 30.52%；与 2021 年末相比，余额压降了 5376.56 亿元。债券融资方面，2022 年，房企境内信用债（不包括资产证券化产品）发行规模约为 4937.27 亿元，同比下降了 9.93%；房企境外债发行规模为 214.32 亿美元（约为 1450.96 亿元），同比下降了 50.28%；截至 2022 年末，房企境内信用债存量余额为 1.77 万亿元，其中，2023 年，到期规模约为 3357.52 亿元；房企境外债存量余额为 1729.61 亿美元（约为 1.17 万亿元）。股权融资方面，2022 年，A 股没有房地产开发企业的 IPO 获批，房地产开发企业的定向增发、配股也没有落地，房企从境内资本市场获得股权融资的规模为 0；房地产开发企业从境外资本市场通过配股、代价发行等方式获得 249.24 亿港元的股权融资。总体来说，随着房地产融资政策环境的进一步改善和"保交楼"专项借款的有序投放，房企在银行贷款方面的融资规模

---

* 蔡真，中国社会科学院金融研究所副研究员，国家金融与发展实验室房地产金融研究中心主任、高级研究员；陈姝畅，中国社会科学院大学应用经济学院硕士研究生；崔玉，国家金融与发展实验室房地产金融研究中心研究员。

较 2021 年有所上升；在信托融资、债券融资与股权融资方面，主要受房企债务违约事件持续发生影响，融资规模依旧呈下降趋势。

- 从融资成本情况来看，银行贷款方面，2022 年，银行贷款平均利率整体呈波动下降趋势，为 4.14%~4.65%；然而，房企融资成本分化严重，从部分上市房企财报披露的贷款利率数据来看，银行贷款利率为 3%~10%。信托融资成本方面，2022 年，房地产信托发行的加权平均预期年化收益率为 7.51%，加上 2%~3% 的信托公司报酬和信托计划发行费用，房地产企业信托融资的平均成本为 9.51%~10.51%，较 2021 年略有上升。信用债利率方面，2022 年，房企境内信用债的加权平均票面利率为 3.40%，较 2021 年下降 80 个基点；内地房企境外债加权平均票面利率为 7.81%，同比上升 70 个基点，而且远高于同期境内信用债发行的加权平均票面利率。总体而言，在房地产企业融资成本方面，2022 年，银行信贷、境内信用债主要受宽松性房地产金融政策影响，成本有所下降；信托融资、境外债则主要受房企违约的影响，成本有所提高。

- 从风险情况来看，现阶段，房地产市场金融风险主要集中在房企的债务违约风险上。2022 年，房企债务违约事件频发，债务违约主体涉及 10 多家百强房企，其中不乏头部优质民营房企。金融 "三支箭" 政策从三种主要融资渠道较大限度改善房企资产负债表状况，稳定行业融资。目前来看，"第一支箭" 的信贷额度更倾向于优质房企，出险房企获取资金支持较难；"第二支箭" 对民营房企有一定的支持作用，正在逐步落地之中；对于 "第三支箭"，因房企的增发、配售从预案发布到成功发行需要一定的时间，政策效果仍需观察。此外，并购重组政策将使优质房企融资环境持续向好，房企风险继续出清，房地产市场风险有所缓解。

- 展望 2023 年，房地产金融将维持相对宽松环境。在银行贷款方面，在政策支持下，房地产开发贷款增速边际扭转，2022 年第四季度出台的相关政策进一步落地，将有望促使房地产开发贷款规模增加。房地产并购是化解房企债务违约风险、实现快速出清的市场化有效手段，房地产行业并购重组规模可能会大幅增加，行业集中度有望进一步提升。房地产信托方面，其融资规模可能进一步压降，这主要是由房地产信托领域的风险形势所决定的，但监管表态出现的边际变化或将改善房地产信托快速收缩的趋势。债券融资方面，一方面，由于中债信用增进公司全额担保支持，中期票据发行规模逆势增长，境内债券融资会有所恢复和反弹；另一方面，由于到期债券偿还规模进入高峰，违约债券债务重组进展缓慢，境外债券融资恢复时间可能较为漫长。房企资本市场股权融资方面，金融"三支箭"政策的出台或将改变 A 股房企 IPO 冻结多年的局面，增发、配股等股权再融资规模也将大幅增加；由于房企境外上市政策与境内 A 股政策保持一致，房企在港股 IPO、再融资或更易开展。风险方面，随着一系列房企融资支持政策持续落地，预计 2023 年房企债务违约持续蔓延的形势将得到有效遏制。

一　房地产开发企业资金来源情况

房地产行业属于资金高度密集行业，无论是土地的购置，还是房地产的开发和建设均需要大量资金；加之房地产项目建设和销售周期较长，使资金成为房地产开发企业赖以生存和发展的命脉。这些行业特点决定了房地产开发企业难以仅仅依靠自有资金进行生产经营，其对外源性融资的依赖程度极高。因此，房企在进行房地产开发、建设、销售等活动的同时，必须不断地进行资金融通活动。当前，我国大多数房地产开发企业以高杠杆、高负债、高周转的模式运转，其融资能力和获取的资金规模在很大程度上决定了房企的生存、发展和盈利能力。

从国家统计局公布的房地产开发企业本年到位资金①来看，2022 年，房企可用于房地产开发的到位资金规模为 14.8979 万亿元，同比下降 25.9%，为 2015 年以来首次出现负增速。其中，国内贷款为 17388 亿元，同比下降 25.4%；利用外资为 78 亿元，同比下降 27.4%②；自筹资金为 52940 亿元，同比下降 19.1%；定金及预收款为 49289 亿元，同比下降 33.3%；个人按揭贷款为 23815 亿元，同比下降 26.5%；其他到位资金为 5470 亿元，同比下降 8.34%（见表 3-1）。分季度来看，第一、二、三、四季度，房企到位资金分别约为 3.82 万亿元、3.01 万亿元、3.53 万亿元和 4.54 万亿元，同比增速分别为-19.58%、-45.67%、-27.37%和-8.47%。2022 年，受房企债务违约及房地产业景气度下降的影响，定金及预收款、个人按揭贷款等经营性资金下降幅度较大，国内贷款、利用外资及自筹资金等融资现金流大幅下滑，从而导致房地产开发企业到位资金持续下降，行业融资规模持续收缩。

表 3-1　2005~2022 年房地产开发企业到位资金情况

单位：亿元

年份	房地产开发企业到位资金总额	国内贷款	利用外资	自筹资金	定金及预收款	个人按揭贷款	其他到位资金
2005	21398	3918	258	7000	6954	1341	1926
2006	27136	5357	400	8597	8193	2588	2000
2007	37478	7016	641	11773	10663	5080	2305
2008	39619	7606	728	15312	9757	3886	2331
2009	57799	11365	479	17949	16217	8562	3227
2010	72944	12564	791	26637	19275	9524	4154
2011	85689	13057	785	35005	22470	8678	5694
2012	96537	14778	402	39082	26558	10524	5193
2013	122122	19673	534	47425	34499	14033	5958
2014	121991	21243	639	50420	30238	13665	5787
2015	125203	20214	297	49038	32520	16662	6473

①　房地产开发企业本年到位资金是指房地产开发企业报告期内实际可用于房地产开发的各种货币资金。

②　《2022 年全国房地产开发投资下降 10.0%》，中华人民共和国国家统计局网站，http://www.stats.gov.cn/sj/zxfb/202302/t20230203_1901712.html。

续表

年份	房地产开发企业 到位资金总额	国内贷款	利用外资	自筹资金	定金及预 收款	个人按揭 贷款	其他到位 资金
2016	144214	21512	140	49133	41952	24403	7073
2017	156053	25242	168	50872	48694	23906	7171
2018	166407	24132	114	55755	55748	23643	7015
2019	178609	25229	176	58158	61359	27281	6406
2020	193115	26676	192	63377	66547	29976	6348
2021	201132	23296	107	65428	73946	32388	5968
2022	148979	17388	78	52940	49289	23815	5470

资料来源：国家统计局、Wind。

二　房地产开发企业主要融资渠道现状

从房地产开发企业到位资金的来源来看，可以将其细分为国内贷款、利用外资、自筹资金、定金及预收款、个人按揭贷款和其他到位资金。其中，定金及预收款、个人按揭贷款等经营性资金为房企主要的资金来源，两者合计占比为 49.07%，约占房企到位资金的 1/2；房企自有资金和借入资金（不包括贷款、外资）等自筹资金占比为 35.53%，约占房企到位资金的 1/3（见图 3-1）。除以上来源外，房企的资金主要依赖外源性融资获取。房企外源性融资包括权益性融资和债务性融资两大类①；从具体融资方式来看，主要为银行贷款、房地产信托融资、境内外债券融资、股权融资等。

（一）银行贷款

银行贷款主要包括商业银行贷款和政策性银行专项贷款，是房地产开发企业最为传统的、最重要的融资渠道和主要的资金来源。目前，流入房地产开发企业的银行贷款，包括房地产开发贷款、房地产并购贷款、经营性物业

---

① 权益性融资通过增加企业的所有者权益来获取资金，债务性融资通过增加企业的负债来获取资金。

贷款、流动资金贷款等商业银行贷款和棚改、城市更新贷款等政策性银行专项贷款。银行贷款的优点是融资金额大，融资成本相对较低，较境内外债券融资和股权融资等融资方式门槛低、审批程序少、取得资金时间短；缺点是融资规模和融资成本受宏观调控政策和经济形势的影响较大，一旦房地产市场增速放缓或房地产调控趋严，银行贷款就会面临收紧的压力。

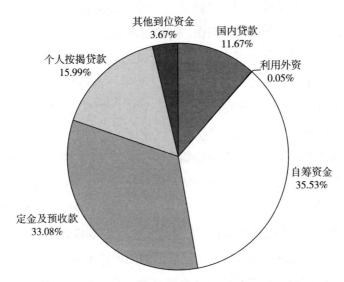

图 3-1　2022 年房地产开发企业到位资金的来源渠道和占比情况

资料来源：国家统计局、Wind。

1. 房地产开发贷款

房地产开发贷款指商业银行等金融机构向符合资质要求的房地产开发企业发放的，用于借款人开发、建设向市场销售、出租等的房地产项目的中长期贷款，是房企最重要的融资方式之一。房地产开发贷款主要用于满足房企在商品房及配套设施开发建设过程中的融资需求，具有贷款金额大、贷款期限长的特点。贷款产品包括普通商品住房类房地产开发贷款、经济适用房类房地产开发贷款、商业用房类房地产开发贷款等几类。对于房地产开发贷款的额度，基于房地产项目投入情况、开发建设项目的实际资金需求、借款人资信情况、商业银行及区域房地产信贷政策等因素，由商业银行等金融机构综合评估后确定；需以在建工程抵押作为主要担保方式，贷款额度一般不超过项目总投资的 65%、抵押物评估价值的 50%~60%；贷款期限根据房地产项目开发建设的实际需要期限设定，一般不超过 3 年（含 3 年）；贷款的利率水平根据贷款业务风险状况和市场利率水平，在中国人民银行规定的相应期限 LPR 基础上合理确定。近年来，商业银行新增房地产开发贷款的发放，不仅要求房地产开发项目满足"四三二"规定，还会基于房企的信用状况、债务杠杆、贷款的增信措施及担保、国家及区域房地产信贷政策的情况进行综合研判，而且贷款资金用途需接受商业银行管控（一般均采用"受托支付"方式，在房企向商业银行提供合法依据后，商业银行将贷款通过借款人账户支付给符合合同约定用途的借款人交易对象）；其还要求资金只能用于本地区的房地产项目建设，严禁跨地区使用。

从房地产开发贷款存量余额数据来看，截至 2022 年末，房地产开发贷款余额为 12.69 万亿元，占全部信贷余额的比例为 5.93%，相比 2021 年末增长 3.7%。从余额增速情况来看，2022 年，房地产开发贷款余额的同比增速在经历第一、二季度持续负值之后，在第三、四季度转为正值。其中，第一季度的同比增速为-0.4%，第二季度的同比增速为-0.2%，第三季度的同比增速上升至 2.2%，第四季度的同比增速进一步上升至 3.7%（见图 3-2）。从房地产开发贷款余额的净增量来看，2022 年房地产开发贷款余额的净增量为 6800 亿元，较 2021 年的净增量增加了 5800 亿元，恢复至 2020 年的水平；其中第二季度房地产开发贷款存量余额为负增长，减少 700 亿元；第一、三、四季度，房地产开发贷款存量余额均为正增长，分别增加了 5500 亿元、1800 亿元、200 亿元。

从 2021 年第四季度开始，中国人民银行、银保监会等部门多次表态，要求银行业金融机构准确把握和执行好房地产金融审慎管理制度，支持和满足房企合理融资需求。但因为房企债务违约事件仍在持续发生，多数房企销售下滑致使自身回款能力不足，行业信用远未恢复，商业银行受制于风险约束和经营考核压力，对新增房地产开发贷款的发放仍然极为审慎，2022 年第一、二季度，房地产开发贷款余额表现为同比增速持续为负值。2022 年第三、四季度，随着房地产融资政策环境的进一步改善和"保交楼"专项借款的有序投放，房地产开发贷款余额增速由负值转为正值，恢复正增长。

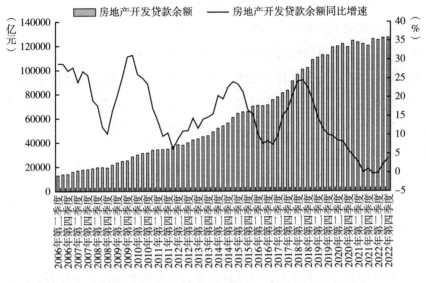

图 3-2　2006~2022 年房地产开发贷款余额及同比增速（季度）

资料来源：Wind。

2. 房地产并购贷款

并购贷款是指商业银行向并购方或其子公司发放的，用于支付并购交易价款的贷款。并购贷款业务通过发放贷款的形式，为企业间的并购交易提供资金支持，帮助并购方企业以受让、购买目标企业现有股权，认购新增股权，或收购资产、承接债务等方式实现合并或实际控制目标企业的诉求。

房地产并购贷款是指房地产开发企业或其控股子公司以受让目标房地产企业部分或全部股权、收购房地产开发项目或土地项目为由，向商业银行申请的并购贷款；贷款额度不超过并购交易价款的 60%；贷款期限最长不超过 7 年，以 3~5 年的中长期贷款为主。2008 年，银监会出台的《商业银行并购贷款风险管理指引》（2015 年 2 月，银监会再次修订该指引）允许符合条件的商业银行办理并购贷款业务，在此之后，房地产并购贷款规模快速增长，其逐渐成为房企取得银行信贷资金的重要方式之一。前几年，随着房地产市场调控持续加码，招标拍卖挂牌出让国有土地使用权的竞买资格、竞价要求、出让条件越来越苛刻，并购交易逐渐成为房企获取土地储备的常规方式之一。房企通过并购交易，有机会获取低价或无限竞价要求的土地资源，并且可以快速增加房企土地储备规模、项目布局，从而迅速扩大房企的规模及市场份额，甚至可以通过并购垄断区域新建住房市场来增加企业盈利。近年来，房企债务违约事件持续发生，出售企业或项目子公司股权、房地产开发项目、在建工程或土地成为问题房企获取现金流、缓解资金链压力、偿还到期债务本息的重要手段。并购已经成为房地产行业化解风险、实现市场出清较为有效的市场化手段。

房地产并购贷款之所以备受房企青睐，重要原因之一是相对于其他融资渠道来说有着独特的优势，是房企目前唯一可用于支持股本权益性融资的银行信贷类产品。房地产并购贷款可以提供不超过并购交易价款及费用60%的信贷资金，相当于变相取得相应比例土地出让金的融资额；在取得并购所得的房地产项目后，其仍可以继续通过项目公司申请房地产开发贷款，这是一种对房企自有资金比例要求较低的高杠杆融资方式。在并购贷款的支持下，2012年之后，房地产市场并购交易规模不断攀升，整体呈现快速增长趋势，房地产行业进入了兼并重组高峰期；行业并购规模从2012年的590.93亿元分别增长到2016年和2017年高峰时的3713.98亿元和3562.44亿元。经历2012~2017年的房地产并购大潮之后，随着房地产金融政策的收紧，商业银行并购贷款的发放也开始收紧。2018年1月，上海银监局出台《关于规范开展并购贷款业务的通知》，要求辖区内商业银行严格控制房地产并购贷款投向，并购贷款用于房地产开发土地并购或房地产开发土地项目公司股权并购的，应按照穿透原则管理，严格遵守房地产开发大类贷款的监管要求，满足"四三二"规定成为房地产并购贷款获批的条件。该监管要求虽然属于上海的地方性监管政策要求，但在实践操作中仍具有一定的指引作用，部分非上海地区且行为相对谨慎的商业银行会将该监管要求列入房地产并购贷款发放的标准之中。2019年，银保监会连续发文，要求商业银行和非银行金融机构加强对房地产业务的合规性审查，严禁以并购贷款、经营性物业贷款等名义在获取资金后将其违规挪用于房地产开发。这些政策直接导致房地产行业并购活动受到限制，行业并购规模有所下降。为防范化解房企债务违约风险，2021年12月，中国人民银行、银保监会出台《关于做好重点房地产企业风险处置项目并购金融服务的通知》（银发〔2021〕320号），鼓励银行业金融机构要按照依法合规、风险可控、商业可持续的原则，稳妥有序开展并购贷款业务，重点支持优质房地产企业兼并收购出险和困难的大型房地产企业的优质项目，房地产并购贷款的发放再次受到政策的支持。

2022年，房地产行业〔不包含不动产投资信托基金（REITs）〕并购交易数量为132宗，金额为939.61亿元（见图3-3），同比下降50.25%。按照最高可以占并购交易价款60%的比例来估算，2022年并购贷款的发放金额最高为563.77亿元。分季度来看，第一、二、三、四季度的房地产并购规模分别为113.19亿元、259.57亿元、73.09亿元和493.76亿元，同比增速分别为−74.60%、79.52%、−71.32%、−52.68%。其中，第一季度，虽然房地产并购得到政策的支持，但是由于房企债务违约事件持续发生，行业风险并未出清，房企对并购持观望态度，房地产项目并购交易并不活跃，房地产并购规模同比大幅下降。第二季度，央行、银保监会在金融支持实体经济座谈会上再次强调做好重点房地产企业风险处置项目并购的金融服务，房地产并购规模的环比增速出现较大幅度上升。第三季度，债务违约蔓延至优质大型民营房企，房企在销售市场持续下行的条件下缺少流动性资金，房企信心不足，并购意愿降低，并购规模同比、环比均出现大幅下降。第四季度，在监管部门向房地产行业发出"三支箭"后，房地产并购热度重新回升，问题房企也开始加快资产处置，回笼资金，尽管第四季度房地产行业并购规模同比依旧下降，但是环比表现为大幅增长。

（二）房地产信托融资

房地产信托是指信托投资公司发挥专业理财优势，通过实施信托计划筹集资金，将募集资金投向房地产行业、房地产相关资产并对其管理的业务，即由信托投资公司制订信托投资计划募集资金，委托人（合格投资者）将其资金委托给信托公司，并由信托投资公司通过信托贷款、房地产项目股权

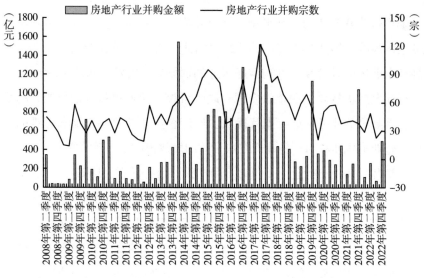

图3-3 2008~2022年房地产开发企业并购情况（季度）

资料来源：Wind。

投资或购买房地产抵押贷款证券等方式进行房地产相关投资活动。按照交易和投资模式，一般可以将房地产信托分为债权型信托、股权回购型信托、权益型信托和混合型信托四种类型。从实践来看，最主要的房地产信托是债权型信托，即信托公司向房企发放信托贷款，为房地产项目的开发、建设或并购提供资金支持；同时，房企向信托公司提供资产抵押、股权质押或第三方担保，并承诺还本付息。较常见的是股权回购型信托。一般情况下，信托公司在将信托资金以股权投资方式投给房企前，会与房企或相关联的第三方签署股权回购协议，形成类似房地产信托贷款的融资方式，即所谓的"明股实债"。直接将信托资金投资房地产项目公司或房地产开发企业的股权，形成实质性股权投资的权益型信托融资相对较少。信托融资是不同于银行的间接融资，区别于资本市场的直接融资，对房企来说是受限较少的融资渠道，可以作为银行信贷的有益补充。房地产信托融资的优点如下。一是，融资方式和融资期限较灵活。信托投资公司可以根据房地产项目的实际资金需求设计和发行专门的信托产品，为房企提供更匹配的资金支持，在授信额度、资金发放效率、灵活程度、资金用途管控等方面较银行贷款均有一定优势。二是，对融资的房企资质和项目合规程度的要求相对低。虽然房地产金融政策要求房地产信托贷款需满足"四三二"规定，但是仍然会有部分信托投资公司通过"明股实债""夹层融资"等一系列操作，规避相关政策限制和监管要求，向资质不足的房企提供资金支持。信托融资是房企的重要融资渠道之一，对于房企的资金周转起到较为重要的作用。房地产信托融资的缺点是融资期限较短，一般为1~3年；融资成本相对较高。

从房地产信托融资数据来看，2022年末，房地产信托融资余额为1.22万亿元，同比下降30.52%；与2021年末相比，余额压降了5376.56亿元。分季度来看，2022年第一季度至第四季度，房地产信托融资余额分别为1.57万亿元、1.42万亿元、1.28万亿元、1.22万亿元（见图3-4）；房地产信托融资存量余额从2019年第三季度开始，已连续14个季度下滑。与此同时，房地产信托融资余额占信托资金余额的比重也在持续下降；截至2022年末，房地产信托融资余额占信托资金余额的比重为8.14%，较2021年末下降了3.6个百分点。

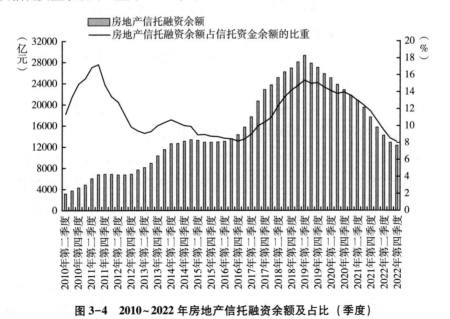

图3-4　2010~2022年房地产信托融资余额及占比（季度）

资料来源：中国信托业协会、Wind。

房地产信托持续压降的原因如下。第一，在强监管的背景下，融资类及通道类房地产信托业务的规模持续压降。为落实中央"房住不炒"政策，2019 年 5 月，《中国银保监会关于开展"巩固治乱象成果　促进合规建设"工作的通知》（银保监发〔2019〕23 号）出台，再次加强了对房地产信托业务的合规性监管，严禁信托资金违规或变相违规流入房地产领域。重点整治向"四证"不全开发商或其控股股东资质不达标、资本金未足额到位的房地产开发项目直接提供融资，通过股权投资＋股东借款、股权投资＋债权认购劣后、应收账款、特定资产收益权等方式变相向房企提供融资，直接或变相为房企缴纳土地出让价款提供融资，直接或变相向房企发放流动资金贷款等违规行为，以遏制房地产信托融资规模过快增长和风险过度积累。在 2019 年下半年，银保监会通过对部分信托公司窗口指导、约谈和专项检查方式，要求其严格执行房地产市场调控政策和现行房地产信托监管要求，管控房地产信托规模；要求部分房地产信托业务增速过快、增量过大的信托投资公司的房地产信托余额不得超过 2019 年第二季度末的余额，并暂停其未备案房地产信托项目、暂停满足"四三二"规定的通道类房地产融资业务、暂停向房企发放并购类融资。近年来，信托投资公司严格执行在风险可控的前提下开展房地产信托业务的监管要求，并按监管要求规范房地产融资和持续压降房地产信托规模。第二，受房企债务违约风险影响，2021 年以来，房地产信托领域的风险攀升，房地产信托违约事件频发。在这种情况下，信托公司进一步收紧房地产信托融资，部分信托公司甚至已经暂停新增房地产信托业务。2022 年第四季度，《中国人民银行　中国银行保险监督管理委员会关于做好当前金融支持房地产市场平稳健康发展工作的通知》（金融 16 条）出台，明确提出"保持信托等资管产品融资稳定""支持……信托贷款等存量融资合理展期""鼓励信托等资管产品支持房地产合理融资需求"。这是自 2019 年 5 月银保监会加强房地产信托监管以来，房地产信托相关的监管政策首次出现导向扭转。相信随着房企债务违约风险的出清，房地产信托融资持续压降的局面有望改善。

（三）境内外债券融资

债券是指债务人为筹集资金，依照法定程序发行，并承诺按照约定利率和期限还本付息的有价证券，是金融市场重要的金融工具之一。房企债券融资指房企通过在证券市场发行债券来募集社会资金，是房企重要的融资渠道之一。债券融资属于直接融资，优点是融资成本相对较低，资金使用受到的限制较少，而且公司债、企业债等债券期限较长，可以使房企获得长期资金支持。房企通过发行债券融资，不但可以获得新增资金来源，还可以优化融资结构，减少对银行等金融机构间接融资的依赖。债券融资的缺点是发行门槛较高，审批标准严格，且易受房地产市场宏观调控政策影响。按照类型分，房企发行的信用债主要包括公司债、企业债、中期票据、短期融资券和非公开定向债务融资工具等。

1. 房企境内信用债融资

2013 年之前，房企境内信用债发行量较小。从 2015 年开始，受益于房地产调控政策的放松、房企融资环境的改善和《公司债券发行与交易管理办法》的实施，房企境内信用债发行规模爆发性增长。随着 2016 年 9 月 30 日新一轮房地产调控的开始，房地产金融监管趋严，房企融资环境趋紧，对发债房地产开发企业的规模、资质、财务状况、资金用途的要求均进一步提升。

2022 年，房企发行债券融资再次获得政策支持。2022 年 11 月 8 日，中国银行间市场交易商协会发文称，在中国人民银行的支持和指导下，中国银行间市场交易商协会继续推进并扩大民营企业债券融资支持工具（即"第二支箭"）①，支持包括房地产企业在内的民营企业发债融资。随后发布的房地产"金融 16 条"，亦明确提出"支持优质房地产企业发行债券融资。推动专业信用增进机构为财务总体健康、面临短期困难的房地产企业债券发行提供增信支持"。从房企 2022 年的境内信用债（不包括资产证券化产品）

---

① 民营企业债券融资支持工具（"第二支箭"），是指由中国人民银行再贷款提供资金支持，委托专业机构按照市场化、法治化原则，通过担保增信、创设信用风险缓释凭证、直接购买债券等方式，支持民营企业发债融资。

发行情况来看，发行规模约为 4937.27 亿元，与 2021 年 5481.79 亿元的发行规模相比下降了 9.93%。分季度来看，第一季度的发行金额为 1247.56 亿元，同比下降 27.43%；第二季度的发行金额为 1282.81 亿元，同比下降 17.87%；第三季度的发行金额为 1328.24 亿元，同比上升 0.67%；第四季度，受支持性政策出台的影响，发行金额为 1078.66 亿元，同比上升 22.38%（见图 3-5）。从存量情况来看，截至 2022 年末，我国房企境内信用债的存量余额为 1.77 万亿元，同比下降 6.84%；其中，房企境内信用债在 2023 年到期（1 年内到期）规模约为 3357.52 亿元，3 年内到期规模为 1.02 万亿元。在不考虑回售和提前偿还的情况下，未来 3 年，房企境内信用债仍处于集中偿付期。目前，境内债券发行募集而得的资金仍主要用于借新还旧，但是随着融资支持政策的落地，未出险房企新增债券发行规模会上升。

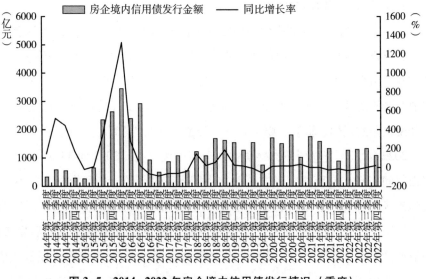

图 3-5　2014~2022 年房企境内信用债发行情况（季度）

资料来源：Wind。

2.房企境外债融资

房企境外债指境内房企及其控制的境外企业或机构，在境外资本市场发行的以本币或外币计价，按约定还本付息的 1 年期以上的债务融资工具。房企境外债在一定程度上能够提升房企的金融资本配置效率，对促进房地产行业健康发展和良性循环具有重要意义。从市场情况来看，我国房企境外债的发行方式主要是通过设立境外全资子公司，把境外子公司作为主体，在境外证券市场（主要为香港联合交易所和新加坡证券交易所）发行以美元、欧元、港元、新加坡元或人民币计价的企业债（以美元债为主），期限以 3 年期和 5 年期为主。2010 年之后，随着在香港上市的内地房企数量增加，房企境外债融资规模开始上升。2015 年 9 月，国家取消了对境内企业境外债券发行额度审批制度，改为备案制，这在一定程度上进一步降低了房企发行境外债券的门槛。2016 年之后，我国房地产政策持续收紧，境内融资渠道逐渐收窄，境外发债融资逐渐成为房企缓解资金压力的重要选择。随着越来越多的房企开始通过境外资本市场发债融资，房企境外债券的发行规模最高时超过房企境内信用债发行规模的 50%。目前，房企境外债已经成为国内房企利用境外资金最重要的融资工具。

从境外债发行情况来看，2022 年，房企境外债发行规模为 214.32 亿美元（约为 1450.96 亿元），同比下降了 50.28%，发行规模腰斩。其中，第一季度的发行规模为 53.98 亿美元（约为 342.70 亿元），同比下降 71.38%；第二季度的发行规模为 34.50 亿美元（约为 231.54 亿元），同比下降 69.06%；第三季度的发行规模为 81.66 亿美元（约为 579.77 亿元），同比下降 19.70%；第四季度的发行规模为 44.17 亿美元（约为 299.05 亿元），同比上升 45.73%（见图 3-6）。2022 年前三季度，我国房企境外债发行规模下降的原因主要有两个方面。一是，前三季度的房企融资政策依旧保持收紧。2019 年 7 月 9 日，国家发改委办公厅发布《国家发展改革委办公厅关于对房地产企业发行外债申请备案登记有关要求的通知》（发改办外资〔2019〕778 号），明确要求房企发行境外债只能用于置换未来一年内到期的中长期境外债务，不可用于偿还境内债务、投资房地产项目或补充运营资金。这在很大程度上收紧了房企通过发行境外债融资的渠道。二是，受房企境内外公开市场债务频繁违约事件的影响，行业信用收缩，投资者对房企境外债的投资意愿大幅下降，房企境外债发行严重受挫，发行规模大幅下降。2022年第四季度，境外债同比上升的原因，一方面是随着监管部门各项支持性政策的出台，国际评级机构对中资房企的评级展望逐步上调，反映了国际机构对中国优质房企的信心正逐步回归。2022年12月，有市场消息称，监管机构要求中国银行、中国建设银行、中国工商银行和中国农业银行四大行为房企提供以境内资产做担保的离岸贷款"内保外贷"，帮助房企偿还境外债，此举进一步增加境外市场信心。[①] 另一方面与违约房企利用新债置换已违约境外债有关。例如，2022年12月，当代置业因债务重组而发行29.09亿美元债，新的债券被用于替换已违约高息美元债。

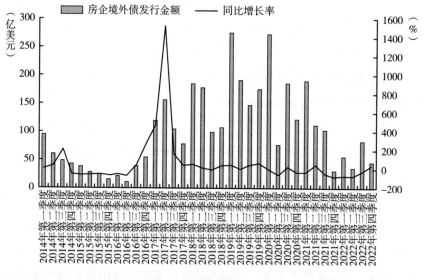

图 3-6 2014~2022 年房企境外债发行情况（季度）

资料来源：Wind。

从存量情况来看，截至2022年末，我国房企境外债存量余额为1729.61亿美元（约为1.17万亿元），较2021年末下降了12.07%。2023年

---

① 《第四支箭要来了！四大行"内保外贷"助房企重启境外融资，海外债违约潮将终结？》，新浪网，https://finance.sina.com.cn/chanjing/cyxw/2022-12-06/doc-imqqsmrp875 0956.shtml。

1月，华夏幸福与境外债债权人达成协议，将股权方案引入境外债务重组，这或为境内房企解决境外债违约问题提供思路，即债转股可作为债务展期的补充方案之一。

（四）股权融资

资本市场股权融资主要指房地产开发企业通过 IPO 进行直接融资和已上市房地产开发企业通过公开或定向增发、向股东配股等方式进行融资。股权融资的优点主要包括以下几个方面。第一，通过股权融资，房企可以从资本市场获得较大规模无须偿还的永久性资金，这符合房地产行业需得到长期资金支持的要求。第二，可以提升房企的信用水平，使其更易通过银行贷款或其他融资方式筹措发展所需资金。第三，通过股权融资可以降低房企资产负债率，优化财务结构，改善房企现金流，降低财务风险。第四，股权融资不需要支付资金利息，其融资成本仅为上市或增发股票的发行费用，后期只需根据企业经营情况和董事会决定进行分红。第五，股权融资还可以促进房企完善公司治理机制，建立现代企业制度，提高公司的经营管理水平。股权融资的缺点主要包括以下两个方面。一是，IPO 对房企的营业规模、股权结构、盈利水平、负债情况等方面要求严格，审核门槛较高；而且以 IPO、增发、配股等方式融资受房地产行业调控政策的影响较大。二是，股权融资会对原始股东股权进行稀释，减弱其控股权。

1. 房企境内证券市场股权融资

通过 IPO 融资是房地产开发企业梦寐以求的融资方式，目前只有少数[①]大型房地产开发企业可以实现。2010 年之后，我国 A 股房地产开发企业的 IPO 基本处于停滞状态，公开或定向增发逐渐成为房企在境内证券市场获得股权融资的最主要方式。

从 2022 年境内资本市场数据来看，其间既没有房地产开发企业的 IPO 融

[①] 《中国统计年鉴 2022》的数据表明，截至 2021 年底，中国房地产开发企业数量达到 10.54 万家；截至 2022 年末，我国 A 股上市公司中房地产开发企业的数量只有 105 家，绝大部分房地产开发企业仍只能依靠银行贷款等其他融资渠道获取融资。

资获得批准，也没有企业的定向增发或配股获批。2022 年，房地产开发企业从境内资本市场获得股权融资的规模为 0（见图 3-7）。但在金融"三支箭"政策为股权融资市场注入强心剂后，2022 年 12 月，华发股份等 10 家 A 股上市房企发布拟增发公告，拟增发金额合计 312.65 亿元，但年内尚未实际落地。2023 年初，万科等 5 家 A 股上市房企发布拟增发公告，拟增发金额合计 225 亿元。2023 年 2 月，证监会启动不动产私募投资基金试点，希望能发挥私募基金多元化资产配置、专业投资运作优势，满足不动产领域合理融资需求。该政策有利于盘活房地产市场存量资产，预计能改善房企现金流状况。我们相信，2023 年，境内证券市场股权融资或在政策扶持下迎来曙光。

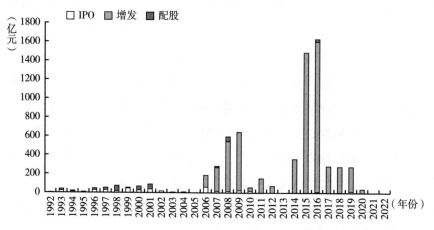

图 3-7　1992~2022 年房地产开发企业境内资本市场获得股权融资情况

资料来源：Wind。

2.房企境外证券市场股权融资

近年来，因为我国 A 股房地产开发企业 IPO 基本陷入停滞，众多境内房地产开发企业开始谋求在境外上市。在此背景下，香港成为房企境外上市的首选之地，在香港联合交易所上市成为目前内地房地产开发企业上市的最主要途径。原因主要包括以下两点。一是，中国香港地理位置与中国内地较近，且香港对拟上市房地产开发企业的财务要求比内地低；加之其采取注册制，上市审核时间相对较短，房地产开发企业可以较为便捷地实现 IPO 上市。二是，中国香港是重要的国际金融中心，资本市场发达，估值合理，融资和再融资渠道均较畅通。在香港 IPO 是房企实现上市和连接国际资本市场的最有效途径，这为房企有效利用境外资金创造有利的条件。

2022 年，没有内地房地产开发企业在香港联合交易所成功 IPO，募集资金规模为 0；而 2021 年有三巽集团和中原建业两家房地产开发企业通过 IPO 共募集 18.42 亿港元（见图 3-8）。2022 年，房地产开发企业虽然没有新增港股 IPO，但仍通过配股、代价发行等方式获得 249.24 亿港元的股权融资。其中，在金融"三支箭"政策出台之后，2022 年 11~12 月完成了 145.86 亿港元的配股，占全年港股资本市场内地房企再融资的 58.52%。

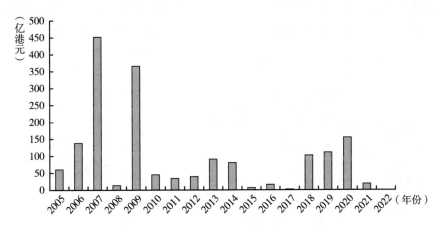

图 3-8　2005~2022 年内地房地产开发企业在香港联合交易所 IPO 募集资金规模

资料来源：Wind。

三　房地产开发企业融资成本情况

（一）银行贷款利率

银行贷款是房企（尤其是中小房企）最主要的融资方式，其实际贷款利率由各商业银行根据房企的资信水平、财务状况、信贷额度、房地产开发项目的后续现金流、土地的区域位置等不同情况，基于贷款业务风险状况和市场利率水平，在中国人民银行规定的相应期限 LPR 基础上合理确定。

2022 年，中国人民银行综合运用降准、中期借贷便利、再贷款、再贴现和公开市场操作等多种方式投放流动性，银行体系流动性合理充裕；并利用 LPR 的下调，引导金融机构人民币贷款加权平均利率稳步下行。从金融机构一般贷款加权平均利率来看[①]，2022 年平均利率呈持续下降趋势，为 4.14% ~ 4.65%（见图 3-9）。从部分上市房企财报披露的商业银行房地产开发贷款情况来看，银行贷款利率集中在 3% ~ 10%。与其他融资方式相比，房企银行贷款的融资成本依然相对较低，尤其是对综合实力强、负债率较低的房企来说，商业银行放贷意愿较高，其贷款利率相应较低；相反，部分负债率较高或规模较小的民营房地产企业的银行贷款（尤其是银行委托贷款）的实际利率可能超过 10%。

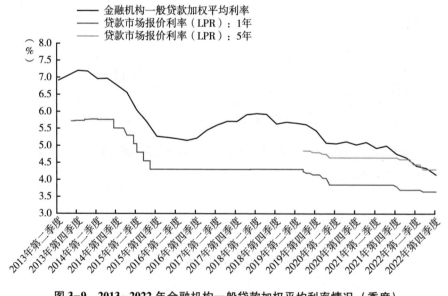

图 3-9　2013~2022 年金融机构一般贷款加权平均利率情况（季度）

资料来源：Wind。

---

① 因无法获得房地产企业银行贷款平均利率，我们使用金融机构一般贷款加权平均利率代表房地产行业银行贷款平均利率。

（二）信托融资成本

信托融资一直是成本较高的融资方式，从近些年发行的投资房地产的资金信托产品来看，其预期最高年化收益率为 4%~25%，以 8%~10% 为主，平均预期年化收益率在 6%~10% 浮动，考虑 2%~3% 的信托公司报酬和信托计划发行费用，房地产企业信托融资的平均成本为 9%~13%。

2022 年，房地产信托发行的加权平均预期年化收益率为 7.51%，加上 2%~3% 的信托公司报酬和信托计划发行费用，房地产企业信托融资的平均成本为 9.51%~10.51%，较 2021 年略有上升。分季度来看，第一、二、三、四季度，房地产信托发行的加权平均预期年化收益率分别为 7.55%、7.58%、7.62%、7.36%，呈先升后降趋势（见图 3-10）。

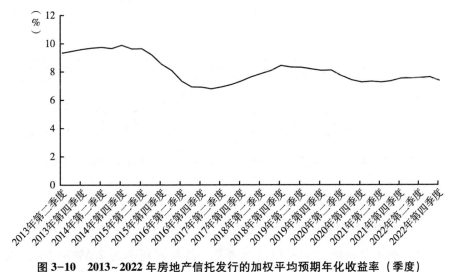

图 3-10　2013~2022 年房地产信托发行的加权平均预期年化收益率（季度）
资料来源：用益信托网。

（三）信用债利率

1. 境内信用债发行利率

我国房企境内信用债发行门槛较高，发行主体以大中型房地产开发企业为主，并要求房地产开发企业盈利水平、资信状况较好，发行主体的债券评级一般在 AA 级以上。2022 年，房地产开发企业信用债加权平均票面利率为 3.40%，较 2021 年下降了 80 个基点。分季度来看，第一季度的加权平均票面利率约为 3.61%；第二季度的加权平均票面利率约为 3.39%；第三季度的加权平均票面利率约为 3.34%；第四季度的加权平均票面利率约为 3.27%（见图 3-11）。房企境内信用债的加权平均票面利率在 2022 年呈持续下降态势。

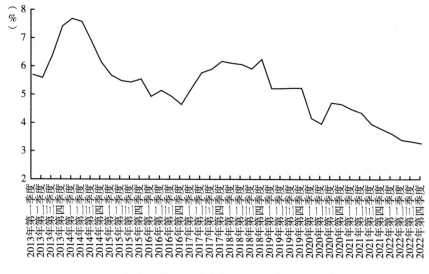

图 3-11　2013~2022 年房地产开发企业信用债加权平均票面利率（季度）

资料来源：Wind。

2. 境外债发行利率

从近些年房企境外债发行情况来看，其票面利率为 2.5%~15%，以 6%~8% 区间内居多。2022 年，内地房企境外债加权平均票面利率为 7.81%，与 2021 年相比上升 70 个基点，远高于同期境内信用债发行加权平均票面利率。分季度来看，2022 年第一、二、三、四季度，房企境外债的加权平均票面利率分别为 7.79%、8.88%、6.95%、8.56%（见图 3-12）。受房企债务违约事件持续发生影响，2022 年，境外债加权平均票面利率呈波动上升趋势。境内信用债和境外债发行利率走势完全背离，其主要原因是发行主体存在差异。境内信用债发行主体以国企和优质民企为主，尽管发行规模相比 2021 年有所下降，但能够成功发行的主体的信用风险溢价较低；而境外债发行主体以激进民企或规模较小民企为主，受头部房企违约影响，加之存在跨境风险溢价，境外债发行利率较高。

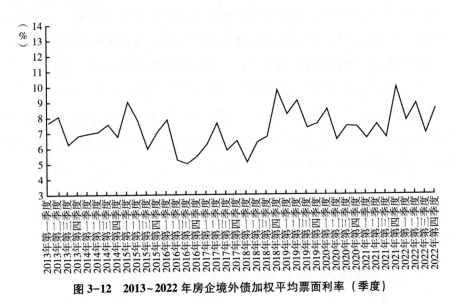

图 3-12　2013~2022 年房企境外债加权平均票面利率（季度）

资料来源：Wind。

四　房地产开发企业债务违约形势分析及政策应对

（一）房企债务违约形势进一步加剧

在房企存量有息债务高企、偿债高峰集中来临、行业内分化加剧、市场预期较弱的背景下，现阶段，房地产市场金融风险实际主要集中在房企的债务违约风险上。2021 年 7 月初，恒大流动性危机爆发，拉开了我国房企大规模债务违约的序幕。2022 年，房企债务违约风险加速暴露，并出现债务违约潮。仅从房企 2022 年公开市场债务违约情况来看，房企债券违约成为债券市场违约的绝对主力；首次公开市场债务违约房企不断增加，而且债务违约已蔓延至优质大型民营房企。具体来看，2022年，房企境内债出现展期、未按时兑付本息、触发交叉违约、实质违约的数量高达105只，涉及奥园、鸿坤伟业、阳光城、万通、富力、时代控股、恒大、花样年、华夏幸福等28家债券发行主体，违约规模（违约日债券余额）为1283.8亿元，占境内债券市场新增违约债券规模的79.4%。房企境外债出现展期、未按时兑付本息、技术性违约、实质违约的数量达到94只，涉及奥园、宝龙、大发、大唐集团控股、当代置业、国瑞置业、恒大、弘阳、鸿坤伟业、花样年、华夏幸福等36家发行主体，违约规模（违约日债券余额）为320.1亿美元，占新增境外债违约规模的88.0%。受债务违约风险加速暴露影响，金融机构和金融市场投资者对民营房企的信心不断减弱，违约房企逐渐从前期高杠杆民营房企蔓延至曾被市场认可的优质大型民营房企，如龙光、旭辉等。

2022年爆发的集体停贷事件是房企债务违约、项目停工等问题进一步发酵的结果，意味着房地产市场风险从企业端传导至需求端。此事件的发生进一步冲击了市场信心，房地产市场系统性风险初显。

（二）政策端持续发力稳固房地产融资市场信心

在房地产市场运行持续低迷的情况下，为促进房地产市场平稳健康发展，防范行业出现系统性风险，政策端出台一系列救急措施，融资利好政策持续落地。2022年以来，政策端持续改善。前期政策主要包括降准降息、鼓励机构稳妥有序开展并购贷款业务以及担保发债等。但是由于房地产行业处于低谷时期，居民购房意愿疲弱，且受房企违约潮影响，房地产行业融资情况未能达到政策预期。2022年11月，央行和银保监会发布了房地产"金融16条"后，金融"三支箭"政策依次落地，助力改善民营房企融资状况，促进房地产行业和市场平稳发展。

从信贷融资（第一支箭——信贷融资支持）来看，由银行业金融机构与优质房企通过签约确定意向性授信额度、签订战略合作协议等方式，在房地产开发、按揭、并购、债券承销与投资等方面为房企提供多元化融资服务，支持房企正常运营。签约主体主要包括央企、国企以及信用良好的优质民营房企，此举使优质企业的融资环境得到大幅改善，但对于问题房企的帮扶力度或未能达到预期。此外，中国人民银行通过指导商业银行加大对优质房企"内保外贷"的支持力度，修复房企海外融资渠道，优质房企的海外融资环境进一步优化。

从债券融资（第二支箭——债券融资支持工具）来看，由中国人民银行再贷款提供资金支持，委托专业机构按照市场化、法治化原则，通过担保增信、创设信用风险缓释凭证、直接购买债券等方式，支持民营房企发债融资。此举有利于引导市场机构加大对民营房企债券融资的支持力度，促进民营房企债券融资恢复，降低民营房企融资成本。随着支持工具的作用进一步发挥，投资者的信心将进一步提振，有利于民营房企常态化发行债券融资。

从股权融资（第三支箭——股权融资支持工具）来看，由证监会调整优化房企股权融资政策，支持房企通过股权融资来改善资产负债表。主要包括以下五项调整优化措施。第一，恢复涉房上市公司并购重组及配套融资。第二，恢复上市房企和涉房上市公司再融资。第三，调整完善房地产企业境外市场上市政策。第四，进一步发挥 REITs 盘活房企存量资产的作用。第五，积极发挥私募股权投资基金的作用，开展不动产私募投资基金试点。政策全面打开房企股权融资通道，恢复并购重组及配套融资有利于行业良性发展，债务违约房企可通过重组等方式加速出清；恢复上市房企再融资，支持房企境外融资，可以改善房企资产负债表；发挥 REITs、私募股权投资基金的作用，完善房企资产处置和投资退出机制，有助于缓解房企资金压力。

（三）金融"三支箭"政策效果初显，促进房地产市场平稳发展

房地产金融"三支箭"政策出台后，效果已初步显现，央企、国企及民营房企的融资环境均有所回暖，行业融资困境加速改善。

"第一支箭"——信贷融资支持政策出台后，百余家银行业金融机构落实政策要求，积极向房企授信，累计授信额超 5 万亿元。中国银行、中国建设银行、中国农业银行、中国工商银行、交通银行、中国邮政储蓄银行六大

国有商业银行先后与万科、龙湖、绿城等优质房企签署战略合作协议。继国有商业银行加大对房企的授信力度后，股份制银行和城商行陆续对房企授信。其中，万科、绿城得到授信的银行个数均超过 10 家，碧桂园、龙湖、美的置业得到授信的银行个数为 9 家及以上，华润置地、保利发展、中海地产等多家房企得到 5 家及以上的银行授信。据不完全统计，已有 120 多家房企获得银行授信，其中，万科、绿城超过 4000 亿元，碧桂园超过 3000 亿元，美的置业为 1000 亿元。

"第二支箭"——债券融资支持政策出台后，多家房企申请储架式注册发行债券总金额超过千亿元。其中，中国银行间市场交易商协会已受理龙湖、美的置业、新城控股、万科、金地、金辉的储架式发债申请额度分别为 200 亿元、150 亿元、150 亿元、280 亿元、150 亿元、20 亿元。此外，中债信用增进公司已收到近百家房企增信业务意向，正在积极推进业务开展，为符合条件的房企发债提供全额担保支持。"第二支箭"政策的落地，拓展了民营房企的债权融资渠道，有效地缓解了民营企业的阶段性资金压力。

"第三支箭"——股权融资支持政策出台后，截至 2022 年底，已有 19 家 A 股上市房企公告拟进行定增，3 家房企拟进行资产重组，包括格力地产重启对珠海市免税企业集团的股权收购，招商蛇口拟发行股份扩大对前海项目的持股比例等，合计再融资金额超 400 亿元。港股的落地速度更快，陆续有近十家内地房企通过配股募资 150 亿港元，其中，碧桂园完成了 2 次配股，雅居乐集团完成了 3 次配股。本次房企股权融资政策调整和优化，能够促使房企恢复再融资能力，极大限度改善房企资产负债表。

本轮房地产政策较之前的力度更大，覆盖范围更广，政策目标更清晰。在销售市场低迷、违约潮汹涌的情况下，叠加之前"三道红线"政策的约束，房企缩表趋势明显。房地产金融"三支箭"政策的出台，从三种融资渠道支持房企融资，改善房企的资产负债表状况。目前来看，"第一支箭"信贷额度倾向于优质房企，出险房企获取资金支持较难。"第二支箭"对民营房企有一定的支持作用，正在逐步落地之中。对于"第三支箭"，因房企的增发、配售从预案发布到成功发行需要一定的时间，政策效果仍需观察。

此外，并购重组支持政策将使优质房企的融资环境持续改善。另外，房地产金融"三支箭"政策的出台，在提振房地产市场信心、改善房地产市场预期方面发挥了极为重要的作用。

五 2023年房地产开发企业融资市场形势展望

2022年前期，房企信用风险呈加速蔓延态势，债券违约已波及优质民营房企，多家千亿元规模房企首次出现风险事件；后期由于政策持续发力，新增出险房企数量减少，信用风险扩散趋势得到初步控制。总体来看，2022年，房地产信托、境内信用债和境外债等房企主要融资渠道均呈现收紧态势，表现为房地产信托余额继续压降，房企境内信用债和境外债发行规模下滑。

展望2023年，房地产金融将维持相对宽松环境。在银行贷款方面，在政策支持下，房地产开发贷款增速将边际扭转；2022年第四季度出台的相关政策进一步落地，有望促使房地产开发贷款规模增加。房地产并购是化解房企债务违约风险、实现市场化快速出清的有效手段，房企并购贷款融资渠道资金投向有所放松，房地产行业并购重组规模会大幅增加，行业集中度有望进一步提升。房地产信托方面，其融资规模可能进一步压降，这主要是由房地产信托领域的风险形势所决定的，但监管表态出现的边际变化或将改善房地产信托快速收缩的趋势。债券融资方面，一方面，由于中债信用增进公司向符合条件的房企发展提供全额担保支持，中期票据发行规模逆势增长，境内债券融资会有所恢复和反弹；另一方面，由于到期债券偿还规模进入高峰，违约债券债务重组进展缓慢，境外债券融资恢复时间可能较为漫长。房企资本市场股权融资方面，国内房企 A 股 IPO 融资事实上已经冻结多年，金融"三支箭"政策的出台或将改变这种局面，增发、配股等股权再融资规模也将大幅增加；由于房企境外上市政策与境内 A 股政策保持一致，房企在港股 IPO、再融资或更易开展。

房企融资成本方面，优质房企和出险房企的融资成本会出现较大分化；

负债率较低且信用情况良好的头部优质房企将获得更多议价空间，融资成本可能会进一步下降；负债率较高或规模较小的房企获得融资的难度提升，融资成本预计将维持在高位。

房企风险方面，在房企存量有息债务高企、偿债高峰集中来临、行业内分化加剧的背景下，房地产市场金融风险仍将主要集中在房企的债务违约风险上，但预计 2023 年房企债务违约持续蔓延的形势将得到有效遏制。一系列房企融资支持政策持续落地，对于优质房企来说，可以通过新增银行信贷融资、债券融资与股权融资改善流动性状况。对于已违约的房企来说，政策还需推进加大重组或破产整合力度。为防范化解房地产市场风险，本章提出如下建议。一是向房地产行业提供合理充裕的流动性，避免房企债务违约风险进一步蔓延。二是推动房企转变"高负债、高杠杆、高周转"经营模式，向新发展模式过渡。三是加快推进出险房企的债务处置进度，改善问题房企的资产负债表状况。

第四章
住房公积金市场

蔡 真　王思微　崔 玉*

- 2021年，我国住房公积金市场继续保持良好的增长势头。缴存方面，2012~2021年，全国住房公积金实缴职工数量占城镇就业总人数的比重从27.37%提高到35.14%，提高了7.77个百分点。提取方面，住房公积金提取率在2012~2020年保持持续增长态势，但在2021年呈现略微下降的情况，住房公积金提取率为69.68%，相比2020年降低了1.10个百分点。住房公积金个人住房贷款方面，个人住房贷款率在2012~2020年保持增长态势，但在2021年个人住房贷款率相比2020年降低1.13个百分点，2021年个人住房贷款率为84.18%。住房公积金个人住房贷款利率比同期贷款市场报价利率（LPR）低105~140个基点，2021年发放的住房公积金个人住房贷款在偿还期内可为贷款职工节约利息支出约3075.40亿元，平均每笔贷款可节约利息支出约9.91万元。这些数据表明，住房公积金很好地支持了广大职工的住房消费需求。

- 从全国31个省区市的数据来看，住房公积金的发展表现出区域不均衡的特点。缴存方面，经济越发达的地区以及政府机关、事业单位、国有企业越多的地区，公积金缴存情况越好。2021年，北

---

* 蔡真，中国社会科学院金融研究所副研究员，国家金融与发展实验室房地产金融研究中心主任、高级研究员；王思微，中国社会科学院大学应用经济学院硕士研究生；崔玉，国家金融与发展实验室房地产金融研究中心研究员。

京、上海、天津、西藏的住房公积金覆盖率超过 50%；其中，北京的覆盖率最高，达 92.74%。贵州、湖北、湖南、安徽、重庆、河南、河北、广西、江西、云南 10 个省区市的公积金覆盖率均在 30% 以下。贷款方面，个人住房贷款率较高的地区并不集中于房价较高的地区，而是房价可负担水平相对较高的地区，贵州、重庆、浙江、安徽、江苏、上海、海南、福建 8 个省区市的住房公积金个人住房贷款率超过 90%；个人住房贷款率较低的地区对应房价较低的地区，河北、甘肃、内蒙古、西藏、黑龙江 5 个省区市的住房公积金贷款率低于 75%。

- 尽管住房公积金制度存在较多问题，如覆盖率低、区域发展不平衡、公平性缺失、投资渠道单一、增值收益率低、资金结余地和资金需求地资金不能相互统筹等问题，目前整体制度性改革的条件仍未完全具备，但住房公积金制度一直处于增量改进中。2021～2022 年，重要改进措施包括以下三个方面。第一，稳妥推进住房公积金制度向灵活就业人员覆盖的试点工作，提升住房公积金的覆盖率。第二，加速推进住房公积金跨区域统筹工作，更好地解决住房公积金存在资金结余地和资金需求地资金不能相互统筹的问题。第三，优化、调整住房公积金租赁提取政策，提高缴存职工在住房公积金使用上的公平性，使住房公积金在支持新市民租赁住房方面发挥更为积极的作用。

住房公积金，是指国家机关、国有企业、城镇集体企业、外商投资企业、城镇私营企业及其他城镇企业、事业单位、民办非企业单位、社会团体及其在职职工缴存的长期住房储金，具有强制储蓄的性质。住房公积金制度是我国在 20 世纪 90 年代初为筹集职工住房建设资金，在借鉴新加坡中央公积金制度的基础上，结合我国实际情况推出的一项政策性住房金融制度，核心目的是促进城镇住房建设和提高城镇居民的居住水平。1991 年，住房公积金制度在上海开始试点；从 1994 年开始，在全国推行住房公积金制度；1998 年，住房公积金制度在全国普遍建立。1999 年 4 月，《住房公积金管理条例》的签发，标志着住房公积金正式制度化。在 1998 年住房分配货币化改革之后，住房公积金制度逐渐演变为主要以发放低息贷款方式支持职工住房消费的政策性住房金融制度安排。

一 全国住房公积金运行情况

（一）缴存情况

1. 住房公积金缴存总体情况

从近年来住建部发布的《全国住房公积金年度报告》来看，我国住房公积金缴存额的存量、增量均保持良好增长势头。在存量上，我国住房公积金缴存余额已从 2012 年的 2.68 万亿元增长至 2021 年的 8.19 万亿元，9 年间总量增长了 205.47%，年均复合增长率为 13.21%。在增量上，2012 年，缴存余额尚不足 1 万亿元，2018 年时就已突破 2 万亿元，2021 年已达 2.92 万亿元，9 年间增长了 196.87%，年均复合增长率为 12.85%。其中，2014~2019 年，缴存额增长率在 12%~13% 波动；受新冠疫情影响，2020 年的缴存额增长率有所回落，下降至 10.55%；2021 年，缴存额增长率略有回升，为 11.24%（见图 4-1）。

2. 住房公积金人均缴存情况

从人均缴存数据看，年人均缴存额由 2012 年 9670 元增加到 2021 年的 1.77 万元（见图 4-2），9 年间增长了 83.04%，年均复合增长率为 6.97%。受疫情对职工收入增长的影响，2021 年，年人均缴存额增长率仅为 3.74%，低于年均复合增长率。

3. 住房公积金覆盖范围

由上文数据可以看出，住房公积金年人均缴存额增速低于总的缴存额增速，这说明我国住房公积金覆盖范围在扩大。住房公积金覆盖范围的扩大，

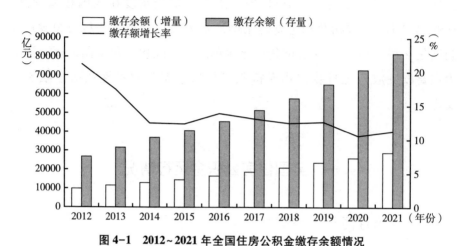

图 4-1　2012~2021 年全国住房公积金缴存余额情况

资料来源：2012~2021 年《全国住房公积金年度报告》。

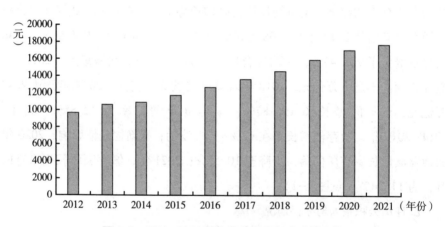

图 4-2　2012~2021 年住房公积金年人均缴存额

资料来源：2012~2021 年《全国住房公积金年度报告》。

可以从图 4-3 中看出，2012~2021 年，住房公积金实缴职工数量占城镇就业总人数比重从 27.37% 提高到 35.14%，提高了 7.77 个百分点。2021 年，全国住房公积金实缴职工人数为 16436.09 万人，较 2020 年增加了 1108.39 万人，比上年增长 7.23%；住房公积金实缴单位为 416.09 万个，比上年增长 7.23%；新开户单位为 79.46 万个，新开户职工为 2220.51 万人。整体而言，我国住房公积金的覆盖面在扩大。

图 4-3　2012~2021 年住房公积金实缴职工人数情况

资料来源：2012~2021 年《全国住房公积金年度报告》。

（二）提取情况

1. 住房公积金提取总体情况

就住房公积金提取情况而言，2021 年，住房公积金提取人数为 6611.21 万人，占实缴职工人数的 40.22%；年度提取额为 1.86 万亿元，比上年增长 13.94%。截至 2021 年末，住房公积金累计提取总额为 143109.17 亿元，占累计缴存总额的 63.61%；提取率为 69.68%，比上年降低 1.10 个百分点。总体来看，住房公积金年度提取额和累计提取总额自 2012 年以来一直在稳步增加，而提取率在 2015 年有很大提升后就保持较稳定状态，即在 70% 这一数值附近波动（见图 4-4）。这体现出对住房公积金的使用效率逐年提高，并在近几年维持较高水平，住房公积金制度对缴存职工的住房消费需求起到了较好的支持作用。

2. 住房公积金提取用途

提取出来的住房公积金，可以用于住房消费和非住房消费两个方面。用于非住房消费的情况，主要包括基于离退休、丧失劳动能力且与单位终止劳动关系、出境定居或户口迁移、死亡或宣告死亡、治疗重大疾病等原因的提取；用于住房消费的情况主要包括购买、建造、翻建、大修自住住房，偿还购房贷款本息，租赁住房，进行老旧小区改造，其他住房消费等用途的提取。

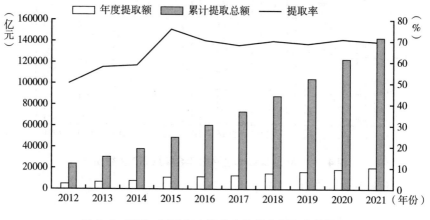

图4-4 2012~2021年全国住房公积金提取总体情况

资料来源：2012~2021年《全国住房公积金年度报告》。

2021年，非住房消费类提取住房公积金规模为3612.88亿元，占比为17.78%，与上一年基本持平；其中，离退休提取的占比最大，达到11.71%，与上一年相比降低了1.08个百分点。2021年，住房消费类提取住房公积金规模为1.67万亿元，占比为82.22%（见图4-5）。

在用于住房消费的提取额中，2021年，用于偿还购房贷款本息的提取额为10134.54亿元，占比最高，达到49.88%。由于缴存住房公积金的大部分是城镇户籍人口，他们不能自行建造、翻建住宅，因此，基于购买、建造、翻建、大修自住住房这一用途提取出来的住房公积金，大部分被用于购买住房。这部分公积金提取额为5192.62亿元，占比为25.56%。自2014年提出"租售并举"的概念、2015年降低提取公积金支付住房租金的门槛后，用于租赁住房的公积金的提取额占比逐年上升，2014年的占比仅为1.07%，

2021 年的占比提高至 6.20%，提取额已达 1258.67 亿元。这表明住房公积金支持职工租房消费的力度在加大。近年来，随着城市更新概念的提出，公积金在支持老旧小区改造方面也发挥积极作用，支持城镇老旧小区居民提取住房公积金用于老旧小区综合整治、增设电梯、楼体抗震加固、增加阳台、上下水改造等；2021 年，公积金用于进行老旧小区改造的提取额为 4.23 亿元，占比为 0.02%，比 2020 年提取额多了 1 倍，公积金在改造老旧小区方面发挥的作用有所提升。2021 年的其他住房消费（包括支付装修费、物业费等，不含老旧小区改造）的提取额为 113.20 亿元，占比为 0.56%。

图 4-5　2015～2021 年全国住房公积金提取额（按提取用途分类）

注：在 2021 年，其他住房消费中包含单列出来的进行老旧小区改造的比例。
资料来源：2015～2021 年《全国住房公积金年度报告》。

（三）贷款情况

住房公积金贷款是指以住房公积金管理中心归集的住房公积金为资金来源，向缴存住房公积金的职工发放，定向用于购买、建造、翻建、大修自住住房的专项住房消费贷款。缴存住房公积金的职工向住房公积金管理中心申请住房公积金贷款，经批准后，由受委托银行办理贷款手续。缴存职工申请住房公积金贷款的具体额度是在地区住房公积金最高贷款额度内，以住房公积金个人账户余额为基础，结合贷款成数、还款能力、缴存时间、配偶缴存情况，以及存贷比调节系数等因素综合确定；一般情况下由地区住房公积金最高贷款额度、房屋评估价值或实际购房款扣除首付款后金额（以两者中较低额为准，且首付比例不得低于20%）、基于职工还款能力计算的贷款额度①×借款期数（月）、职工住房公积金账户余额倍数（一般为10~20倍）四者中最低值决定。

1. 住房公积金个人住房贷款总量情况

从住房公积金贷款情况来看，2021年，发放住房公积金个人住房贷款310.33万笔，比上年增长2.50%；发放金额为13964.22亿元，比上年增长4.52%。截至2021年末，全国已累计发放住房公积金个人住房贷款4234.71万笔，累计发放金额为12.53万亿元，分别较上年末增长7.91%和12.54%。2021年末，住房公积金个人住房贷款余额为6.89万亿元，较上年末增长10.62%，约为同期金融机构个人住房贷款余额（约为38.3万亿元）的17.99%；在个人住房贷款市场的占有率为14.98%（住房公积金个人住房贷款余额占同期全国商业性和住房公积金个人住房贷款余额总和的比例）。个人住房贷款率（即年末住房公积金个人住房贷款余额占年末住房公积金缴存余额的比例）为84.18%，比上年末减少1.13个百分点（见图4-6）。

总体来说，住房公积金运用较为充分，为居民的住房消费提供了有力支持。2017年，住房公积金新增个人住房贷款发放额大幅下降，主要是受房地产市场形势变化和国家房地产调控、住房公积金政策和房地产贷款政策同时收紧的影响。2018~2021年发放新增住房公积金个人住房贷款分别为10.2万亿元、1.21万亿元、1.34万亿元、1.40万亿元，分别同比增长7.17%、18.79%、10.74%、4.52%。住房公积金个人住房贷款年度发放额逐年增加，这与住房公积金覆盖面逐步扩大、住房公积金贷款政策受调控影响较小、地区住房公积金最高贷款额度的提高、住房公积金贷款申请和审批服务进一步优化、持续整治开发商不配合办理住房公积金贷款行为有关。

---

① 基于职工还款能力计算的贷款额度=（借款人及配偶月工资总额+借款人及配偶所在单位住房公积金月应缴存额）×还贷能力系数（40%）-借款人及配偶现有贷款月应还款额。部分地区把借款人及配偶住房公积金缴存基数作为月工资总额数据。

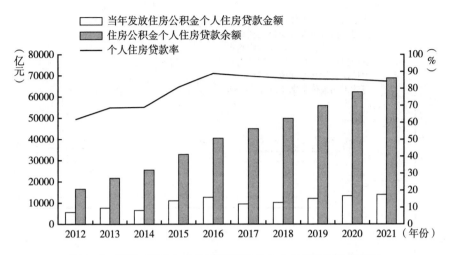

图 4-6 2012~2021 年全国住房公积金个人住房贷款总量情况

资料来源：2012~2021 年《全国住房公积金年度报告》。

2. 住房公积金个人住房贷款利率走势

从住房公积金贷款利率水平来看，2015 年 8 月至 2021 年末，住房公积金个人住房贷款利率均保持不变：5 年及以下贷款利率为 2.75%，5 年以上贷款利率为 3.25%（见图 4-7）。2021 年，住房公积金贷款利率水平比同期相应期限的贷款市场报价利率（LPR）低 105~140 个基点；比商业银行首套住房贷款平均利率低 232~282 个基点，比商业银行第二套住房贷款平均利率低 260~310 个基点。这充分体现了住房公积金低存低贷、普惠性的特点。2021 年发放的住房公积金个人住房贷款，与申请和发放商业银行个人住房贷款相比，预计在合同约定的偿还期内可为贷款职工节约利息支出约为 3075.40 亿元，平均每笔贷款可节约利息支出 9.91 万元。住房公积金个人住房贷款为住房刚需者提供了成本更低的贷款渠道，在一定程度上切实减轻了购房职工家庭经济负担，缓解了中低收入群体的购房支付压力。对于数量庞大的中低收入普通职工家庭来说，低利率的住房公积金贷款是其申请住房贷款时的首要选择。

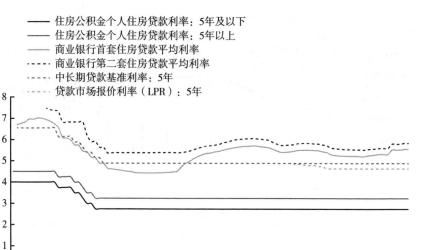

图4-7 2013~2021年住房公积金个人住房贷款利率、商业银行住房贷款
平均利率、中长期贷款基准利率和LPR的走势（月度）

资料来源：Wind。

3. 住房公积金个人住房贷款风险状况

从风险情况来看，截至2021年末，住房公积金个人住房贷款的逾期额为
17.34亿元，逾期率仅为0.03%；2020年，逾期率为0.04%，相比之下，逾期
率有所下降。主要原因可能是部分地区的公积金管理中心为减少新冠疫情对
借款人的影响，出台了住房公积金阶段性支持政策，对受疫情影响导致的逾
期住房公积金个人住房贷款，暂不做逾期处理、不计罚息、不纳入征信。图
4-8展示了住房公积金逾期金额和逾期率情况，随着住房公积金市场规模的不
断扩大，住房公积金个人住房贷款逾期额和逾期率都有所上升。总体来看，
住房公积金个人住房贷款逾期率依然处于极低水平，远低于同期商业银行住
房贷款和商业银行个人贷款的逾期率。这主要是由于住房公积金个人住房贷
款的使用群体主要为政府机关、事业单位、国有企业及外资企业职工，其均

是高信用群体。

截至2021年末，全国住房公积金个人住房贷款风险准备金余额为2769.02亿元，比上年增加302.1亿元，且其是住房公积金个人住房贷款逾期额的159.69倍。这表明住房公积金贷款风险拨备充足，风险可控。

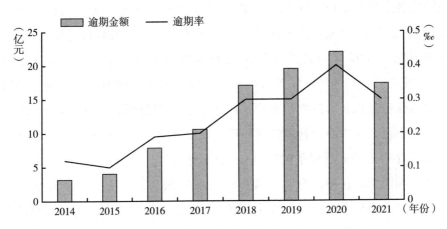

图4-8　2014~2021年全国住房公积金个人住房贷款逾期情况

资料来源：2014~2021年《全国住房公积金年度报告》。

（四）增值收益情况

1. 住房公积金增值收益总体情况

从住房公积金收益情况看，2021年，住房公积金增值收益为1262.02亿元，比上年增长了13.37%；增值收益率为1.63%，略高于上一年（见表4-1）。增值收益的主要来源为住房公积金委托贷款利息、余额存款利息、余额购买国债所获利息，支出主要包括支付缴存职工住房公积金利息、支付受托银行归集手续费、支付委托贷款手续费和转商贴息、融资成本等。

2. 住房公积金增值收益分配情况

从住房公积金收益分配情况看，2021年，提取贷款风险准备金为307.47亿元，提取管理费用为121.49亿元，提取公租房（廉租房）建设补充资金为 835.83 亿元（见表 4-1），三者分别约占年度增值收益的 24%、10%、66%；其中，提取管理费用占比保持稳定，提取贷款风险准备金占比较上一年下降了约 4 个百分点，提取公租房（廉租房）建设补充资金占比较上一年上升了约 4 个百分点。截至 2021 年末，累计提取贷款风险准备金达到 2795.54 亿元，累计提取公租房（廉租房）建设补充资金达到 5527.99 亿元。关于住房公积金用于公租房、廉租房建设的规定，最早出现于 2002 年修订的《住房公积金管理条例》中，第二十九条规定，"住房公积金的增值收益应当存入住房公积金管理中心在受委托银行开立的住房公积金增值收益专户，用于建立住房公积金贷款风险准备金、住房公积金管理中心的管理费用和建设城市廉租住房的补充资金"。然而，根据《住房公积金管理条例》，第三条明确规定，"职工个人缴存的住房公积金和职工所在单位为职工缴存的住房公积金，属于职工个人所有"。住房公积金属于个人财产，实质上就是一种受托管理资产，其增值收益在法理上只能属于住房公积金全体储户共同所有；而住房公积金增值收益实际上归属于财政，以用于公租房、廉租房建设，这是值得商榷的。

表 4-1　2014~2021 年住房公积金增值收益及收益分配情况

单位：亿元，%

年份	业务收入	业务支出	增值收益	增值收益率	提取贷款风险准备金	提取管理费用	提取公租房(廉租房)建设补充资金
2014	1496.73	819.71	677.02	—	154.7	87.21	432.15
2015	1598.36	523.34	1075.02	—	339.2	107.24	618.08
2016	1521.26	833.54	687.72	1.59	227.3	101.46	371.66
2017	1657.69	894.47	763.22	1.57	212.16	106.75	453.85
2018	1814.44	960.19	854.25	1.56	234.63	116.62	502.69
2019	2051.25	1075.1	976.15	1.58	273.63	115.78	588.70
2020	2316.85	1203.68	1113.17	1.58	314.45	121.38	688.54
2021	2588.27	1326.25	1262.02	1.63	307.47	121.49	835.83

资料来源：2014~2021 年《全国住房公积金年度报告》。

二　全国31个省区市住房公积金运行情况

（一）缴存情况

1. 全国31个省区市住房公积金实缴职工数

从图4-9可以看出，全国31个省区市之间住房公积金实缴职工数量存在很大差异，这和省区市发达程度有关。实缴职工数量排名前5的省区市为广东、江苏、山东、浙江、北京，它们均是经济较为发达的地区。广东实缴人数遥遥领先，达到了2144.15万人。而实缴职工人数最少的3个省区市分别为西藏、青海、宁夏。这在一定程度上提示我们，要关注住房公积金的区域非均衡发展的问题。各地实缴职工数量增长率也不尽相同，增速最快的5个省区市分别是西藏、浙江、海南、广西、江苏，增速均超过了9%；而增速最慢的3个省区市是辽宁、黑龙江、吉林，增速在3%以下。

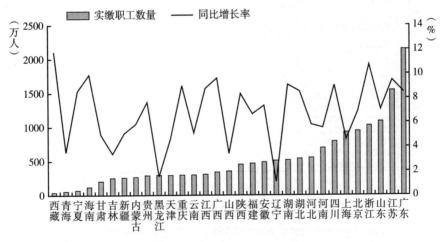

图4-9　2021年全国31个省区市住房公积金实缴职工数量情况

资料来源：2020~2021年《全国住房公积金年度报告》。

2. 全国31个省区市住房公积金覆盖率

从全国 31 个省区市住房公积金覆盖率（住房公积金实缴职工数量占地区城镇就业人数比例）来看，2021 年，北京、上海两个省区市的住房公积金覆盖率遥遥领先；其中，北京的覆盖率已达到 92.74%（见图 4-10）。目前，仅有北京、上海、西藏、天津 4 个省区市的住房公积金覆盖率超过 50%；贵州、湖北、湖南、安徽、重庆、河南、河北、广西、江西、云南 10 个省区市的住房公积金覆盖率仍在 30% 以下，它们与领先地区的差距还很大。

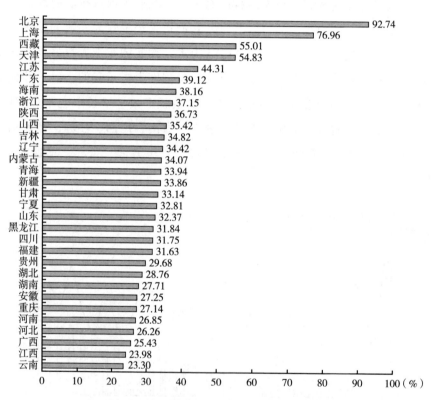

图 4-10　2021 年全国 31 个省区市住房公积金覆盖率

资料来源：《全国住房公积金 2021 年年度报告》《中国统计年鉴 2021》。

3. 全国31个省区市住房公积金缴存额

从全国 31 个省区市 2021 年的住房公积金缴存额来看，各省区市间差异较大，广东、北京、江苏、浙江、上海、山东、四川、湖北8个省区市的住房公积金缴存额超过1000亿元，海南、青海、宁夏、西藏4个省区市的缴存额低于200亿元。从缴存额同比增长率看，最高的是新疆，为16.17%；最低的是黑龙江，为-0.27%。除北京、河北、辽宁、云南、天津、江西、黑龙江、内蒙古8个省区市2021年的增长率低于2020年之外，其余地区2021年的增长率均高于2020年。从2021年末各省区市的住房公积金缴存余额来看，广东省缴存余额最高，为7674.83亿元；海南、西藏、青海、宁夏4个省区市的缴存余额较低，均低于600亿元（见表4-2）。

表4-2　2021年全国31个省区市住房公积金缴存额

单位：亿元，%

地区	缴存额	2021年缴存额同比增长率	2020年缴存额同比增长率	累计缴存总额	缴存余额	缴存余额同比增长率
北京	2749.22	11.24	11.65	20530.61	6181.49	12.57
天津	608.98	6.94	8.1	5666.6	1782.67	9.46
河北	751.93	6.50	7.77	6560.45	2772.28	11.32
山西	500.85	12.35	8.14	4107.33	1662.22	13.64
内蒙古	487.23	10.05	12.62	4005.12	1694.51	9.71
辽宁	897.53	6.17	8.21	8931.45	3022.4	7.68
吉林	395.25	6.74	4.74	3620.56	1455.27	9.22
黑龙江	493.5	-0.27	15.41	4648.88	1807.9	8.93
上海	1943.10	15.15	10.03	14718.10	6068.64	13.18
江苏	2603.33	14.13	11.82	18717.14	6224.12	13.60
浙江	2067.02	13.89	13.48	14861.11	4424.95	12.66
安徽	850.5	11.52	11.02	7091.03	2211.68	11.03
福建	826.92	11.69	10.89	6357.28	2126.42	11.12
江西	556.84	11.80	12.36	3862.75	1722.94	13.72
山东	1590.82	10.71	9.86	12390.70	4724.59	11.15
河南	982.89	11.51	10.3	7225.5	3237.92	13.92
湖北	1040.17	12.16	8.68	7617.56	3405.65	12.69
湖南	821.71	9.69	9.57	6052.24	2786.5	13.93
广东	3276.16	12.80	12.13	24033.25	7674.83	13.87
广西	597.71	13.04	11.26	4529.46	1545.75	13.87
海南	162.11	14.07	6.7	1264.26	546.28	12.91

续表

地 区	缴存额	2021 年缴存额 同比增长率	2020 年缴存额 同比增长率	累计缴存 总额	缴存余额	缴存余额同 比增长率
重 庆	526.67	10.75	10.73	3914.99	1396.86	15.32
四 川	1337.39	11.65	8.61	10043.60	4020.75	11.88
贵 州	503.73	10.67	9.88	3428.2	1440.42	12.16
云 南	627.39	6.04	8.31	5211.31	1793.6	8.23
西 藏	126.44	13.61	12.52	835.79	393.79	14.75
陕 西	666.28	12.38	8.24	5047.13	2095.41	14.57
甘 肃	352.91	8.89	7.73	2929.33	1264.39	10.38
青 海	138.21	8.76	7.91	1146.03	379.16	9.78
宁 夏	126.78	9.49	8.43	1135.5	384.43	8.62
新 疆	547.31	16.17	11.8	4109.58	1469.45	6.64

资料来源：2019~2021 年《全国住房公积金年度报告》。

从人均缴存额来看，2021 年，全国 31 个省区市住房公积金人均缴存额为 1.83 万元；其中，最高的是西藏，高达 31484.06 元；人均缴存额最低的是海南，仅有 13357.78 元。值得注意的是，西藏、青海、新疆、云南等省区市的年度缴存额和累计缴存总额都很低，但是人均缴存额名列前茅，而江苏、广东、山东等省区市则正好相反（见图 4-11）。

（二）提取情况

1. 全国31个省区市住房公积金提取额

2021 年，住房公积金提取额超过 1000 亿元的省区市有 6 个，分别是广东、北京、江苏、浙江、上海、山东。海南、宁夏、西藏的提取额还不到 100 亿元，与发达省区市悬殊。从图 4-12 可以看出，2021 年，提取额增长率在 15% 以上的省区市有 5 个，分别是新疆、山西、湖北、上海、四川，提取额增长率为 10%~15% 的省区市有 6 个，包括陕西、北京、贵州、内蒙古、安徽、西藏；其他省区市的提取额增长率均在 10% 以下；其中，青海、重庆分别同比下降 6.26%、1.50%，均为负增长，可以看出青海、重庆 2 个省区市对政策性住房金融的需求有所下降。从住房公积金累计提取总额看，

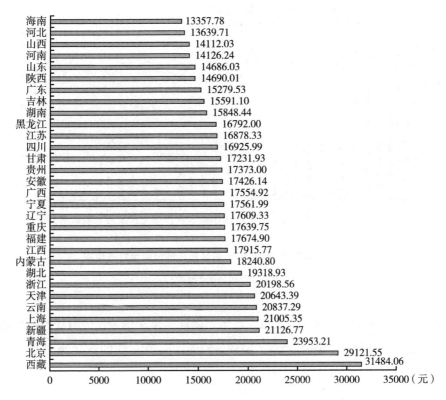

图 4-11 2021 年全国 31 个省区市住房公积金人均缴存额

资料来源:《全国住房公积金 2021 年年度报告》。

2021 年,广东、北京、江苏、浙江 4 个省区市的累计提取总额均超过 1 万亿元,青海、宁夏、海南、西藏 4 个省区市的累计提取总额不满 1000 亿元,其他省区市的累计提取总额则是 2000 亿~10000 亿元。2021 年,除重庆和青海外,其他各省区市的提取率较上一年都有所上升,且大都超过 60%,提取率最高的是新疆,达到了 81.46%(见图 4-12)。

2.全国 31 个省区市住房公积金提取用途概况

从各省区市住房公积金提取用途比例来看,2021 年,全国 31 个省区市职工提取公积金主要是为了满足住房消费需求,大部分省区市用于住房消费类的提取额的占比在 80% 左右,用于非住房消费类的提取额的占比约为

中国住房金融发展报告（2023）

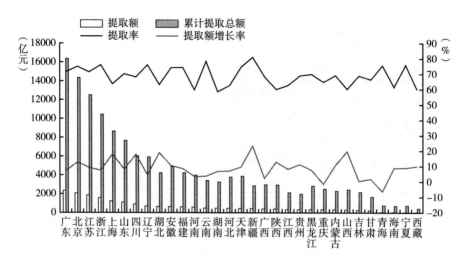

图 4-12　2021 年全国 31 个省区市住房公积金提取情况

资料来源：2020~2021 年《全国住房公积金年度报告》。

20%（见图 4-13）。其中，北京、广东、浙江、重庆用于住房消费的提取额占比最高，分别为 88%、88%、87%、87%；而黑龙江的该比重最低，仅为 67.26%。

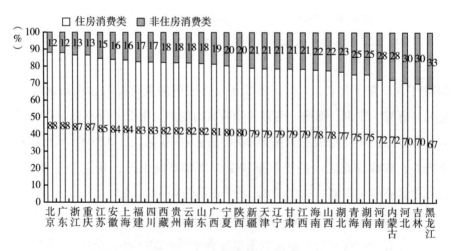

图 4-13　2021 年全国 31 个省区市住房公积金提取额占比（按提取用途分类）

注：图中数据为四舍五入的结果。

资料来源：《全国住房公积金 2021 年年度报告》。

（三）贷款情况

1. 全国31个省区市住房公积金个人住房贷款数额

从住房公积金个人住房贷款年度发放规模来看，2021年，广东、江苏、上海的贷款发放额超过1000亿元；山东、浙江、四川、北京、湖北、河南6个省区市的贷款发放额超过500亿元；宁夏、西藏、青海还不足100亿元，规模较小。从2021年末各省区市住房公积金个人住房贷款余额来看，江苏、广东、上海、北京、浙江、山东6个经济较发达的省区市的贷款余额超过4000亿元，甘肃、海南、宁夏、青海、西藏5个省区市的贷款余额低于1000亿元（见图4-14）。从图4-14中还可以发现，2021年，大多数省区市的住房公积金贷款发放额的同比增长率比2020年低，只有新疆、北京、河北、山西、黑龙江、上海、江苏、山东、湖南、重庆、陕西11个省区市2021年的同比增长率高于2020年。

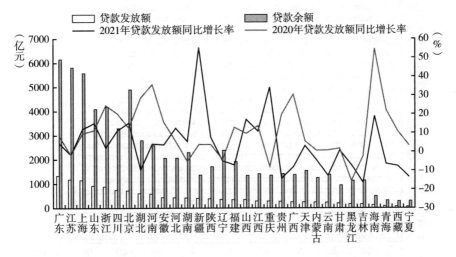

图4-14　全国31个省区市住房公积金个人住房贷款发放额及同比增长率与贷款余额

资料来源：2019~2021年《全国住房公积金年度报告》。

2. 全国31个省区市住房公积金个人住房贷款率

从全国31个省区市住房公积金个人住房贷款率来看，福建、海南、上海、江苏、安徽、浙江、重庆、贵州 8 个省区市的住房公积金个人住房贷款率超过 90%。这些省区市的住房公积金利用率较高，其可能会因住房公积金可贷资金额度不足而实施公积金贷款轮候、额度收紧或"公转商"贴息贷款等措施。黑龙江、西藏、内蒙古、甘肃、河北 5 个省区市的住房公积金贷款率低于 75%（见图 4-15），这些地区可能存在资金沉淀、增值收益较低等问题。总体来看，我国住房公积金在东部地区发挥了更大的作用，东部地区住房公积金利用率最高，中部次之，西部最低，部分中西部地区存在沉淀资金闲置的情况。

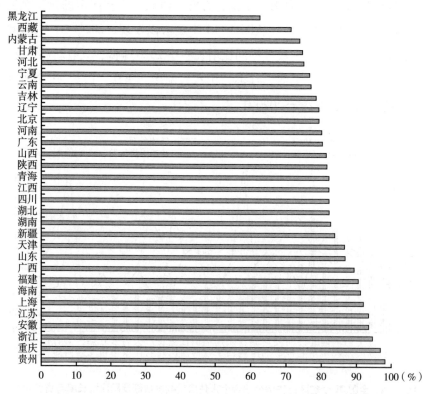

图 4-15　2021 年全国 31 个省区市住房公积金个人住房贷款率

资料来源：《全国住房公积金 2021 年年度报告》。

3. 全国31个省区市住房公积金个人住房贷款风险状况

从全国 31 个省区市住房公积金个人住房贷款逾期的规模来看，湖北、黑龙江、广东、上海、辽宁 5 个省区市的住房公积金贷款逾期规模相对较大，超过 1 亿元；天津、吉林、海南、宁夏、青海 5 个省区市的住房公积金贷款逾期规模较小，低于 1000 万元。从逾期率情况来看，全国 31 个省区市的住房公积金个人住房贷款逾期率均较低，其中，逾期率最高的是黑龙江，达到 1.16‰，远超全国 0.3‰的平均逾期率；逾期率最低的是天津市，仅为 0.004‰（见图 4-16）。另外，全国 31 个省区市均提取了充足的住房公积金个人住房贷款风险准备金，住房公积金贷款的整体风险极小。

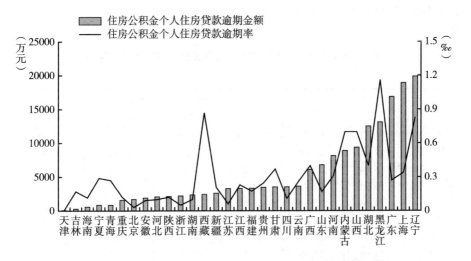

图 4-16　2021 年全国 31 个省区市住房公积金个人住房贷款逾期情况

资料来源：《全国住房公积金 2021 年年度报告》、2021 年 31 个省区市的《住房公积金年度报告》。

（四）增值收益情况

1. 全国31个省区市住房公积金增值收益总体情况

从住房公积金增值收益情况来看，2021 年，全国 31 个省区市的住房公积金增值收益悬殊，这与地区间住房公积金市场规模大小不一有很大关系。

其中广东、上海、北京 3 个省区市的住房公积金增值收益突破 100 亿元；增值收益规模最小的是西藏，仅有 2.05 亿元。2021 年，全国 31 个省市区的增值收益同比增长率也存在差距，但是大部分省区市达到了 10%；其中，增值收益同比增长率最高的是海南，增值收益同比增长率高达 48.91%；吉林则出现负增长情况，同比下降 7.46%。从全国 31 个省区市住房公积金的增值收益率来看，增值收益率均较低。其中，北京、河北、山西、内蒙古、辽宁、黑龙江、上海、浙江、安徽、江西、山东、河南、湖北、湖南、广东、广西、海南、四川、青海、新疆 20 个省区市住房公积金的增值收益率略高于 1.55% 的全国平均水平；住房公积金增值收益率最低的省区市是西藏，仅有 0.56%（见表 4-3）。

表 4-3　2021 年全国 31 个省区市住房公积金增值收益总体情况

单位：亿元，%

地　区	业务收入	业务支出	增值收益	增值收益同比增长率	2021 年增值收益率	2020 年增值收益率
北　京	193.57	93.12	100.45	15.59	1.72	1.67
天　津	52.62	29.41	23.21	6.22	1.36	1.39
河　北	86.04	42.82	43.21	9.03	1.64	1.67
山　西	54.98	27.41	27.57	7.99	1.77	1.87
内蒙古	51.98	25.94	26.04	12.73	1.62	1.56
辽　宁	95.9	48.55	47.34	7.47	1.62	1.61
吉　林	45.92	26.82	19.1	-7.46	1.37	1.61
黑龙江	54.99	27.89	27.1	17.57	1.57	1.46
上　海	205.54	94.92	110.63	12.50	1.93	1.94
江　苏	196.75	110.24	86.51	14.45	1.48	1.46
浙　江	141.34	75.96	65.38	13.53	1.57	1.53
安　徽	69.45	36.46	32.99	9.35	1.57	1.58
福　建	66.21	40.1	26.12	4.90	1.3	1.35
江　西	54.7	26.6	28.1	10.11	1.74	1.78
山　东	149.57	76.2	73.37	14.95	1.63	1.56
河　南	99.35	50.58	48.77	17.09	1.61	1.55
湖　北	111.17	55.62	55.55	20.19	1.72	1.62
湖　南	87.4	40.96	46.44	16.45	1.77	1.73
广　东	246.34	125.62	120.73	16.36	1.67	1.61

续表

地 区	业务收入	业务支出	增值收益	增值收益同比增长率	2021 年增值收益率	2020 年增值收益率
广 西	48.45	24.9	23.55	19.12	1.62	1.53
海 南	18.68	8.45	10.23	48.91	1.98	1.48
重 庆	42.58	24.3	18.28	9.07	1.39	1.45
四 川	129.03	62.6	66.42	14.12	1.74	1.72
贵 州	44.28	24.45	19.82	35.85	1.45	1.19
云 南	55.03	28.39	26.64	8.25	1.54	1.53
西 藏	7.89	5.83	2.05	26.54	0.56	0.51
陕 西	63.66	34.06	29.6	15.67	1.51	1.49
甘 肃	38.32	21.05	17.27	7.00	1.43	1.46
青 海	12.39	4.96	7.43	0.54	2.06	2.17
宁 夏	11.5	6.34	5.16	9.09	1.39	1.38
新 疆	52.65	25.7	26.95	9.11	1.70	1.68

资料来源：2020~2021 年《全国住房公积金年度报告》。

2. 全国31个省区市住房公积金增值收益分配情况

从住房公积金增值收益分配情况来看，大部分省区市主要将住房公积金的增值收益用于提取公租房（廉租房）建设补充资金，不同省区市用于提取贷款风险准备金与提取管理费用的比重有所不同。提取公租房（廉租房）建设补充资金占比最高的省区市是北京，为93.18%；提取贷款风险准备金占比最高的省区市是上海，为78.61%；提取管理费用占比最高的省区市则是甘肃，为22.16%（见图4-17）。

三 当前住房公积金制度的改进措施

尽管住房公积金制度目前仍存在很多问题，如覆盖率低、区域发展不平衡、公平性缺失、投资渠道单一、增值收益率低、资金结余地和资金需求地资金不能相互统筹等问题，目前整体制度性改革的条件仍未完全具备，但住房公积金制度一直处于增量改进中，2021~2022 年，重要改进措施包括以下三个方面。

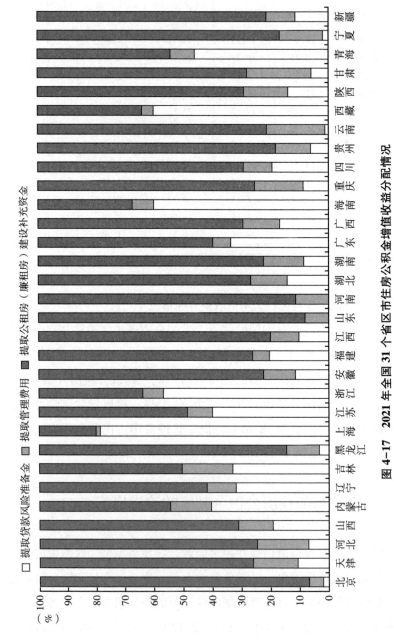

图 4-17 2021 年全国 31 个省区市住房公积金增值收益分配情况

资料来源：《全国住房公积金 2021 年年度报告》。

（一）稳妥推进住房公积金制度向灵活就业人员覆盖的试点工作

随着经济发展进入以服务化、网络化、信息化为代表的第四次工业革命时期，企业的组织形式发生较大变化，一批平台化企业逐渐成长起来。伴随着企业组织形式变化的是就业形态的改变，我国出现了一些并不确定隶属某一具体企业的"灵活就业人员"，而且规模急剧扩大。目前，我国灵活就业人员规模达到 2 亿人，住房公积金制度覆盖灵活就业人员，有利于扩大住房公积金公共服务覆盖面，帮助这一群体在城市安居稳业，激发新经济主体的活力。

2021 年，住建部在重庆、成都、广州、深圳、苏州、常州 6 个城市开展了灵活就业人员参加住房公积金制度试点，引导和鼓励灵活就业人员参加住房公积金制度，并享受相应的权益。从试点情况来看，其受到灵活就业人员的广泛欢迎，截至 2021 年末，试点城市共有 7.29 万名灵活就业人员缴存住房公积金。

2022 年，住房公积金系统继续聚焦灵活就业人员安居，持续稳妥推进灵活就业人员参加住房公积金制度试点等工作；更多的城市加入灵活就业人员参加住房公积金制度试点，如东莞、大连、眉山等城市。随着相关工作的不断推进，一大批灵活就业人员享受到了住房公积金制度的红利，住房公积金制度覆盖面不断扩大，住房公积金制度更好地发挥了基础社会保障的作用。

（二）加速推进住房公积金跨区域统筹工作

我国住房公积金制度一直进行属地化管理，各住房公积金管理中心相互独立。这种模式虽然在一定程度上有助于各地政府按照当地情况制定公积金政策，但这种模式难以形成规模效应，会导致经济效率损失，比如住房公积金存在资金结余地和资金需求地资金不能较好地相互统筹问题。随着城镇化的持续推进，2021 年，我国流动人口数量达到 3.85 亿人。流动人口中的一部分会选择在大城市工作，在家乡置业；而住房公积金异地贷款业务存在诸多限制，使很多职工无法使用住房公积金贷款，被迫使用商业贷款，提升了职工的购房成本。推动住房公积金跨区域统筹工作，有利于合理配置住房公积金金融资源，较好地发挥住房公积金政策性金融的保障作用。

2021~2022 年，在国家加快推动区域协调发展的背景下，住房公积金跨区域统筹工作在加速推进。例如，长三角区域三省一市住房公积金一体化合作落地，并持续深化；川渝两地住房公积金实现通办、异地转移接续、深化互认互贷；西宁、济南、郑州、太原、呼和浩特、西安、银川、兰州 8 个黄河流域省会城市推进公积金管理一体化发展。此外，胶东经济圈、淮海经济区、长株潭城市群等区域住房公积金协调发展都在加速。

（三）住房公积金在支持新市民租赁住房方面发挥更为积极的作用

随着经济社会的发展，新市民逐渐成为城市发展的中坚力量。然而，大多数新市民因房价高企，没有能力直接在城市里购置房屋，租房成为解决居住问题重要途径。住房公积金大多在购买住房时才能使用，对于租房提取条件较为苛刻，且提取的额度比较低。住房公积金租房使用存在门槛，降低了住房公积金这一政策性住房金融制度的社会福利效用。2022 年 4 月，《国务院办公厅关于进一步释放消费潜力促进消费持续恢复的意见》发布，提出"支持缴存人提取住房公积金用于租赁住房"。之后，多个城市优化、调整住房公积金租赁提取政策，主要内容包括简化租房提取公积金手续、降低住房公积金租房提取的门槛、提高租赁住房提取额度、放开租房提取限制频次等几个方面。以杭州市为例，2022 年 12 月，《杭州住房公积金管理委员会关于优化完善住房公积金租赁提取政策的通知》出台，主要内容包括以下几个方面。第一，调整无房租赁提取住房公积金限额标准，杭州市区（含萧山区、余杭区、临平区、富阳区、临安区）为 1500 元/月，桐庐县为 1050 元/月，淳安县为 750 元/月，建德市为 600 元/月。第二，缴存人符合无房租赁提取住房公积金的，提取限额不超过 12 个月，可每年提取一次或按月提取本人住房公积金账户余额。第三，缴存人家庭租住公共租赁住房的，按照实际租金支出提取本人及配偶住房公积金账户余额，提取本人及配偶住房公积金账户余额合计不得超过实际租金支出。这些举措能够有效减轻职工住房租赁的租金支付压力，提高缴存职工在住房公积金使用上的公平性，使住房公积金在支持新市民租赁住房方面发挥更为积极的作用。

第五章
个人住房抵押贷款资产支持证券市场

中债资信 RMBS 团队*

- 2022 年，RMBS 产品全年共发行 3 单，金额共计 245.41 亿元，发行主体均为全国性国有商业银行。从存续产品表现来看，RMBS 项目仍表现出较强的稳定性和抗风险能力，优先档证券继续保持零违约。逾期率、违约率持续维持低位水平，信用风险处于低位；提前还款率上升，不同类型机构的提前还款率表现的差异明显；回收率与 2021 年相比略有下降，或为阶段性波动，中债资信将持续观察。

- 2023 年初，提前还房贷引起市场关注，居民开始主动"去杠杆"。为更好地分析本轮提前还贷现象出现的原因及对 RMBS 可能造成的影响，首先，我们对 2008 年以来的房贷提前还款率表现进行回顾。其次，我们对本轮提前还贷现象进行分析，从原因来看，一是新增与存量房贷利差增大；二是低风险理财收益下行，

---

* 中债资信 RMBS 团队全面参与 RMBS 双评级业务，深度研究资产证券化市场，在为市场投资人提供有益参考、促进证券化市场稳健运行及防范信用风险等方面持续发挥积极作用。截至目前，团队累计完成 RMBS、个贷抵押类 NPAS 项目发行评级超 350 单，形成了覆盖 RMBS、个人住房抵押 NPAS 等主流产品的评级技术方法体系；累计发布 40 余篇研究报告，内容涵盖市场分析、政策研究、热点特评等方面；累计参与 6 部专著发表，包括参与编著《中国信贷资产证券化十年发展回顾与展望（2012—2022）》，连续 4 年参与国家金融与发展实验室房地产金融研究中心编写的《中国住房金融发展报告》，联合中国建设银行股份有限公司编著《个人住房抵押贷款证券化的中国实践》。

而住房贷款利率刚性偏高；三是居民部门新增储蓄较大规模增长，居民防风险诉求提升，提前还款能力增强。从影响来看，提前还贷现象可能会引起 RMBS 基础资产提前还款率上行，一方面，提前还款率上升可以进一步降低优先档证券违约风险；另一方面，优先档证券久期管理以及次级档证券收益率可能会因此受到不利影响。

- 我们认为未来 RMBS 基础资产信用风险整体可控，优先档证券违约风险很低。首先，中长期人口结构变化、城镇化速度放缓等或影响资产质量，但在坚持"房住不炒"定位下，行业有望边际回暖，预期 RMBS 基础资产信用风险整体可控，优先档证券违约风险很低。其次，存量产品利率错配风险加大，但利率风险依旧较低，预计未来新发行项目超额利差将有所收窄。此外，随着居民信心的逐渐修复，预计提前还款率将趋于稳定，优先档证券再投资风险和次级档证券收益率有望整体迎来改善。

个人住房抵押贷款资产支持证券（RMBS）指金融机构作为发起机构，将个人住房抵押贷款信托给受托机构，由受托机构以资产支持证券的形式发行证券，以基础资产所产生的现金支付资产支持证券本息的结构性融资活动。RMBS 以资产信用为本，以住房抵押债权资产为依托，基础资产质量与主体信用分离是其区别于传统信用债的重要优势，同时，基础资产标准化、分散化与同质化的本质特征，使优先档证券具有分散和弱化信用风险的功能，产品投资避险价值日益明显。

作为当前信贷 ABS 市场存量规模最大的产品，RMBS 信用风险的表现持续受到市场各方关注。本章对 2022 年存续 RMBS 基础资产表现及发行与交易情况进行回顾与总结，并重点分析历年提前还款率表现、本轮"提前还贷潮"的成因及对 RMBS 的影响，以期有效识别 RMBS 产品信用风险，助推 RMBS 市场健康平稳发展。

一 市场情况分析

（一）发行与交易情况

2022 年，RMBS 共发行 3 单，金额共计 245.41 亿元，发行主体均为全国性国有商业银行。AAA 级别证券平均发行利率为 2.94%，相比上年有所下降，较同期限国开债收益率利差略有缩减。

二级市场现券交易量为 3208.82 亿元，同比减少 46.26%，交易额大幅下跌。换手率为 25.49%，较上年下降 20 个百分点以上，交易活跃度下滑。

（二）存续产品表现

1. RMBS 逾期率和违约率均处于低位水平，表现出较强的稳定性和抗风险能力

2022 年，存续 RMBS 产品整体逾期率保持低位。M1[①]、M2[②]、M3[③] 逾期率均值分别为 0.11%，0.04%、0.03%，各个月份的数据保持相对平稳，未出现明显波动（如图 5-1 所示）。对比来看，对于 2020 年以来的逾期率水平，2022 年，M1 逾期率均值与 2021 年基本持平（如图 5-2 所示），较 2020 年疫情初期有一定程度的下降。自 2021 年 3 月起，各月逾期率水平同比均下降（如图 5-3 所示）。

存续 RMBS 产品违约率仍处于较低水平。累计违约率为 0～2.16%，累计违约率均值为 0.54%（如图 5-4 所示）。剔除 2022 年新增发行项目数量较少影响，实际增幅与往年基本持平，整体仍处于零售类 ABS 较低水平（同

[①] M1：RMBS 基础资产池中贷款客户逾期 1～30 天，即 M1＝逾期 1～30 天本金金额/初始未偿本金余额，全文同。

[②] M2：RMBS 基础资产池中贷款客户逾期 31～60 天，即 M2＝逾期 31～60 天本金金额/初始未偿本金余额，全文同。

[③] M3：RMBS 基础资产池中贷款客户逾期 61～90 天，即 M3＝逾期 61～90 天本金金额/初始未偿本金余额，全文同。

期车贷 ABS 累计违约率均值为 0.20%，消费贷 ABS 为 1.26%）。从月度新增违约率表现来看，均值水平为 0.01%，比 2021 年高 0.007 个百分点，存续 12 期、24 期、36 期、48 期的年均新增违约率均值分别为 0.13%、0.21%、0.18%、0.15%，新增违约率无明显跃升。

从逾期率和违约率表现来看，RMBS 产品违约风险处于低位，具有稳定的基础资产质量和较强的抗风险能力。

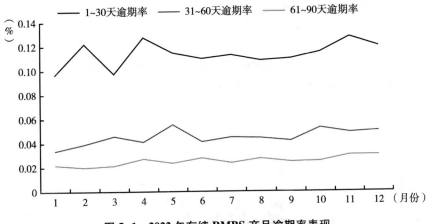

图 5-1　2022 年存续 RMBS 产品逾期率表现

资料来源：受托报告数据，发行文件数据，中债资信整理。

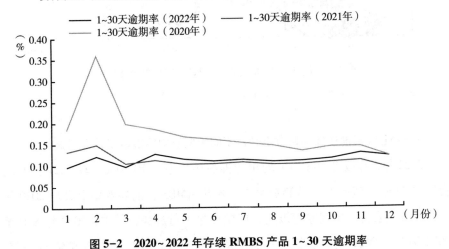

图 5-2　2020~2022 年存续 RMBS 产品 1~30 天逾期率

资料来源：受托报告数据，发行文件数据，中债资信整理。

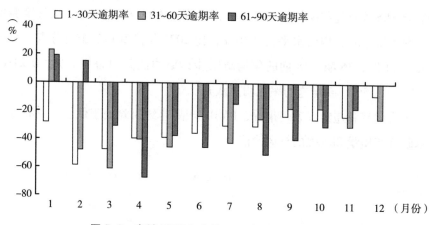

图5-3　存续 RMBS 产品 2021 年逾期率同比涨幅

资料来源：Wind 数据库，中债资信整理。

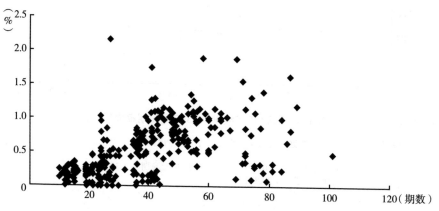

图5-4　截至 2022 年底存续 RMBS 产品累计违约率

资料来源：受托报告数据，发行文件数据，中债资信整理。

2. RMBS 提前还款率略有上升，不同类型机构早偿表现差异明显

2022 年，存续 RMBS 的平均年化提前还款率为 10.67%，较 2021 年有所提高（如图 5-5 所示）。从趋势来看，本轮 RMBS 提前还款率上升从 2020 年上半年开始发酵，中间略有波动，但整体呈上行趋势，其中，2022 年 8 月至 2022 年末，RMBS 提前还款率有所回落，与"提前还贷潮"现象略有偏离。我们认为，一是，存续 RMBS 基础资产规模仅约为存量房贷的 3%，数据代表

性有限，且数据表现相较社会舆情可能存在一定时滞性；二是，考虑 2022 年部分银行对于提前还款可能存在额度限制，客户需提前申请获批后方能进行归还，因此，截至 2022 年末，RMBS 提前还款率暂未出现明显抬升。

从机构分化来看，公积金中心全年提前还款率均值最低（9.32%），其次是全国性国有商业银行（9.84%），全国性股份制银行均值最高（12.40%）（如表 5-1 所示）。不同类型机构提前还款率水平分化明显，或与各机构房贷利率水平、应对借款人提前还款的整体政策、客群质量等方面存在差异有关。

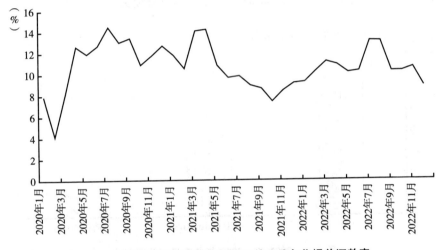

图 5-5　2020~2022 年存续 RMBS 的平均年化提前还款率

资料来源：受托报告数据，中债资信整理。

表 5-1　2022 年分机构 RMBS 平均提前还款率均值

单位：%

机构类型	入池贷款加权平均年利率	2022 年平均提前还款率均值
全国性国有商业银行	4.82	9.84
全国性股份制银行	4.71	12.40
城商行	5.01	11.70
农商行	4.84	11.14
公积金中心	3.47	9.32
专业性银行	4.63	10.29

资料来源：受托报告数据，发行文件数据，中债资信整理。

3.回收率整体略有下降或为阶段性波动，回收表现有待进一步观察

2022年，存续RMBS回收率整体略有下降（如图5-6所示），经统计表现超过24期的项目回收率均值为32.38%，略低于2021年的回收率均值（34.93%），仍是零售类ABS中回收率最高的产品种类。分析认为，一是，RMBS违约资产笔数较少，银行倾向于对盘活上迁为正常类贷款后逐期还款进行违约处置，回收时间延长对回收率有所拖累；二是，或受疫情封控、实地催收不便等阶段性不利因素影响，回收表现略有下滑。综上，RMBS回收率下降或为阶段性波动，我们将对未来变化趋势持续关注。

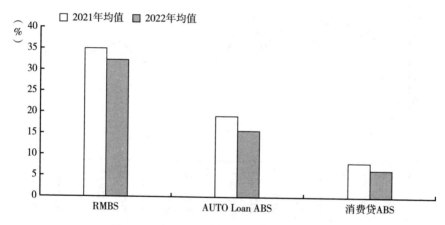

图5-6　**2021年、2022年各产品回收率对比**

资料来源：受托报告数据，中债资信整理。

二　提前还贷对RMBS的影响分析

我们观察到自2022年下半年以来，申请提前偿还房贷的借款人逐渐增多，社会对"提前还贷潮"现象的关注热度不断提升。考虑房贷提前还款增多或冲击RMBS各档证券的信用表现和投资收益，我们对历年的房贷提前还款率表现进行回顾总结，并分析本轮提前还贷潮出现的原因及对RMBS可能造成的影响，具体如下。

（一）历年房贷提前还款率表现

我们对 20 余家发起机构 2006~2019 年发放的全量房贷静态池历史数据进行处理，并计算相同年份房贷资产的提前还款率均值，可以看到各机构房贷提前还款率水平虽然不尽相同，但波动趋势基本一致（如图 5-7 所示），以提前还款率整体呈上升趋势为划分标准，整体可以分为以下四个阶段（如图 5-8 所示）。

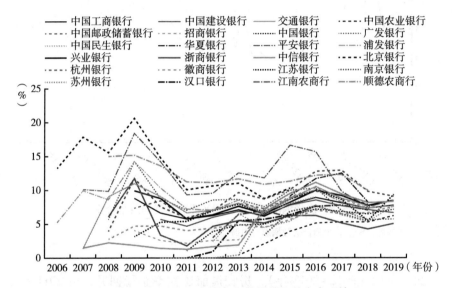

图5-7　2006~2019 年发起机构提前还款率表现情况

资料来源：中债资信数据库，中债资信整理。

第一阶段（2008~2009 年），受金融危机影响，2008 年，房贷提前还款率整体有所下降，由第一季度的约 9.00% 下降至第四季度的 8.00%，2009 年第一季度，提前还款率大幅拉升至约 11.00%，并在全年维持高位。分析来看，宏观环境方面，2008 年金融危机后，国家先后实施降低首付比、下调贷款利率等一系列宽松政策，房地产市场活跃度迅速回升，表现为商品住宅销售面积和住宅新开工面积大幅上升（如图 5-9 所示）、住房价格明显提高。供给端，开发商融资成本下降、投资动力增强，有动力增加住房供给，但由于新增住房供给需要一定周期，因此短期内住房市场供给端以存量市场为主；需求端，贷款利率下降、首付款比例下调，借款人购买能力提升、购房需求增加，在供给相对稳定的情况下，供需缺口带动房价上涨，房价保值增值能力增强，借款人的第二套住房需求（投资需求）和换房需求提升，住房换手率提高带动房贷提前还款率提升。

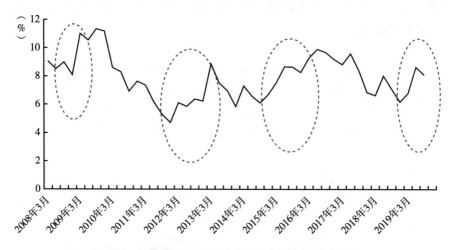

图 5-8　房贷提前还款率表现及提前还贷的四个阶段

资料来源：Wind，中债资信数据库，中债资信整理。

第二阶段（2012~2013 年），房贷提前还款率企稳回升，由 2011 年第四季度的历史低点 4.71% 逐渐上升至 2013 年第一季度的 8.86%。分析来看，宏观环境方面，随着通胀压力逐步得到缓解，同时为应对欧债危机以来复杂多变的国际局势，2012 年，货币政策适度放松，流动性压力得到缓解。供给端，房价逐渐恢复上涨趋势（如图 5-10 所示），市场预期提振，投资性群体的出售意愿提升，短期内市场供给增加；需求端，贷款利率下调降低了借款人贷款成本，刚需及改善性购房需求增多，住房置换推动房贷提前还款率企稳回升。

第三阶段（2015~2016 年），房贷提前还款率温和上涨，由 2015 年第一季度的 8.66% 温和上涨至 2016 年第一季度的 9.89%，并围绕 9% 上下波

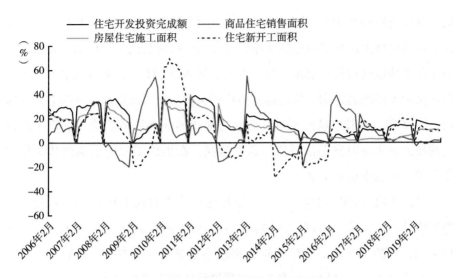

图 5-9 房地产市场主要指标累计同比情况

资料来源：国家统计局，中债资信整理。

图 5-10 房贷月度早偿率与百城住宅价格指数

资料来源：Wind，中债资信数据库，中债资信整理。

动。分析来看，2014 年后，由于外需疲软等原因，经济增速有所回落，为促进经济平稳增长，央行连续五次降息降准，市场流动性得到改善。供给端，开发商融资压力得到改善，增加新建住房的动力增强。需求端，一方面，住房价格上涨推高市场换手率，部分出于投资目的买房的借款人或将贷款全部结清以获取投资套现；另一方面，贷款利率下调，借款成本下降激发自住借款人的改善需求，提前还款后再购买住房，因此提前还款率上升，同时，2015年，A股市场的不景气凸显房地产的保本增值功能，借款人通过提前还款来实现财富保值增值的意愿增强，在供给端和需求端的共同作用下，提前还款率温和上涨。

第四阶段（2020年至今），房贷提前还款率波动上涨。2020年初，受新冠疫情冲击，第一季度，城镇居民人均可支配收入同比下降3.90%，受此影响，2020年2月，存续RMBS提前还款率仅为4.10%。此后，由于疫情反复及内外部环境的复杂多变，房贷提前还款率偶有波动，但整体呈上升态势，截至2023年4月末，存续RMBS年化提前还款率均值为15.50%，为2021年下半年以来峰值，市场对提前还贷的关注热度提升。

（二）本轮提前还贷潮出现的原因

1. 新发放首套房贷利率不断下行，但存量房贷利率变化不大

2022年，央行、银保监会建立新发放首套个人住房贷款利率政策动态调整相关机制①。截至2022年12月末，全国新发放首套个人住房贷款利率平均为4.26%（如图5-11所示），创2008年有统计以来的历史新低。2023年以来，30多个城市首套房贷利率下调到4%以下，最低降至3.70%。由于房贷本身期限较长，仍有不少早期购房者的存量房贷利率依然在5%~6%的水平。存量房贷与新增房贷利差的扩大是购房者提前还贷的原因之一。

2. 低风险理财收益逐步下行，而住房贷款利率刚性偏高

资管新规实施后，"刚性兑付"被打破，理财产品的预期年收益率不断走低。截至2022年末，存续开放式固收类理财产品近三个月年化收益率平

---

① 按照"因城施策"原则，根据各城市房地产市场发展状况，动态调整允许阶段性放宽新发放首套房贷利率下限的城市范围，形成支持房地产市场平稳健康发展的长效机制。

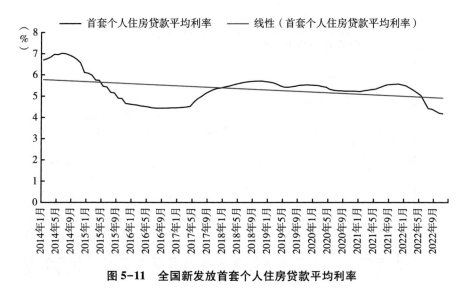

图 5-11　全国新发放首套个人住房贷款平均利率

资料来源：Wind 数据库，中债资信整理。

均水平为 -1.28%，环比下跌 2.16%；近一年的理财产品预期年收益率平均为 2.11%，环比下跌 0.75%（如图 5-12 所示）。相比 5%~6% 的房贷利率，资产收益率和负债成本率缺口不断扩大，提前还房贷可以减少利息债务，成为居民提前还款的动机之一。

3. 居民部门新增储蓄较大规模增长

《2022 年金融统计数据报告》显示，全年人民币存款增加 26.26 万亿元，同比多增 6.59 万亿元，其中，居民户存款增加 17.84 万亿元（如图 5-13 所示）。疫情以来，随着居民防风险诉求的提升，储蓄率升高，较高的储蓄水平意味着居民偿还房贷的能力增加。

（三）提前还贷潮对 RMBS 的影响

1. 提前还款率上升可以进一步降低优先档证券信用风险

提前偿还 RMBS 底层的基础资产有利于降低贷款的违约风险，一方面，对于提前结清的贷款，贷款全部提前收回，未来不会再发生违约；另一方面，对于提前偿还部分金额的贷款，随着还款本金的增加，抵押物对其覆盖

137

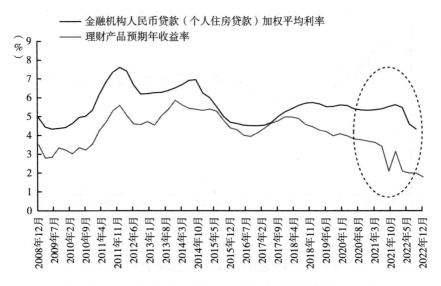

图 5-12　个人住房贷款加权平均利率与理财产品预期年收益率

资料来源：Wind 数据库，中债资信整理。

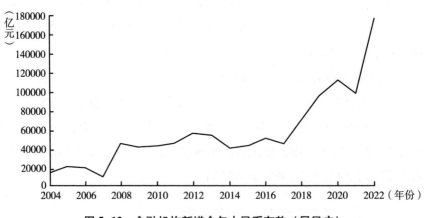

图 5-13　金融机构新增全年人民币存款（居民户）

资料来源：Wind 数据库，中债资信整理。

倍数加速上升，借款人的违约成本也上升，借款人违约意愿下降，进而降低
违约风险。房贷提前还款率的上升加速了 RMBS 基础资产的本金回收，证券

本金的偿付速度也随之加快，降低了优先档本金不能及时偿付的可能性，在一定程度上提升了证券的信用质量。

2. 提前还款率上升缩短了 RMBS 优先档证券期限，投资人可能面临再投资风险

对于优先档证券来说，提前还款率的波动主要会影响证券的期限，提前还款率的上升会导致证券剩余期限变短，其中，过手型证券对提前还款率的变化最为敏感。同为优先 A1 档证券的 3 个项目，在过手型、目标余额型和固定摊还型三种摊还方式下，当提前还款率发生变动时，过手型证券的加权平均期限（WAL）的变化更大（如图 5-14 所示）。

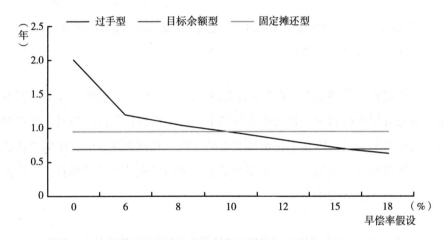

图 5-14　不同提前还款率假设下 WAL 情况对比

资料来源：中债资信数据库，中债资信整理。

对于同为过手型证券来说，本身期限较长的证券对提前还款率的变动更为敏感。以某单优先 A2、优先 A3 两档均为过手型证券项目为例，在 5%提前还款率假设下，优先 A2 档期限为 1.57 年，优先 A3 档期限为 4.32 年；在 10%提前还款率假设下，优先 A2 档期限为 0.99 年，缩短 0.58 年，优先 A3 档期限为 3.19 年，缩短 1.13 年，优先 A3 档期限变化幅度更大（如图 5-15 所示）。对比二者的 WAL 曲线形状，可以发现，优先 A3 档证券 WAL 曲线较优先 A2 档更为陡峭，即相同程度的提前还款率变化导致的优先 A3 档期限变动更大。

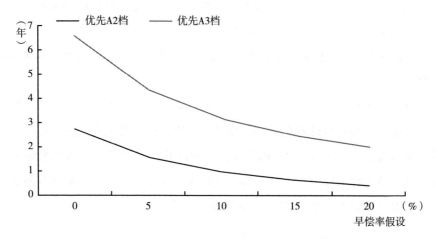

图 5-15 过手型优先 A2、A3 档证券在各提前还款率假设条件下 WAL 比较

资料来源：中债资信数据库，中债资信整理。

房贷提前还款率上升，RMBS 证券期限缩短，投资者超预期提前收回本金，在整体资产收益率偏低的市场环境下，面临再投资风险。同时，到期期限变化也会影响 RMBS 在二级市场交易的估值。在首次评级时，中债资信已在相关评级报告里披露多个提前还款率假设下的优先档证券到期日，以供投资人参考（如表 5-2 所示）。

表 5-2 某项目 RMBS 评级报告中披露的不同早偿率假设下的到期日

CPR	0%	10.0%
优先 A1 档	2023 年 12 月 26 日	2023 年 12 月 26 日
优先 A2 档	2026 年 7 月 26 日	2025 年 2 月 26 日
优先 A3 档	2032 年 6 月 26 日	2029 年 3 月 26 日
优先 A4 档	2033 年 10 月 26 日	2030 年 9 月 26 日
次级档	2042 年 9 月 26 日	2042 年 9 月 26 日

资料来源：中债资信 RMBS 评级报告。

3. 提前还款率上升会导致次级档证券收益率发生波动

与对 RMBS 优先档本金影响一致，房贷提前还款率的上升，有利于降低次级本金损失的可能性，但对次级档证券收益的影响需结合利差情况具体分析。

如果 RMBS 项目资产池贷款加权平均利率大于证券端加权息费率，此项目为正利差，那么提前还款率上升虽然会导致资产端利息流入和证券端利息支出同时减少，但由于资产端利率高于证券端利率，资产池利息会减少更多，资产端与证券端的超额利差减小，次级档证券持有人的超额收益随之降低。相反，若项目为负利差，提前还款率上升会导致证券端利息支出减少相对更多，次级档证券的收益会增加。

由于已发行 RMBS 大部分为正利差，此处以正利差为例分析提前还款率变化对次级收益的影响。假设某项目分档结构（如表 5-3 所示），其资产端加权平均利率为 5.18%，优先档证券利率和税费为 3.5%，提前还款率对次级收益的影响如图 5-16 所示①，在 0、10%、20% 的提前还款率假设下，次级档内部收益率（IRR）② 分为 6.38%、6.26%、5.85%，由此可以看出，随着提前还款率的上升，次级档证券投资收益率加速下降。

表 5-3 某项目分档结构

单位：%

证券名称	总量占比	偿付方式	票面利率
优先档	90.00	过手型	固定利率
次级档	10.00	—	—

① 此处均为基础资产 0 违约假设下的测算。
② IRR 即内部回报率，又称内部收益率，是指项目投资实际可望达到的收益率。实质上，其能使项目的净现值等于零时的折现率，即为资金流入现值总额与资金流出现值总额相等、净现值等于零时的折现率。次级档的 IRR 为发行总价与逐期支付给次级投资人现金流总额相等的收益率，全文同。

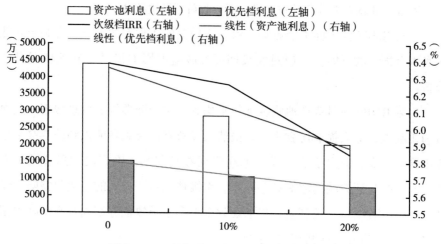

图 5-16　不同提前还款率对次级收益的影响

资料来源：中债资信数据库，中债资信整理。

三　产品展望

当前 RMBS 市场进入结构化调整期，发行速度放缓。但基于存续 RMBS 产品整体表现出较强的抗风险能力，我们认为，整体来看，RMBS 基础资产的信用风险预期可控，但仍需关注房地产行业存量和新发项目的利差及未来提前还款率的变化。

（一）中长期人口结构变化、城镇化速度放缓等可能影响资产质量，但在坚持"房住不炒"定位下，行业有望边际回暖，需关注中长期人口结构变化、城镇化速度放缓等不利影响，预期 RMBS 基础资产信用风险整体可控，优先档证券违约风险很低

从中长期来看，人口结构变化、户均面积边际增长空间有限、城镇化速度放缓等因素导致房地产行业面临有效需求不足的压力，盈利能力下降，步入长周期下行通道，或对资产质量产生负面影响。但是 2023 年在"稳字当头，稳中求进"的工作总基调下，突出做好稳增长、稳就业、稳物价工作，

大力提振市场信心，各项政策效果持续显现，经济增速有望总体回升。从房地产行业来看，2022 年，重点围绕"保交房、防风险"，中央和地方出台了一系列政策，2023 年中央经济工作会议在坚持"房住不炒"的同时明确"有效防范化解优质头部房企风险""因城施策，支持刚性和改善性住房需求"。在多项政策持续助力行业发展的背景下，房地产行业景气度有望边际改善，住房价格和销量有望回升，有助于增强存量房贷借款人偿债意愿。此外，从基础资产自身特点来看，随着借款人不断还款、资产池贷款账龄增加、未偿本金余额持续减少，房屋价值对剩余未偿本金的覆盖倍数增加，进一步减少存续期基础资产的风险暴露，降低了基础资产的信用风险。整体来看，预计 RMBS 基础资产的信用风险整体可控。

预计 2023 年优先档证券违约风险仍处于低位。一是 RMBS 基础资产质量本身优质，大规模发生信用风险的可能性很小，资产端本息流入保持稳定，能够保证证券端本息及时偿付；二是随着优先档证券逐渐摊还，次级和超额抵押比例不断上升，对损失的覆盖能力持续提升，即使资产端违约率出现一定幅度的上升，信用增级量也能够很好地覆盖可能发生的损失，优先档证券违约的可能性很低。

（二）存量产品利率错配风险增加，但利率风险依旧较低，预计未来新发行项目超额利差收窄

2022 年，5 年期 LPR 共下调 3 次，下降 35 个基点。新发放房贷实际利率持续走低，到 2022 年 12 月，新发放个人住房贷款平均加权利率较上年末大约下降 140 个基点（如图 5-17 所示）。

存量项目方面，资产端绝大部分资产已转换为基于 LPR 定价，贷款基准利率调整日主要为每年 1 月 1 日或贷款发放日；证券端 10.75% 的项目采用固定利率，46.59% 的项目仍沿用基准贷款利率以作为浮动基准，42.65% 的项目虽然与资产端共同挂钩 LPR，但调息时点①与部分资产存在不一致的

---

① 一般情况下，证券端第一个计息期间的基准利率为簿记建档日前一个月发布的 5 年期以上贷款市场报价利率（LPR）。基准利率将于基准利率调整日进行调整，基准利率调整日为"信托生效日"后每年的 1 月 1 日。

情况。由于利率调整周期至少为一年，2022年降息的实际效果将在2023年进一步显现，导致存量RMBS利率错配风险增加。截至2022年12月，RMBS资产端和证券端加权平均利率均值分别为4.78%、2.80%，利差均值达到198个基点，由于资产端和证券端目前仍保持较大的正利差，且整体降息幅度较小，因此降息带来的利率风险较低，对优先档的本息兑付基本无影响。同时考虑到优先档证券利息和本金的支付顺序在次级档证券之前，利率风险主要由次级档证券持有人承担，利率降低或对次级档收益产生一定影响。中债资信在评级中的压力测试已经充分考虑了利率波动对证券的影响，当前利率的下降幅度仍在加压范围内，后续中债资信将持续监测利率的变化。

新发行项目方面，预计未来新入池资产将包含部分近两年新发放的低利率贷款，导致入池资产加权平均利率可能有一定程度的下降，超额利差较前续项目或有一定程度的压缩。

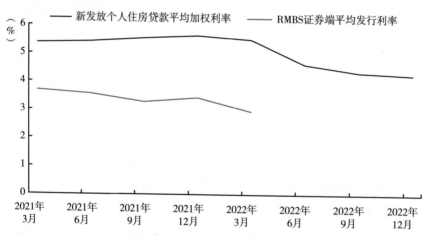

图5-17 新发放个人住房贷款平均加权利率与RMBS证券端平均发行利率对比

资料来源：中债资信数据库，中债资信整理。

（三）如果居民信心持续恢复，那么提前还款率将逐渐趋于稳定，优先档再投资风险和次级档收益波动有望降低

若消费市场和投资市场逐步恢复达到预期，则"提前还贷"热度有望

降低，全年 RMBS 提前还款率或保持稳定。一是，消费回暖，支出增加，居民储蓄将逐步回归常态。2023 年，随着疫情防控措施优化，着力扩大内需，把恢复和扩大消费摆在优先位置，伴随消费者信心提升与消费场景恢复，居民消费动力和渠道不足将得到改善。2022 年 12 月，社会消费品零售总额为40542 亿元，同比下降 1.8%，降幅收窄 4.1%。2023 年 1 月，消费者信心指数为 91.2，恢复到 90 以上。若居民消费支出能继续保持增长态势，居民储蓄将逐步回归常态，部分资金流向或将从提前偿还贷款转向消费领域。二是，投资业绩修复，居民投资将逐步回到正常水平。2023 年初资本市场呈现"开门红"行情，1 月，A 股市值同比上升 4.96%，公募基金规模同比上升 4.68%，理财产品月回报中位数增加 0.59 个百分点，相比 2022 年第四季度，整体资本市场规模和收益呈现修复上升态势。如果投资业绩能够继续得到有效修复，缩小资产收益率和房贷负债成本率缺口，就将提升居民投资信心和投资意愿，居民投资也将逐步回到正常水平，从而降低提前偿还房贷的意愿。

第六章
不动产投资信托基金（REITs）市场

蔡 真*

- 21 世纪初以来，REITs 这一金融产品得到国内金融界的重视，金融监管层和市场机构积极探索，做了大量工作。目前，经过长达 20 年的努力，监管机构首先在基础设施领域建立公募 REITs 的制度体系，首批 9 只公募 REITs 在 2021 年 6 月首发上市；随着后续监管政策的不断完备，市场机构发行 REITs 的积极性不断增强。截至 2022 年底，境内共有 24 只基础设施 REITs 实现上市发行，合计发行规模达到 854.34 亿元。

- 从市场情况来看，目前，公募 REITs 上市后经过初期的"沉寂"，在 2022 年第一季度发生了较大程度的快速上涨，整体涨幅明显高于 A 股市场平均水平，后续随着市场趋于理性，涨幅发生回落。从市场成交水平来看，换手率和成交额与市场热度直接相关，收益权类产品特别是高速公路类产品受疫情等因素影响，市值和成交规模均有不同程度下滑。

- 2022 年，中国基础设施 REITs 呈现较多特点，包括稳步发展并初步体现"第三大类"资产特征；保障性租赁住房 REITs 出现雏形，基础资产拓展至消费型基础设施层面；市场发生了短时间的价格波动；上市服务机构出现过度竞争现象。

---

* 蔡真，中国社会科学院金融研究所副研究员，国家金融与发展实验室房地产金融研究中心主任、高级研究员。

- 长期来看，REITs 的健康发展必须进一步改革和完善现有制度体系。"化繁为简"，从顶层设计完善现有 REITs 架构；"双管齐下"提高市场规模；积极培育专业化资产管理机构；形成更加合理有效的价值评估体系。

一 境内 REITs 市场的发展历程简述

（一）中国 REITs 政策研究和境外探索阶段（2001~2006年）

在这一阶段，国内金融监管层推出了信托业务方面的多个法条法规，交易所则先导性地启动了 REITs 的行业研究，同时，越秀 REITs 成功赴中国香港发行，为后续 REITs 的发展奠定了良好的基础。

2001~2002 年，《信托法》《信托投资公司管理办法》《信托投资公司资金信托管理暂行办法》等一系列文件的发布，在推进我国信托业务发展的同时逐步开启了房地产信托业务的发展之路，2001 年，国家发计委牵头起草了《产业投资基金管理暂行办法》并向社会公开征求意见，2003 年，深交所开始研究 REITs 发行的可行性，这些都曾一度引起对 REITs 的讨论热潮。2005 年末，越秀集团携所持有的广州和上海 7 处优质物业赴港发行 REITs 成功，其成为我国第一只真正意义上的不动产投资信托基金，至此国内资产以境外发行的方式进一步点燃了国内房地产金融行业的热情，也使国内推动 REITs 业务的热情在这一期间达到顶点。

但是，后续监管机构出台《中国人民银行关于进一步加强房地产信贷业务管理的通知》、《信托投资公司房地产信托业务管理暂行办法（征求意见稿）》、《中国银行业监督管理委员会关于进一步加强房地产信贷管理的通知》以及《中国银监会办公厅关于加强信托投资公司部分风险业务提示的通知》等文件，提高了房地产信贷和房地产信托业务门槛，加强了业务管控，2006 年，建设部、商务部、国家发改委、中国人民银行、国家工商总局、国家外汇管理局联合发布《关于规范房地产市场外资准入和管理的意见》，通过投资主体、资金、外汇管理等多方渠道，严格限制境外公司收购内地物业，导致"越秀模式"难以复制，这些政策在一定程度上减缓了中国 REITs 的发展步伐。

（二）中国类 REITs 业务发展阶段（2007~2020年）

此阶段，央行、证监会及银监会几乎同时启动了 REITs 方案研究，之后，国务院发布的文件中明确提出了发展房地产信托投资基金的表述，对 REITs 的研究工作不断深入；与此同时，国内的房地产企业和相关金融机构通过境内境外多个渠道尝试产品发行，推动业务落地。在 2014 年，证监会审批通过了"中信启航类 REITs"产品，标志着国内首单具有 REITs 框架的产品诞生。

随着中信启航项目的破冰，私募"类 REITs"的模式逐渐成熟并成为主流业务模式。证监会颁布《证券公司及基金管理公司子公司资产证券化业务管理规定》，正式将类 REITs 载体——资产支持专项计划的发行模式从行政审批转向备案管理。实践层面，类 REITs 在交易所和银行间两个市场蓬勃发展，酒店、写字楼、商场、租赁住房、基础设施、PPP 等多种不同类型的基础资产均成功发行。到 2020 年底，各交易场所①共发行类 REITs 产品91 只，上市资产规模达到 1712 亿元。

（三）中国基础设施 REITs 正式推广阶段（2020年至今）

2020 年 4 月底，证监会和国家发改委联合发布《中国证监会 国家发展改革委关于推进基础设施领域不动产投资信托基金（REITs）试点相关工作的通知》（证监发〔2020〕40 号），随后证监会发布《公开募集基础设施证券投资基金指引（试行）（征求意见稿）》，正式标志着境内公募 REITs 的起航。后续，国家发改委、证监会、中国证券投资基金业协会和中证登陆续发布一系列文件，对公募基础设施 REITs 的发行上市、入库要求、审核标

---

① 包括上海证券交易所、深圳证券交易所、机构间私募产品报价系统和银行间债券市场。

准、投资者管理、登记结算、尽职调查和运营管理等一系列事宜进行了规范，在上市前即奠定了较为完善的政策基础。

中国基础设施 REITs 的首批项目在 2021 年 6 月 21 日实现上市，首批上市的共有 9 单项目，合计募集金额达到 314 亿元，基础资产类型包括生态环保、交通设施、园区设施和仓储物流 4 大类。后续，随着首批上市项目的成功发行，国家发改委发布了《国家发展改革委关于进一步做好基础设施领域不动产投资信托基金（REITs）试点工作的通知》（发改投资〔2021〕958号）和《国家发展改革委办公厅关于加快推进基础设施领域不动产投资信托基金（REITs）有关工作的通知》（发改办投资〔2021〕1048 号），继续推动基础设施 REITs 大力发展。到 2021 年 12 月，第二批 2 单项目再次进入市场发行，发行规模达到 50 亿元。2022 年 5 月，国务院办公厅发布《国务院办公厅关于进一步盘活存量资产扩大有效投资的意见》（国办发〔2022〕19 号），明确要求推动基础设施领域不动产投资信托基金（REITs）健康发展，要求进一步提高推荐、审核效率，鼓励更多符合条件的基础设施 REITs 项目发行上市。进一步灵活合理确定运营年限、收益集中度等要求。建立健全扩募机制，探索建立多层次基础设施 REITs 市场。对于国有企业发行基础设施 REITs 涉及国有产权非公开协议转让的，则按规定报同级国有资产监督管理机构批准。在此引导下，国家发改委、证监会和沪深交易所针对 REITs 新购入资产和保障性租赁住房发行 REITs 发布了多项业务规则。2022 年，共有 13 单项目上市，合计募集金额达到 419.48 亿元，到 2022 年末，24 单项目市值已经达到 854.34 亿元，多数项目市场价格较上市初期有了明显的上涨，初步体现了"第三大类"资产的稀缺价值。

2023 年 3 月，国家发改委发布《国家发展改革委关于规范高效做好基础设施领域不动产投资信托基金（REITs）项目申报推荐工作的通知》（发改投资〔2023〕236 号），中国证监会发布《关于进一步推进基础设施领域不动产投资信托基金（REITs）常态化发行相关工作的通知》，两份文件就 REITs 准入资产扩容、资产收益率下限调整、保障性租赁住房首发规模下限调整等 REITs 审核的实体事项做出了实质上一致的规定。同时，国家发改委发布的文件还从固定资产项目投资管理手续的合规性要求、净回收资金的使用与监管、REITs 项目前期培育、提高申报推荐效率、加强运营管理指导等方面做出了进一步的规定，《关于进一步推进基础设施领域不动产投资信托基金（REITs）常态化发行相关工作的通知》则就扩募发行常态化、优化审核注册流程等方面提出了要求和指明了方向。总体而言，两份新规一方面维持了发改体系在资产端、证监体系在金融产品端的分工监管格局；另一方面同步拓展了基础设施公募 REITs 的可发行资产范围，商业地产首次被允许纳入基础设施公募 REITs 的试点范围，还就相关业务要求进行了较为务实和细致的分类指引，在中国公募 REITs 的发展过程中具有里程碑的意义。

二 境内 REITs 市场发展现状

（一）制度体系

中国首批基础设施 REITs 于 2021 年 6 月上市，但在此之前中国已经进行了长期的制度准备。在 2020 年 4 月，中国证监会和国家发改委联合发布《中国证监会 国家发展改革委关于推进基础设施领域不动产投资信托基金（REITs）试点相关工作的通知》①（证监发〔2020〕40 号），随后发布《公开募集基础设施证券投资基金指引（试行）（征求意见稿）》，标志着中国公募 REITs 的制度破冰，也明确了中国公募 REITs 从基础设施这一类型资产入手。2020 年 7 月 31 日，国家发展改革委办公厅发布《关于做好基础设施领域不动产投资信托基金（REITs）试点项目申报工作的通知》（发改办投资〔2020〕586 号），明确申报项目的区位、行业、条件、审查材料等；2020 年 8 月 6 日，中国证监会发布了正式版的《公开募集基础设施证券投

① 此文系监管首次以"不动产投资信托基金"指代 REITs，故后文除部分境外业务、既往规则和历史文档采用房地产投资信托基金外，其余对境内 REITs 均采用不动产投资信托基金这一描述。

资基金指引（试行）》，标志着现阶段中国公募 REITs 制度框架初步确立。后续，国家发改委、中国证监会、上海证券交易所、深圳证券交易所、中国证券业协会、中国证券投资基金业协会等相继发布基础设施 REITs 的项目申报、基金指引等规范性文件，以及上市审核、发售、尽职调查等具体的配套业务与自律规则，为 REITs 试点的推进提供了切实的政策保障。2021 年 6 月 29 日，紧随首批 9 个基础设施 REITs 项目上市，国家发改委印发《国家发展改革委关于进一步做好基础设施领域不动产投资信托基金（REITs）试点工作的通知》（发改投资〔2021〕958 号），进一步将黄河流域生态保护和高质量发展区域纳入重点区域，同时强调保障性租赁住房、旅游基础设施等资产的适格性，明确了扩募的规模要求。同年 12 月，国家发改委办公厅就加快推进 REITs 试点工作，发布《国家发展改革委办公厅关于加快推进基础设施领域不动产投资信托基金（REITs）有关工作的通知》（发改办投资〔2021〕1048 号）。2022 年，在国务院顶层政策的引导下，国家发改委和证监会重点针对 REITs 扩募（新购入资产）和保障性租赁租房加快推进 REITs 发行发布了相关政策，同时沪深交易所纷纷出台业务细则。2023 年，《国家发展改革委关于规范高效做好基础设施领域不动产投资信托基金（REITs）项目申报推荐工作的通知》（发改投资〔2023〕236 号）和《关于进一步推进基础设施领域不动产投资信托基金（REITs）常态化发行相关工作的通知》的发布，标志着中国基础设施 REITs 进入常态化发行阶段，开启了新的局面。表 6-1 对公募 REITs 现有政策进行了统一梳理。

表 6-1　公募 REITs 制度文件体系

发布时间	文件名称	发布机构
2020 年 4 月	《中国证监会　国家发展改革委关于推进基础设施领域不动产投资信托基金（REITs）试点相关工作的通知》	国家发改委、证监会
2020 年 7 月	《关于做好基础设施领域不动产投资信托基金（REITs）试点项目申报工作的通知》	国家发改委办公厅
2020 年 8 月	《公开募集基础设施证券投资基金指引（试行）》	证监会
2020 年 9 月	《关于做好第一批基础设施 REITs 试点项目申报工作的通知》	国家发改委投资司

续表

发布时间	文件名称	发布机构
2021 年 1 月	《国家发展改革委办公厅关于建立全国基础设施领域不动产投资信托基金（REITs）试点项目库的通知》	国家发改委办公厅
2021 年 1 月	《关于发布公开募集基础设施证券投资基金配套业务规则的通知》	深交所
2021 年 1 月	《关于发布〈上海证券交易所公开募集基础设施证券投资基金（REITs）业务办法（试行）〉的通知》	上交所
2021 年 1 月	《公开募集基础设施证券投资基金网下投资者管理细则》	中国证券业协会
2021 年 2 月	《中国证券登记结算有限责任公司公开募集基础设施证券投资基金登记结算业务实施细则（试行）》	中国证券登记结算有限责任公司
2021 年 2 月	《公开募集基础设施证券投资基金尽职调查工作指引（试行）》	中国证券投资基金业协会
2021 年 2 月	《公开募集基础设施证券投资基金运营操作指引（试行）》	中国证券投资基金业协会
2021 年 6 月	《国家发展改革委关于进一步做好基础设施领域不动产投资信托基金（REITs）试点工作的通知》	国家发改委
2021 年 12 月	《国家发展改革委办公厅关于加快推进基础设施领域不动产投资信托基金（REITs）有关工作的通知》	国家发改委办公厅
2022 年 1 月	《财政部　国家税务总局关于基础设施领域不动产投资信托基金（REITs）试点税收政策的公告》	财政部、国家税务总局
2022 年 5 月	《国务院办公厅关于进一步盘活存量资产扩大有效投资的意见》	国务院办公厅
2022 年 5 月	《中国证监会办公厅　国家发展改革委办公厅关于规范做好保障性租赁住房试点发行基础设施领域不动产投资信托基金（REITs）有关工作的通知》	证监会办公厅、国家发改委办公厅
2022 年 7 月	《国家发展改革委办公厅关于做好基础设施领域不动产投资信托基金（REITs）新购入项目申报推荐有关工作的通知》	国家发改委办公厅
2023 年 3 月	《关于进一步推进基础设施领域不动产投资信托基金（REITs）常态化发行相关工作的通知》	证监会
2023 年 3 月	《国家发展改革委关于规范高效做好基础设施领域不动产投资信托基金（REITs）项目申报推荐工作的通知》	国家发改委

资料来源：根据相关部门官方网站的公开资料整理得到。

与其他国家和地区首先用 REITs 服务房地产行业不同，中国 REITs 发展把基础设施作为切入试点并逐步扩大范围，这是一大特色，也体现出重要现实背景和宏观战略意义，其主要特点如下。

第一，符合经济和社会的发展规律，有利于推进金融供给侧结构性改革。从对经济的拉动作用来看，基础设施投资是当前和未来拉动经济增长的重要引擎，在基础设施领域实现"稳投资"乃至"增投资"，才是国内经济尽快摆脱疫情影响和迈向高质量发展的必然途径。以基础设施作为 REITs 的破冰模式，之前已被同为新兴经济体的印度采用，可以作为有效借鉴。NAREIT 数据显示，工业、基础设施、数据中心等新兴资产类别的净营运收入增速远高于传统的零售等行业。长期以来，国内金融体系中资金供给的中短期性和地方政府基础设施建设的长期性存在天然错配特征，同时叠加"影子银行"、"刚性兑付"和"土地财政"等诸多潜在问题。基础设施 REITs 明确要求权益导向，从而可以改善地方政府平台几乎纯粹的债务融资模式，有效化解杠杆风险，而 REITs 低价格、标准化特征有利于降低融资成本。同时，REITs 属于中低利率和中低风险产品，预计将对公众投资人具有极大的吸引力，有利于完善储蓄转化投资机制，使"稳金融"和"稳投资"相互促动。

第二，从特定领域入手试点，逐步扩大范围，稳步推进。在前期试点过程中，政策明确提出，在资产类型上优先支持基础设施补短板行业，包括仓储物流，收费公路，及各类市政工程，同时鼓励信息网络相关资产（数据中心、信号塔等）和特定类型的产业园区等；后续增加了保障性租赁住房、水利设施、旅游景区等特色领域。定向支持这些特定类别的投资标的，是从落实国家发展战略的角度支持"两新一重"，有助于加速发展以互联网、大数据为首的战略性新兴产业和现代物流、以研发设计为主的现代服务业，高效统筹推进新型基础设施建设，深化生态文明建设。进入常态化发行阶段后，则进一步将百货商场、购物中心、农贸市场和社区商业等消费基础设施资产纳入适格标准的范围。

第三，坚持政策的一致性，避免市场产生错误预期。就整体监管政策方针而言，党的二十大报告再次强调"房住不炒"和"租购并举"的要求，从金融稳定管理角度来看，其也不希望金融机构对开发商从严控转为放水，造成大起大落。因此在政策下达初期，除保障性租赁住房外，明确排除开发性住宅，可在很大程度上避免房地产企业通过 REITs 进行资产处置或融资，在房地产市场达到"稳预期"和"稳房价"作用。而在进入常态化阶段后，即使纳入了部分具有商业地产特征的消费类基础设施，但仍明确原始权益人不得从事商品住宅开发业务，并明确资金用途。

第四，充分考虑国际经验和现行中国市场实际，逐步完善推进。中国基础设施 REITs 没有按照国际上最典型的公司制或信托制的架构发展，而是以"公募基金+ABS"的方案推出，是中国证监会克服诸多现实难点、开创性地以最小阻力架构来启动试点的重大举措，避免了受制于大量基础性法律约束的问题，且在较大程度上实现了公募化和权益化，建立了主动管理机制，是目前推出中国 REITs 的最可行方案。现行方案涵盖了收入分配、资产构成、收入构成、杠杆比例和组织结构等要求，在最核心的收入分配比例上采用 90% 的要求，和成熟市场高度一致；但对于原始权益人持有比例、管理人控制关系和能力要求方面，则结合中国市场经验，设定了大量具体、有益的个性化要求。为分类管理，加快常态化发行，调整了保障性租赁住房的首发规模要求，对产权类项目将每年净现金流分派率从 4% 下调至 3.8%，对收益权类项目则改由内部收益率（IRR）进行评估，将其标准设定为 5%，并调整了回收资金用途，允许 10% 可用于小股东退出以及补充流动资金。

（二）产品架构

根据《公开募集基础设施证券投资基金指引（试行）》要求，公募基础设施 REITs 采用"公募基金+ABS"的交易结构。要求基金 80% 以上份额投资基础设施资产支持证券，并持有其全部份额，资产支持证券持有基础设施项目公司全部股权，最终基金通过 ABS 持有项目公司，同时取得基础设施项目的完全所有权或经营权。基金管理人和 ABS 管理人必须存在实际控制关系或受同一控制人控制，并由基金管理人负责主动运营管理基础设施项目，以获取基础设施项目租金、收费等稳定现金流为主要目的，同时基金管理人可聘请运营管理机构负责不动产的日常运营管理。基金托管人和资产支持证券托管人必须为同一机构，以减少信息不对称和交易成本。具体结构如图 6-1 所示。

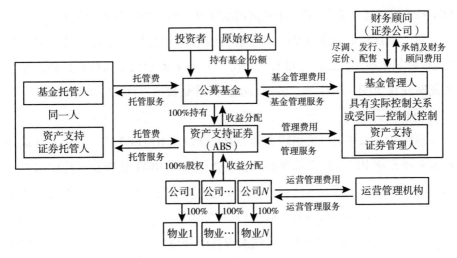

图 6-1 公募基础设施 REITs 结构

资料来源：国家金融与发展实验室房地产金融研究中心整理。

（三）典型案例

1. 特许经营权类

富国首创水务封闭式基础设施证券投资基金是首批上市的基础设施 REITs 中以特许经营权为底层基础资产的项目。

（1）产品情况

富国首创水务项目计划募集 5 亿份，计划募集金额为 18.36 亿元，实际募集金额为 18.50 亿元。最终战略配售 3.8 亿份，比例达到 76%，其中原始权益人自持份额为 2.55 亿份，自持比例达到 51%。

富国首创水务项目于 2021 年 6 月 21 日在上海证券交易所挂牌上市，到期时间为 2047 年 9 月 29 日。发行询价区间为 3.491~4.015 元/份，发行价格为 3.70 元/份。

（2）基础设施项目情况

富国首创水务 REIT 在存续期内按照基金合同的约定主要投资城镇污水处理类型的基础设施资产支持证券，穿透取得深圳市福永、松岗、公明水质净化厂

BOT 特许经营项目及合肥市十五里河污水处理厂 PPP 项目两个子项目。

两个项目在基础设施基金成立前均由北京首创股份有限公司（现名为"北京首创生态环保集团股份有限公司"）作为原始权益人持有，特许经营到期时间在 2031~2047 年，各项目的资产评估价值合计 17.46 亿元。

（3）交易结构

富国首创水务项目采用较为典型的基础设施 REITs 架构，投资人认购并持有基础设施 REITs 的全部份额，富国首创水务 REIT 认购富国首创水务一号基础设施资产支持专项计划，资产支持专项计划从原始权益人处受让两个项目公司的 100% 股权，同时向项目公司提供借款。

富国首创水务项目的基金管理人为富国基金，对应资产支持证券化的计划管理人为富国资产，两个产品的托管人均为招商银行。产品由原始权益人作为运营管理机构，由光大证券提供财务顾问服务。具体交易结构如图 6-2 所示。

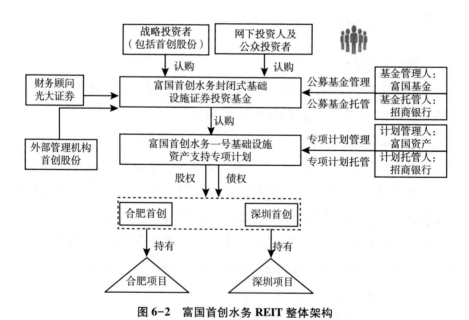

图 6-2　富国首创水务 REIT 整体架构

资料来源：富国首创水务 REIT 招募说明书。

2. 不动产权类

华安张江光大园封闭式基础设施证券投资基金是首批上市的基础设施 REITs 中以不动产权作为底层基础资产的项目。

（1）产品情况

华安张江光大园项目计划募集 5 亿份，计划募集金额为 14.70 亿元，实际募集金额为 14.95 亿元。最终战略配售 2.77 亿份，比例达到 55%，其中原始权益人自持份额为 1.00 亿份，自持比例为下限 20%。

华安张江光大园项目于 2021 年 6 月 21 日在上海证券交易所挂牌上市，到期时间为 2041 年 6 月 7 日。发行询价区间为 2.780~3.200 元/份，发行价格为 2.99 元/份。

（2）基础设施项目情况

华安张江光大园项目在存续期内按照基金合同的约定主要投资优质园区类基础设施项目资产，成立时则投资目标基础设施资产支持证券即国君资管张江光大园资产支持专项计划，穿透取得位于中国（上海）自由贸易试验区的张江光大园产权，包括物业资产的房屋所有权及其占用范围内的国有土地使用权。华安张江光大园项目产权在基础设施基金成立前由光控安石（北京）投资管理有限公司和上海光全投资中心（有限合伙）作为原始权益人持有，项目的资产评估价值为 14.70 亿元。

（3）交易结构

华安张江光大园项目采用的是典型的基础设施 REITs 架构，资金通过投资人、基础设施基金、专项计划投资项目公司中京电子，取得项目公司全部股权并发放债权。需要说明的是，该项目需要在基金成立后，通过中京电子反向吸收合并上端的母公司。

华安张江光大园项目的基金管理人为华安基金，对应资产支持证券化的计划管理人为国泰君安资管，两个产品的托管人均为招商银行。产品由原始权益人实际控制人的子公司上海集挚咨询管理有限公司（集挚咨询）作为运营管理机构，由国泰君安证券提供财务顾问服务。具体交易结构如图 6-3 所示。

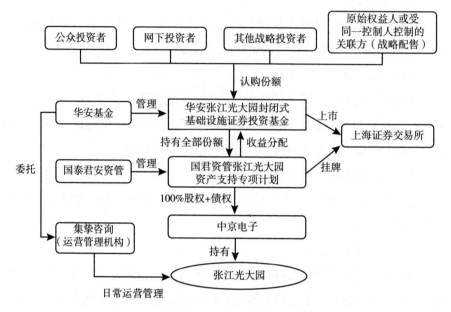

图 6-3 华安张江光大园 REIT 整体架构

资料来源：华安张江光大园 REIT 招募说明书。

（四）市场统计分析

1. 发行总体情况

中国基础设施 REITs 自 2021 年 6 月 21 日首批 9 个项目上市以来，到 2021 年 12 月有 2 个项目上市，2021 年全年共有 11 个项目上市，合计发行规模达到 364.13 亿元。2022 年全年合计上市 13 个项目，合计发行规模达到 419.48 亿元，项目数量和募集规模均有所提升。截至 2022 年底，共有 24 个项目上市，合计发行规模达到 783.61 亿元。

从资产性质来看，主要分为产权类和特许经营权类两种，2021~2022 年，产权类共有 15 个项目，占比为 62.5%，规模合计 314.43 亿元，占比为 40.13%，而特许经营权类共有 9 个项目，规模合计 469.18 亿元（见图 6-4）。造成数量和规模占比不一致的主要原因是特许经营权类项目的单体金额往往较大，特别是 2022 年上市的中金安徽交控 REIT 项目，单体项目金额就达到 108.80 亿元，是目前已上市最大的基础设施 REITs 项目，直接带动了 2022 年特许经营权类 REITs 的发行规模提升。

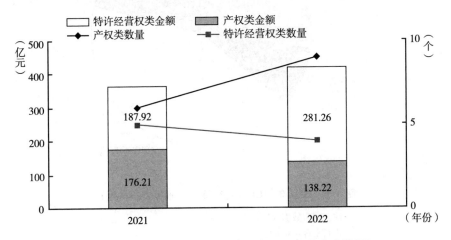

图 6-4　2021~2022 年 REITs 发行情况（根据资产性质）

资料来源：Wind。

根据资产类别，已上市 REITs 包括保障性租赁住房、仓储物流、交通基础设施、能源基础设施、生态环保和园区基础设施 6 大类。2021~2022 年，园区基础设施项目最多，共有 8 个，合计发行规模为 152.25 亿元；交通基础设施总发行规模最大，共有 7 个项目，合计发行规模达到 437.30 亿元（见图 6-5、图 6-6）。分年度进行分析，在 2021 年上市项目中，包括仓储物流、交通基础设施、生态环保和园区基础设施 4 个大类。2022 年，上市项目仍为 4 个大类，但未出现仓储物流和生态环保基础设施，新增加保障性租赁住房和能源基础设施。在 2021 年、2022 年的项目中，交通基础设施的占比均最高。

从最终发行价格和询价来看，2022 年上市的 13 单 REITs 中有 11 单的最终发行价格更接近询价区间上限，仅有 2 单更接近询价区间下限，且均为疫情以来受影响较大的交通基础设施（高速公路）。这一数据较 2021 年 11 单中 7 单发行价格接近询价区间上限的情况更为偏向高价格发行，说明投资

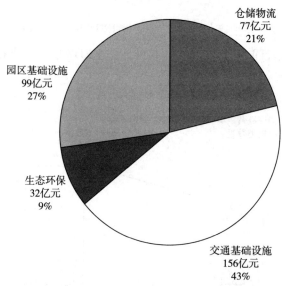

图 6-5　2021 年 REITs 发行情况（根据资产类别）

注：图中数据为四舍五入后的数据。
资料来源：Wind。

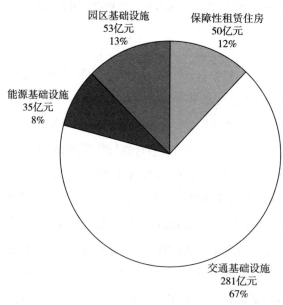

图 6-6　2022 年 REITs 发行情况（根据资产类别）

注：图中数据为四舍五入后的数据。
资料来源：Wind。

人特别是机构投资人对 REITs 的认可度在进一步提高。

从配售情况来看，2022 年上市的 13 单 REITs 均实现了较高的战略配售比例（战配比例），最小值为 55%，最大值为 80%（见表 6-2），平均值高达 66.6%，考虑限售期最低为 12 个月，说明市场投资人普遍认可 REITs 的长期价值。其中有 4 单原始权益人或同一实控人机构的配置比例（原始权益人配比）超过 50%，10 单的配置比例超过监管最低要求 20%，说明原始权益人对资产价值长期看好，部分机构甚至要保留绝对控制权。由于战略投资人配售比例较高，加之网下配售过程中机构投资人踊跃参与，最终网上的公众配售比例（公众配比）有 5 单低于 10%，最高的仅有 13.5%，远低于目前制度框架下的最高比例 24%。

2. 价格变动情况

从首批上市到 2023 年第一季度末，全部 24 只 REITs 的价格均出现不同程度的上涨，无一低于发行价。变动呈现两个特征。一方面，各 REITs 的价格表现呈现较高的相关性，在 2021 年全年呈现较快的上涨趋势，并均在 2022 年 2 月中旬达到最高涨幅，而后至 2022 年 6 月，由于锁定期结束后，其又较快下降达到一个相对平稳水平，而后则呈现市场化的正常波动。另一方面，产权类的波动情况相对更加一致，目前未出现破发的情况；但特许经营权类则表现出较大的分化，个别如富国首创水务 REIT 曾经表现出较高的涨幅，且目前仍具有较好的年化收益；但部分高速公路类特别是市值较大的产品，如华夏越秀高速 REIT，同发行价相比，投资人长期处于亏损状态（见图 6-7、图 6-8）。

3. 交易情况

2022 年以来，REITs 产品的换手率呈现如下三个特征。一是，新股效应依然明显，在新产品上市首日，换手率可能超过 30%，从而拉动整个类型的换手率，图 6-9 中几个较高换手率时点均伴随新股发行。二是，赚钱效应具有显著影响，第一季度，产品市值较高时，换手率相对较高，为 3%~5%，两者存在相互促动关系；随着市值回落，换手率下降至 1% 左右。三是，两种不同类型产品的换手率没有显著不同，说明资产性质不影响投资人的交易偏好。

表6-2 2022年上市REITs总体情况

证券简称	资产性质	资产类型	上市时间	发行规模（亿元）	募集份额（亿份）	发行价格（元）	询价区间下限（元）	询价区间上限（元）	战配比例（%）	原始权益人配比（%）	网下配比（%）	公众配比（%）	存续期（年）
中金厦门安居保障性租赁住房REIT	产权类	保障性租赁住房	2022年8月31日	13.00	5	2.60	2.438	2.695	62.5	34.0	26.3	11.3	65
华泰江苏交控REIT	特许经营权类	交通基础设施	2022年11月15日	30.54	4	7.64	7.056	8.125	75.0	35.0	17.5	7.5	12
国泰君安东久新经济REIT	产权类	园区基础设施	2022年10月14日	15.18	5	3.04	2.724	3.137	65.0	20.0	24.5	10.5	45
华夏杭州和达高科产园REIT	产权类	园区基础设施	2022年12月27日	14.04	5	2.81	2.526	2.930	63.0	31.0	25.9	11.1	42
鹏华深圳能源REIT	产权类	能源基础设施	2022年7月26日	35.38	6	5.90	5.331	6.139	70.0	51.0	21.0	9.0	34
国泰君安临港创新产业园REIT	产权类	园区基础设施	2022年10月13日	8.24	2	4.12	3.614	4.343	55.0	20.0	31.5	13.5	43
红土创新深圳人才安居REIT	产权类	保障性租赁住房	2022年8月31日	12.42	5	2.48	2.270	2.610	60.0	51.0	28.0	12.0	66

续表

证券简称	资产性质	资产类型	上市时间	发行规模（亿元）	募集份额（亿份）	发行价格（元）	询价区间下限（元）	询价区间上限（元）	战配比例（%）	原始权益人配比（%）	网下配比（%）	公众配比（%）	存续期（年）
华夏基金华润有巢REIT	产权类	保障性租赁住房	2022年12月9日	12.09	5	2.42	2.200	2.552	60.0	34.0	28.0	12.0	67
中金安徽交控REIT	特许经营权类	交通基础设施	2022年11月22日	108.80	10	10.88	10.188	11.716	80.0	57.3	14.0	6.0	17
国金中国铁建高速REIT	特许经营权类	交通基础设施	2022年7月8日	47.93	5	9.59	9.133	10.516	75.0	71.0	17.5	7.5	40
华夏北京保障房REIT	产权类	保障性租赁住房	2022年8月31日	12.55	5	2.51	2.279	2.643	60.0	35.0	28.0	12.0	62
华夏中国交建高速REIT	特许经营权类	交通基础设施	2022年4月28日	93.99	10	9.40	8.467	10.067	75.0	20.0	17.5	7.5	40
华夏合肥高新产园REIT	产权类	园区基础设施	2022年10月10日	15.33	7	2.19	1.980	2.280	65.0	25.0	24.5	10.5	38

资料来源：Wind，公募REITs招股说明书。

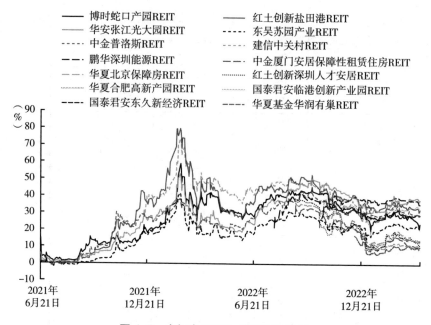

图 6-7　产权类 REITs 价格变动幅度

资料来源：Wind 资讯。

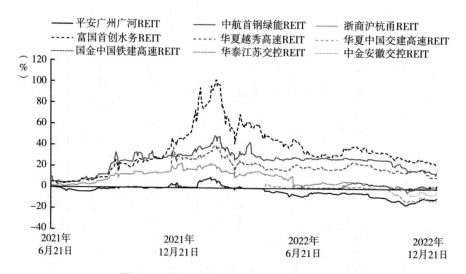

图 6-8　特许经营权类 REITs 价格变动幅度

资料来源：Wind 资讯。

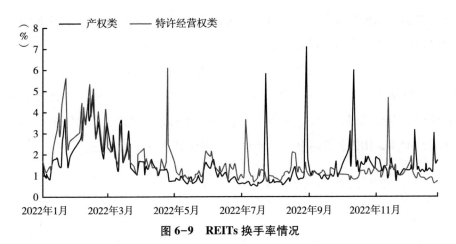

图 6-9　REITs 换手率情况

资料来源：Wind 资讯。

4. 分红情况

高分红是 REITs 产品最典型的特征之一，根据申报要求，原则上项目未来 3 年净现金流分派率不得低于 4%。根据目前的公开数据，考虑全年情况的可比性，对 2021 年上市的 13 个 REITs 在 2022 年的分红情况进行统计，所有项目均及时进行分红，整体上多数项目处于较高的水平，按发行价计算平均分派率为 4.93%，按 2021 年末收盘价计算平均分派率达到 4.96%，由于未来评估价值将不断归零，整体上，特许经营权类 REITs 的年化分派率高于产权类。个体来看，其中富国首创水务 REIT 的两个数据分别高达 11.29% 和 7.72%，是各产品中最具吸引力的；另外，建信中关村 REIT 的数据相对较低主要是因为上市时间较晚，因此，2022 年的实际分红并不充分。具体如图 6-10 所示。

三　中国基础设施 REITs 呈现的特点

（一）在市场风险加剧期间，初步呈现"第三大类"资产的特征

在全球金融市场中，REITs 已成为仅次于股票和债券的第三大类基础性

金融产品，不仅打通了不动产资产与金融市场间的投融资路径，而且亦股亦债的特性使其具有可观的收益率，成为投资组合中重要的配置品种。美国、澳大利亚、新加坡、中国香港等全球重要 REITs 市场的研究数据显示，2012~2019 年，考虑分红后 REITs 总体年收益率为 9%~14%，多数市场表现优于证券市场组合水平。另外，根据进一步的分析结果，在经济周期和金融波动期间，REITs 的回报率方差较小，说明其表现更加稳定。

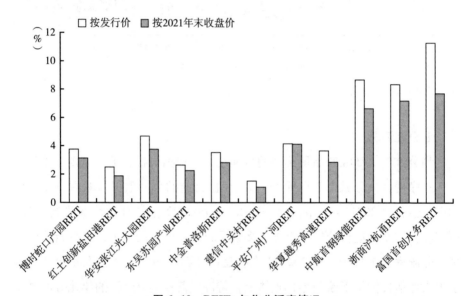

图 6-10　REITs 年化分派率情况

资料来源：Wind 资讯。

2021 年第四季度以来，国际金融环境剧烈变化，对中国金融市场产生了诸多不利影响，包括债券市场年末的大额赎回造成债券大跌、股票指数持续波动等。其间虽然部分 REITs 产品发生了"破发"、交易量下降等情况，但考虑到分红和波动较小等因素，整体而言，在这一市场环境，其市场表现仍可圈可点。中证 REITs（收盘）指数在 2022 年第一季度期间呈现波动上涨的趋势（见图 6-11），最高涨幅（较 2021 年 9 月末）接近 30%，后续虽然有所回落，但截至 2023 年第一季度末，整体上仍取得正回报。在同期股票市场中，上证指数、中证 500 指数这两大指数整体上处于波动下行的态势，特别是科技 50 指数的最大跌幅接近 40%，期末也超过 20%，相比之下，同期权益市场的指数级表现相对较弱，特别是所谓成长性的科技股成为重灾区。在品种上有一定类似性的高速公路股指数和园区综合开发指数的表现相对较好，其中高速公路股指数（申万）期末收益高于中证 REITs（收盘）指数，但其间表现出更大的波动；园区综合开发指数（中信）虽优于上证指数等大类指数，但整体和期末表现仍不如中证 REITs（收盘）指数。中证全债指数在上述时间段内则表现得相对平稳，波动和最终期末收益率均优于中证 REITs（收盘）指数。

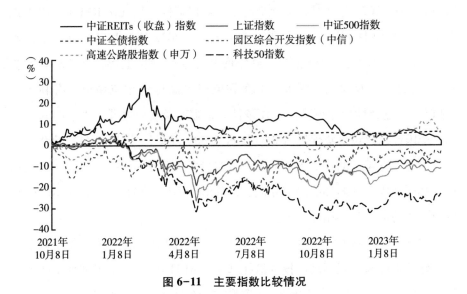

图 6-11　主要指数比较情况

资料来源：Wind 资讯。

（二）保障性租赁住房 REITs 成为中国特色，预计消费型基础设施 REITs 将大有可为

在党的二十大上，党和国家领导人再次强调"房住不炒"和"租购并举"这两大房地产政策，而基础设施 REITs 从诞生之日就充分考虑中国不动产金融市场的特殊性，对于商业住宅项目采取明确的摒弃政策。在 2020

年产品设立之初，国家发改委办公厅在《关于做好基础设施领域不动产投资信托基金（REITs）试点项目申报工作的通知》（发改办投资〔2020〕586号）中完全未涉及任何住宅性质项目，直至2021年首批产品上市之后，根据实践经验，监管机构认为出于民生角度考虑应将保障房尽快纳入适格基础资产范围，同时做到房地产行业风险可控。2021年，国家发展改革委在《国家发展改革委关于进一步做好基础设施领域不动产投资信托基金（REITs）试点工作的通知》（发改投资〔2021〕958号）中明确提及，对于直辖市和人口净流入的大城市，可试点开展保障性租赁住房的基础设施REITs业务。2022年7月，沪深交易所针对保障性租赁住房REITs专门正式发布了规则适用指引，以引导带动业务发展。2022年8月，共有3个保障性租赁住房REITs一次性上市，到年底共计4个项目上市，合计募集资金50.06亿元，涉及北京、深圳、上海和厦门等高房价重点城市，有利于为"新市民"创造性价比更高的居住条件。根据有关统计数据，"十四五"时期，全国计划建设筹集保障性租赁住房近900万套，预计可解决2600多万名新市民、青年人的住房困难问题，对应投资3万亿元左右。[①] 这一巨大的投资必须形成良性循环的渠道才能真正落地，预计保障性租赁住房REITs将成为重要的退出和再循环渠道。

2023年第一季度末，国家发改委发布了《国家发展改革委关于规范高效做好基础设施领域不动产投资信托基金（REITs）项目申报推荐工作的通知》（发改投资〔2023〕236号）（简称"236号文"），证监会发布了《关于进一步推进基础设施领域不动产投资信托基金（REITs）常态化发行相关工作的通知》。这两份文件可谓继具有破冰意义的《中国证监会 国家发展改革委关于推进基础设施领域不动产投资信托基金（REITs）试点相关工作的通知》（证监发〔2020〕40号）以来，对REITs市场发展最为重要的文件。其中尤其受到市场普遍关注和支持的是，将消费基础设施纳入基础设施

---

① 《住建部："十四五"期间 全国计划筹集建设保障性租赁住房870万套》，人民网，http：// finance. people. com. cn/n1/2022/0817/c1004-32504786. html。

REITs 范围，规定"研究支持增强消费能力、改善消费条件、创新消费场景的消费基础设施发行基础设施 REITs。优先支持百货商场、购物中心、农贸市场等城乡商业网点项目，保障基本民生的社区商业项目发行基础设施 REITs"。一方面，这一合格基础资产类别的扩充将极大限度地丰富中国公募 REITs。根据有关预测，中国以商场超市、购物中心和农贸市场形态存在的商业物业的规模在 30 万亿元以上水平，按 5%的证券化率，也可达到 1.5 万亿元发行规模。[①] 具体到年度水平，参考目前 CMBS 和类 REITs 的情况，年度发行规模约为 2000 亿元，其中购物中心类占比大约为 20%，考虑公募 REITs 的各项优势更具吸引力，预计后续年度发行规模为其 2~5 倍，预计此类资产年度即可发行 400 亿~1000 亿元，对 REITs 形成规模市场具有明显作用。另一方面，《国家发展改革委关于规范高效做好基础设施领域不动产投资信托基金（REITs）项目申报推荐工作的通知》（发改投资〔2023〕236号）在多个方面仍体现了审慎的思路。一是仍未将同样用于消费的酒店类基础资产纳入适格范围，这是因为其净经营性收入（NOI）金额往往不高、餐饮占比大等；二是继续避免"涉房"，明确要求原始权益人不得从事商品住宅开发业务；三是强调禁止变相融资，要求回收资金用于加大便民商业、智慧商圈和数字化转型投资力度。

（三）在相对较短时间发生较大的价格波动，存在非理性投资和"炒作"情况

首批基础设施公募 REITs 于 2021 年 6 月上市，在上市的前半年内，单个基金和指数均表现得较为平稳，整体呈现稳步上涨的情况。随着市场对 REITs 的不断认可，几乎所有的 REITs 都在 2022 年第一季度发生较快的价格上涨，同时带动 REITs 指数快速上涨。但是，和中国股市整体"牛短熊长"的特点类似，随着热钱炒作期的结束，2022 年 2 月中期之后，REITs 价格快速下跌，

---

① 魏晨阳、周以升、林甦等：《推动长租房 REITs 行稳致远》，《清华金融评论》2022 年第3 期。

后续虽然一级市场仍保持高认购率，但二级市场的价格和换手率均不温不火。从数值上看，在 2022 年初，中证 REITs 指数较 2021 年 9 月 30 日的基准值上涨了 10.81%，2022 年 2 月 11 日出现了最高值，较基准值上涨了 27.98%，但到 3 月 31 日涨幅已经跌落至 13.12%；其间上证指数相对平稳，并未发生如此大幅度的波动。和其他市场比较，2021 年第四季度到 2022 年末期间，香港市场恒生 REITs 指数和恒生指数的表现较为一致；新加坡 REITs 指数则在一定程度上低于富时新加坡海峡指数（见图 6-12）。上述两个亚洲相对成熟市场均未出现短时间内快速上涨后迅速回落的情况。

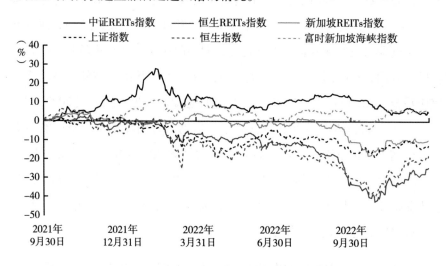

图 6-12 各市场 REITs 主要指数比较

资料来源：Wind 资讯。

造成上述情况的一个主要原因还是目前 REITs 市场并不成熟，且规模仍较小，容易引发非理性投资和"炒作"情况。以在此期间产权类和特许经营权类波动幅度最大的红土创新盐田港 REIT 和富国首创水务 REIT 为例（见图 6-13），两者上市的市值均只有不足 20 亿元，在发行产品中属于市值较低者，相对便于炒作形成较高价格。两者最高价较发行时均上涨了近70%，但后续则均快速回落，其中富国首创水务 REIT 在 2022 年底的价格已接近发行价。

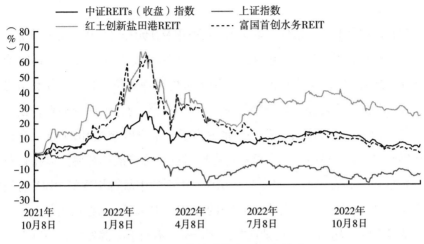

图 6-13　价格波动较大 REITs 情况

资料来源：Wind 资讯。

（四）上市服务机构已出现过度竞争现象，不利于行业长期发展

目前，鉴于基金管理公司不仅要负责 REITs 的发行，还是 REITs 上市后项目资产管理运营的核心机构，因此各原始权益人在启动 REITs 项目时，一般均邀请具有相关资格基金管理公司牵头，对项目提出服务方案，并对发行费用、中介费用、存续期管理费用以及资产托管费用进行一揽子投标。虽然 REITs 从 2021 年 6 月上市至今仅有约 2 年时间，但已出现了"0 报价"情况。2023 年 3 月 14 日，云南云投中裕能源有限公司对"基础设施基金公募 REITs 基金管理人选聘项目"成交供应商进行公示：第一候选人为兴银基金，含税发行阶段（包括基金管理人财务顾问费及其他中介费用）费率为 0.00%/年，含税存续阶段管理费为 0.1%/年，含税托管费为 0.00%/年，也即在整个发行及存续期管理阶段，仅收取 0.1%/年的管理费，其余服务均不收费；第二候选人为中信建投基金，三项费率分别为 0.7%/年、0.18%/年、0.005%/年；第三候选人为红塔红土基金，三项费率分别为 0.5%/年、0.15%/年、0.005%/年。虽然这只是一期项目的情况，但对市场的影响仍

不可忽视。

首先，这是 REITs 市场首单 0 元发行费用及 0 元托管费用中标的情况，鉴于目前激烈的市场竞争，考虑到原始权益人国资背景居多，往往评标时给予价格较高权重，实际上有可能造成后续各机构纷纷效仿。其次，各费用均呈现较低水平，发行费和托管费零报价，而 0.1%/年的存续期管理费，在目前已上市的 27 家机构的披露数据中，也仅高于中金安徽交控 REIT 这一个费率为 0.09% 的产品。最后，三家机构均表现出进行价格战的意愿，以托管费为例，前期 19 只产品的托管费率为 0.01%，最高的中航首钢绿能 REIT 的托管费率为 0.05%，第三候选人的 0.005% 的价格同时刷新了市场下限。

从 REITs 市场的长期发展来看，这一模式不利于稳健发展。一方面，价格和服务必然存在一定程度的正向匹配关系，如报价过低甚至为 0，必然会造成利润偏低甚至亏损，这样的情况势必会影响各机构的服务意愿、人员配置和工作效率，最终影响的可能还是发行人。另一方面，REITs 是目前国内存续期管理最长的投行业务，最高存续期甚至达到 99 年，因此后续存在大量工作需要管理人主动推进和协调配合的情况，如投行等中介机构前期为"抢单"在公司层面以补贴等方式支持团队低价竞争，但随着政策到期、战略调整和管理层变动等，其势必无法长期以低价开展业务，因此难免会出现存续期的管理问题。

四 未来基础设施 REITs 发展展望

（一）"化繁为简"，从顶层设计完善现有 REITs 架构

根据 REITs 成熟国家的经验，除美国作为首个推出 REITs 的国家采用相对渐进性策略外，其他 REITs 的成熟市场，包括日本、中国香港和新加坡均在启动之初就从顶层的制度设计起步，形成了一个包含组织结构、收入分配、资产投向、负债安排、税收策略、上市要求等的完整体系，从而在整体架构上形成一个较为简洁和标准的结构。具体而言，不论是采用公司模式还

是信托模式，均为单一金融产品框架下的 REITs 架构。

但是，中国基础设施 REITs 起源于"类 REITs"，为减少政策变动阻力、实现公募化，在其上增加了公募基金这一架构，最终以"公募基金+ABS"模式进行试点推进。虽然通过修订有关部门规章，消除了公募基金投资比例的障碍，并减少了私募基金这一层结构，但是仍存在法律界定不明确、委托代理关系复杂、升级存在多个钩稽关系需要破解等问题。

从长期发展来看，由于现有 REITs 架构涉及的参与主体过多，市场各参与主体普遍期望在积累一定市场经验后，通过制度规则的完善和调整简化产品结构。从理论上说，可能的简化路径包括三种。一是公募基金直投模式，准予公募基金直接投资不动产或对应非上市公司股权，从而将 ABS 从现有的架构中去除。二是将 ABS 公募化，也即赋予券商资产支持计划公募发行的地位。三是采用"新券模式"，也即建立新的金融产品，给予 REITs 与股票、债券、公募基金等传统证券相并列的证券品种的合法地位，可直接投资不动产或项目公司股权。

第一种方案可以理解为对现有"公募基金+ABS"模式的简化。该模式最大的优势在于简化了目前两层的冗杂结构，同时并未改变目前"公募基金管理人+项目运营管理机构"这一存续管理机制。鉴于 ABS 管理人在目前基础设施 REITs 中和 REITs 管理人为同一机构或受同一控制人控制，在监管目的和市场实践中已达到了统一的效果，因此这一模式的转化成本最低，同时对于现有一系列基础设施 REITs 有关规定的实质影响也最小。但是，这一模式需要公募基金直接投资不动产或项目公司股权，考虑 REITs 运营的实践需要，项目公司一般为新设立且资产极为纯粹的企业，一般不可能为上市公司，这一模式将同《证券投资基金法》中公募基金只能投资股票、债券或其他证券及其衍生品相冲突。如仅为 REITs 改变《证券投资基金法》相关内容，因其涉及面较广，也存在诸多潜在问题。

第二种方案实质是"类 REITs"的公募化，从操作层面对于目前市场机构来说可谓驾轻就熟，但难点在于立法层面存在较大幅度的变动。在这一模式下，鉴于券商专项资产管理计划已被明确为私募产品，因此首先要解决的是 ABS 公募化问题，这就需要以调整"资管新规"或通过"打补丁"的方式来解决，鉴于"资管新规"的发文层级在金融委，制度修订需要自上而下的支持，同时可能面临较长的时间和流程。具体业务规则方面，最关键的制度调整在于修订证监会发布的《证券公司及基金管理公司子公司资产证券化业务管理规定》，需要按照公募化、权益化、聚焦不动产的方式对其进行调整，将至少面临三个方面的技术问题：一是公募化后，投资人适当性管理和信息披露要求将同原有 ABS 主要面向机构投资人的私募运作方式完全不同；二是 ABS 是一种典型的固定收益型结构化产品，而 REITs 则完全表现为权益属性，需要对交易结构进行颠覆性的调整，同时修改配套的分红要求、权益登记、结算分配等设计；三是 ABS 可适用的底层资产非常广泛，包括债权、收益权和不动产权益等，如为 REITs 化目的进行统一修改，可能会影响其他品种底层资产的业务运作，如采用特定化模式"打补丁"，则更类似于"新券模式"。

综上，上述两种方案要么需要在不影响原有所辖业务的情景下进行大幅度"打补丁"，要么几乎需要"另起炉灶"制定新的业务规则，因此时间成本和工作量可能和"新券模式"相当，但就执行效果而言显然劣于"新券模式"。从长期发展来看，建立中国 REITs 的架构体系，必须采用"以终为始"的视角，只有"新券模式"具有更大的制度自由度，亦与国际通行的 REITs 制度更加接轨。因此，目前亟待从根本上进行法规制度的全面建设和完善工作，以减少交易摩擦、优化交易结构为目标，明确公募 REITs 的单一法定载体。从目前成熟市场经验看，业务载体包括公司和信托，建议国内以公司模式为方向开展法律建设。这是因为，一方面，从美国这一最为成熟和发达的 REITs 市场看，虽然其监管当局并未限制 REITs 的法律形式，但最终多数 REITs 均采用公司制，并可相对自然地采用内部化的管理模式，而从委托代理理论和实证绩效研究来说，"公司制+内部型"的模式对 REITs 的成长更为有利，也即采用公司制是更加符合 REITs 主动管理理念的选择。另一方面，从国内现有法律体系来看，REITs 权益性、公募化、可负债、份额可灵活变动的特点更契合公司的法律实质，在大的法律框架下免受物权登记、资管新规对产品的约束。同时，公司作为 REITs 的载体，同"新券模式"也不产生冲突，可以借鉴科创板以及中国存托凭证（CDR）上市制度制定的经验，一方面，由中国人民银行及证监会授权交易所出台具体的上市标准并试行注册制，以立法方式设立单独的证券品种并在《证券法》修订时进一步明确；另一方面，对于上市业绩标准做特色化安排，设立多个可选性标准，强调物业质量、经营性现金流水平和分红能力等物业运营的关键指标，改变目前经营性企业重点考量净利润的模式，避免因 REITs 主体利润不足而无法公开上市。此外，通过对现有 REITs 制度框架的合理平移，对于 REITs 的核心指标，如资产构成、收入构成、分配比例、负债比例等进行规范和限制，避免企业法人通过 REITs 进行套利的行为。在投资人方面，建议对现有相关部门规章进行完善，建立对投资额度和比例、资本计提、非标额度计算、风险暴露设定等一系列配套的市场监管安排，以市场化手段弱化房地产信托、券商资产管理计划等私募产品对房地产行业的支持，达到"开正门、堵旁门"的效果，实现房地产行业和金融行业良性互动发展。

（二）"双管齐下"提高市场规模，Pre-REITs 将成为重要的资产来源

自 2021 年 6 月首批 REITs 上市以来，经历了一级市场"一基难求"、市场价格快速上涨、价格回落持续波动等多个阶段。虽然，对多数投资人而言赚钱效应明显，但其波动水平和成熟市场的 REITs 存在明显的不同，究其原因在于目前 REITs 的总体市场规模仍太小，对于大型和成熟的机构投资人而言，不论是配置、做市还是交易，都难以形成一个体系化的业务板块，从而市场无法收敛并稳定。但长期而言，公募 REITs 投资收益趋于平缓这一预期是符合现实的，因为公募 REITs 投资预期所锚定的是现金流分红，而非科技股类别的成长性。随着市场规模扩大，逐步超过 2000 亿元、5000 亿元乃至接近万亿元规模时，REITs 的资产类型相对丰富，制度框架及其配套趋于完备，此时的市场也将初步成熟。后续，除符合原有标准的基础设施资产上市

外，REITs 市场的规模扩大有两大方面的手段，一是随着消费型基础设施获得准入资格，预计将有一大批资产成为 REITs 的适格资产，特别是前期因"弱主体、强资产"情况下导致评级不足，难以发行类 REITs 的资产，或因发行人希望通过权益手段融资而无法回购，REITs 将成为合适的选择，从而扩大市场面。二是加快现有 REITs 扩募，通过存量提升方式扩大市场规模。实际上，扩募是 REITs 一级市场重要的融资手段，目前相关制度已经出台，首批 4 个扩募项目已获得证监会变更注册批复，考虑前期制度设计对 REITs 发行人的资产扩募能力均有明确要求，预留了资产储备要求，预计未来扩募的发展将十分迅速。

另外，REITs 市场加快成熟，也将带动更多的机构投资基础设施项目，预计 Pre-REITs 将成为重要的资产培育方式。目前，Pre-REITs 的形式包括直接投资项目公司，以及用私募股权基金、信托计划、资管计划等产品投资，其中最典型的是私募股权基金。根据统计，截至 2022 年末，国内基础设施 Pre-REITs 市场规模已经超过 1 万亿元，通过 REITs 退出是重要选项。前期，张江高科和光控安石成立私募基金收购张江光大产业园，并通过华安张江光大产业园 REIT 上市的项目，是国内首个 Pre-REITs 通过公募 REITs 退出的成功案例。后续，鉴于政策的不断优化，预计 Pre-REITs 将迎来较快的发展。国家发改委在"236 号文"中明确提出，要注重基础设施 REITs 前期培育，加强项目储备，资产管理部门为地方政府机构引导市场开展 Pre-REITs 打开通道。同时，证监会出台了更加利好 Pre-REITs 的政策。2023 年 2 月，中国证券投资基金业协会发布《不动产私募投资基金试点备案指引（试行）》，取消了"20%借款比例"＋"1 年的借款期限"，取消组合投资、集中度限制和扩募资金限制的规定，从而可以形成"开发—建设—运营—退出"资金闭环，有利于形成 Pre-REITs 到公募 REITs 的顺畅退出，打造形成"投—建—管—退—投"的良性循环。

（三）积极培育专业化资产管理机构

从治理结构来看，REITs 的实质是一家企业，其价值则体现为一定分红水平下的折现结果。因此，对 REITs 资产的经营水平，包括日常运营、扩募增发、开发项目、资产更新等均会影响其现金流，从而影响 REITs 的市场价值。而对 REITs 经营质量影响最大的则是 REITs 管理机构的主动管理能力。从境外市场经验来看，在最为成熟的美国市场中，REITs 经历了从债权性到权益性的转变，而管理人同步经历了被动管理到主动管理的转变，叠加美国管理模式从信托制到公司制的转变，从而迎来了 20 世纪 80 年代末 REITs 发展的高潮。从亚洲市场来看，虽然主要采用信托模式，但是在此架构下对管理人赋予运营服务、并购重组甚至项目开发的权限，多数是主动管理模式。在此过程中，既有 Saizen 这类因主动管理能力孱弱导致破产清算退市的情景，也有如 ARA 资产这类以 REITs 管理作为特色能力的专业化不动产管理机构，更有如凯德、淡马锡这类通过 REITs 模式既在报表方面实现轻资产管理转型，又充分利用多数份额下对 REITs 的影响力，通过发挥 REITs 管理人的主动作用实现向"资本结构优化+资产管理"的转型。

根据目前中国基础设施 REITs 的制度体系，必须由公募基金作为 REITs 管理人，由其组建专业化团队完成。证监会发布的《公开募集基础设施证券投资基金指引》明确指出，管理人对基础设施基金运作过程中的运营管理职责多达 16 项，涵盖账户管理、证照管理、现金流管理、日常运营管理、信息披露管理等方方面面，其中仅 6 项能够委托外部管理机构负责，充分说明监管机构通过压实公募基金管理人的责任将主动管理职责完全赋予公募基金管理人的意图。但是，目前，由于缺乏市场需求、机制缺位等原因，公募基金尚未建立起对 REITs 的管理能力。

从中国基础设施 REITs 的长期发展来看，一方面，必须不断加强基金管理人建设，打造一个具有优异不动产管理能力的团队，这是从主体责任出发，保障基础设施基金增值的关键举措。具体可以从多个方面入手。一是建立相关制度。从目前国际经验和国内现状来看，采用内部型管理团队更有利于降低委托代理成本，从而更高效地提升 REITs 的市场价值。要通过制定合理的制度，综合考虑代理人的需求、行为动机、行为目的等因素，对各方权利与义务进行明确和约束，避免出现道德风险，达到激励相容的效果，从而提高 REITs 的价值。要对管理人建立细致科学的准入条件，确保其公司和团队的业务能力和经验水平，设立动态的市场化准入机制，形成良性竞争的市场格局。二是设计合理的管理费体系。除了基本的管理费之外，还可以根据实际工作情况，安排绩效费、收购费、出售费、开发管理费来激励管理人发挥专业管理能力。同时，可以设计用 REITs 份额而非以现金支付管理费，最终促进投资者利益与管理人激励相容。三是优化治理结构。不论是目前多层的产品结构，还是未来有可能简化的结构，至少会涉及基金份额持有人、基金管理人、运营管理机构、项目公司等多个组织，必须通过合理的机制设计，明确责任主体和议事规则，避免职责权限不清、决策链条过长等问题。

另一方面，可通过与原始权益人相互赋能的方式，提升基础设施不动产行业的管理水平。从目前已发行的项目来看，所有项目均由原始权益人（或其关联方）担任运营管理机构，说明目前原始权益人实际上是在项目资产管理过程中最具优势的机构，基金公司单独进行资产管理条件尚不成熟。因此，在试点运作阶段要加强同原始权益人的沟通协作，鼓励有条件的原始权益人参与管理并考虑实现内部化。鉴于试点期间对底层资产质量要求较高，存在原始权益人希望留存资产多数收益，保留控制权以合并优化报表等要求。对于此类希望更多控制资产权益的情况，应积极配合原始权益人持有较大比例的 REITs 份额，并积极引导其受托负责 REITs 的运营管理实务。同时，鉴于大量资产原始权益人为国有资本，特别是地方政府平台或国资管理企业，可以引导其积极参与资产管理工作，通过合理的委托机制参与 REITs 上市后的资产运营，以有效激励其输出资产管理能力及品牌价值，不仅有利于 REITs 的价值提升，还有利于地方国有企业转型升级。

（四）形成更加合理有效的价值评估体系

首批基础设施 REITs 上市之后，虽然只有短短不到一年的时间，但已经历了火爆开盘、成交清淡、快速上涨、价值回归四个阶段。从市场价格的变动情况来说，对上市之初即参与投资的投资人已形成非常良好的回报，但其间因价格急速上涨导致预期分配率快速降低，换手率大幅提升，甚至造成多个项目多次临时停牌的情况，也为市场敲响了警钟。究其原因，在于目前基础设施 REITs 市场尚不成熟，尚未形成标准化的价值评估体系。

基础设施公募 REITs 是一个兼具股性与债性的产品，但底层资产为特许经营权类的 REITs 和产权类的 REITs 又各有不同。特许经营权类的 REITs 虽然期限为十数年甚至几十年，但特许经营权存在到期期限，按预期现金流折现评估得到的价值必然出现逐年衰减的特征，类似于超长久期的固定收益类产品；产权类项目的底层资产本身不仅提供可分配现金流，还具有成长性，因此股性更强。现有项目均从底层资产价值评估出发，在由底层资产价值结合资产负债项调整后，测算基金报表层面的净资产值，并且一般以此为基准进行一级市场定价。二级市场方面，一般通过结合目前份额单价水平和未来分红预期，计算投资的内部收益率（IRR），按收益水平判断是否进行投资。

就估值的有效性而言，公募基金净资产值（NAV）是更为通用的估值指标。这一指标类似于上市公司的股东权益，而实践中海外 REITs 市场通常会用基金价格对 NAV 的比值来表征估值水平，其在本质上等同于市净率（P/B）。同时，由于 REITs 底层资产的质量往往较为稳定，实际上，在一般情况下，NAV 也不会出现大起大落，用其作为估值基准具有较好的稳定性；实证也表明，REITs 的基金总市值往往围绕 NAV 进行波动。具体在技术流程上，一般先计算出资产的税前运营现金流，进而通过现金流折现模型测算。具体到单个 REIT，建议投资者进一步关注不同类型基础资产的不同特点，考虑特殊因素对基础资产运营的影响，判定估值假设参数的合理性，同时避免因个性化事件造成产品底层现金流大幅波动，如对于高速公路项目，需要关注区域经济、车流来源、可替代性等。

第七章
住房租赁市场与住房租赁金融

崔 玉 蔡 真[*]

- 在住房租赁支持政策方面，2022 年，中央及部委层面的支持政策主要集中在增加保障性租赁住房供给、探索长租房市场建设和加快建立租购并举的住房制度三个方面，并重点通过加大金融支持力度来增加租赁住房供给。地方住房层面，主要通过加快发展保障性租赁住房和以地方行政立法的形式规范住房租赁市场来落实中央关于住房租赁市场的政策要求。

- 在住房租赁市场方面，从需求端来看，2022 年，我国住房租赁市场的规模为 1.58 万亿~2.38 万亿元；流动人口的住房租赁需求仍是租赁市场需求的主要部分；住房租赁人口仍呈现年轻化、独居等特征，而且住房租赁市场需求主要集中在人口净流入规模大的地区和城市。从供给端来看，2022 年，主要城市的租金水平普遍下降、租金收益率依旧偏低。在政策支持下，保障性租赁住房的供给大幅增加，2022 年，开工建设和筹集数量达到 265 万套（间），预计可以解决超过 700 万名新市民、青年人的住房困难问题；住房租赁企业均放缓了规模扩张的步伐，将经营重点放在提高营运效率、提升服务质量和探索新的盈利模式等方面。

- 2022 年，住房租赁企业的融资规模有所增加。从各融资渠道来看，

---

[*] 崔玉，国家金融与发展实验室房地产金融研究中心研究员；蔡真，中国社会科学院金融研究所副研究员，国家金融与发展实验室房地产金融研究中心主任、高级研究员。

住房租赁贷款方面，保障性租赁住房市场和长租房市场均是银行业金融机构的重点支持领域；其中，中国建设银行的住房租赁贷款余额达到 2098.69 亿元，较 2021 年末增长 57.25%。股权融资方面，仍维持在冰点，年内仅派氪公寓获得千万元天使轮融资；但值得关注的两件事是中国建设银行发起设立了我国首个住房租赁基金和魔方公寓开启港股 IPO 之路。债券融资方面，住房租赁专项债的发行规模仅为 31.5 亿元，同比下降 74.77%；加权平均票面利率为 3.57%。资产证券化融资方面，住房租赁资产证券化产品（不包括 REITs）的发行规模为 35.85 亿元，同比下降 1.29%；保障性租赁住房 REITs 正式落地，共募集资金 50.06 亿元。另外，住房租赁企业在符合条件下，还能获得部分财政货币资金补贴。

- 当前，我国住房租赁市场存在供需之间的结构性失衡、租客的租赁权益得不到有效保障、金融支持的总量不足三个突出问题；政府部门通过增加保障性租赁住房市场的供给、出台地方《住房租赁条例》和拟出台"关于金融支持住房租赁市场发展的意见"来应对上述问题。

- 展望 2023 年，加大住房租赁市场金融支持力度，扩大保障性住房供给，推进长租房市场建设仍是住房租赁行业的政策重点。住房租赁市场方面，我们预计住房租赁市场租金水平会有所回升，长租房市场的发展逐渐步入正轨，而保障性租赁住房市场的开工建设和筹集规模会略有下降。住房租赁企业融资方面，在政策的大力支持下，行业的整体融资规模将大幅增加。住房租赁信贷支持的重点是保障性租赁住房项目、自持型市场化长租房项目的建设和改造；股权融资方面，那些专注提高运营能力的住房租赁企业更易受到资本的青睐，魔方公寓有望在年内实现港股 IPO；住房租赁专项债的发行规模可能会有所上升；资产证券化融资规模会明显增加，最适合发展住房租赁市场的融资工具 REITs 将进一步扩容。

住房问题关系民生福祉，购买和租赁是满足城镇居民住房需求的两种主要方式。自1998年进一步深化城镇住房制度改革以来，我国的住房制度、住房政策和住房金融更侧重于支持商品住房的建设和鼓励购买住房，存在较为严重的"重售轻租"的倾向。这种政策取向在一定程度上促进了住房市场的快速发展，推动了居民住房条件的极大改善。我国城镇居民的人均住房面积由1998年的18.7平方米提高至2020年的38.6平方米（第七次全国人口普查数据）。但是住房市场长期"重售轻租"模式的弊端逐渐凸显，并主要表现在以下两个方面。一是城市的房价快速上涨，高房价导致房价收入比越来越高；购买住房对于普通城镇居民家庭来说负担较重，甚至难以负担。二是住房租赁市场的发展严重滞后，成为住房市场明显的短板；大城市中进城务工人员、新就业大中专毕业生、新落户城市居民等群体的住房需求难以得到有效满足。鉴于上述问题，2015年中央经济工作会议首次提出建立租购并举的住房制度，并在2016年《政府工作报告》中被纳入年度重点工作任务。党的二十大报告进一步明确提出要"加快建立多主体供给、多渠道保障、租购并举的住房制度"。在政策的持续推动下，我国住房租赁市场进入快速发展阶段。

一　2022年住房租赁市场政策情况

2022年，中央关于住房租赁的政策，主要集中在增加保障性租赁住房供给、探索长租房市场建设和加快建立租购并举的住房制度三个方面。部委层面，主要通过加大对住房租赁的金融支持力度来增加租赁住房供给。一是通过下达中央财政支持住房租赁专项资金，支持保障性租赁住房建设和住房租赁市场发展。二是优化住房租赁信贷服务，支持住房租赁企业融资。鼓励银行业金融机构按照依法合规、风险可控、商业可持续的原则，加大对保障性租赁住房发展的支持力度，明确保障性租赁住房项目有关贷款不纳入房地产贷款集中度管理。三是实现保障性租赁住房公募REITs发行和上市。近期中央及部委层面关于住房租赁市场的主要政策见表7-1。

表7-1　近期中央及部委层面关于住房租赁市场相关政策

时间	发布部门	文件或会议	政策要点
2022年1月20日	住建部	全国住房和城乡建设工作会议	坚持租购并举，多主体供给、多渠道保障，优化住房供应结构。大力增加保障性租赁住房供给，以人口净流入的大城市为重点，全年建设筹集保障性租赁住房240万套（间）
2022年1月30日	央行、银保监会	《关于保障性租赁住房有关贷款不纳入房地产贷款集中度管理的通知》（银发〔2022〕30号）	明确保障性租赁住房项目有关贷款不纳入房地产贷款集中度管理，鼓励银行业金融机构按照依法合规、风险可控、商业可持续的原则，加大对保障性租赁住房发展的支持力度
2022年2月16日	银保监会、住建部	《中国银保监会　住房和城乡建设部关于银行保险机构支持保障性租赁住房发展的指导意见》（银保监规〔2022〕5号）	构建多层次、广覆盖、风险可控的保障性租赁住房金融服务体系，加大对保障性租赁住房建设运营的支持力度
2022年3月4日	银保监会、央行	《中国银保监会　中国人民银行关于加强新市民金融服务工作的通知》（银保监发〔2022〕4号）	支持银行保险机构通过参与保障性租赁住房试点，助力政府部门搭建住房租赁市场综合服务平台等方式。支持商业银行依法合规为专业化、规模化的住房租赁企业提供信贷支持，降低住房租赁企业资金成本，助力缓解新市民住房压力。鼓励保险机构开展住房租赁业务，支持长租房市场发展
2022年3月10日	国家发改委	《国家发展改革委关于印发〈2022年新型城镇化和城乡融合发展重点任务〉的通知》（发改规划〔2022〕371号）	加强住房供应保障。以人口净流入的大城市为重点，增加保障性租赁住房供给
2022年4月7日	团中央、中宣部等多部委	《关于开展青年发展型城市建设试点的意见》（中青联发〔2022〕1号）	着力优化保障青年基本住房需求的青年发展型城市居住环境。加大保障性租赁住房供给力度；完善长租房政策，支持重资产住房租赁企业发展，规范住房租赁中介服务，切实保护承租人合法权益，逐步使保租房人在享受公共服务上具有同等权利；有效盘活存量住房资源；推广"青年驿站"等短期居住服务

续表

时间	发布部门	文件或会议	政策要点
2022年4月13日	财政部、住建部	《关于下达2022年中央财政城镇保障性安居工程补助资金预算的通知》（财综[2022]54号）	分配下达2022年中央财政城镇保障性安居工程补助资金，其中租赁住房保障资金规模为224.1亿元
2022年4月20日	国务院办公厅	《国务院办公厅关于进一步释放消费潜力促进消费持续恢复的意见》（国办发[2022]9号）	完善长租房政策，增加保障性租赁住房供给，支持缴存人提取住房公积金用于租赁住房
2022年5月24日	中国证监会办公厅、国家发展改革委办公厅	《中国证监会办公厅 国家发展改革委办公厅关于规范做好保障性租赁住房发行基础设施领域不动产投资信托基金（REITs）有关工作的通知》（证监办发[2022]53号）	规范做好保障性租赁住房发行基础设施领域不动产投资信托基金（简称基础设施REITs）工作
2022年6月10日	银保监会办公厅	《中国银保监会办公厅关于银行业保险业加强新市民金融服务有关情况的通报》（银保监办发[2022]66号）	加强住房金融服务，满足新市民安居需求。加大对保障性住房建设的金融支持力度，支持住房租赁市场健康发展
2022年6月21日	国家发改委	《国家发展改革委关于印发"十四五"新型城镇化实施方案的通知》（发改规划[2022]960号）	建立多主体供给、多渠道保障、租购并举的住房制度。培育发展住房租赁市场，盘活存量住房资源，增加租赁住房供给，完善长租房政策，逐步使租赁住房在享受公共服务上具有同等权利。加快住房租赁法规规章建设，加强租赁市场监管，保障承租人和出租人合法权益。完善住房保障基础性制度和支持政策，有效增加保障性住房供给
2022年7月15日	上交所	《关于发布〈上海证券交易所公开募集基础设施证券投资基金（REITs）规则适用指引第4号——保障性租赁住房（试行）〉的通知》（上证发[2022]109号）	对保障性租赁住房试点发行基础设施REITs进行规范和引导

续表

时间	发布部门	文件或会议	政策要点
2022年7月15日	深交所	《关于发布〈深圳证券交易所公开募集基础设施证券投资基金业务指引第4号——保障性租赁住房（试行）〉的通知》（深证上〔2022〕675号）	对保障性租赁住房试点发行基础设施REITs进行规范和引导
2022年10月16日	一	《高举中国特色社会主义伟大旗帜　为全面建设社会主义现代化国家而团结奋斗——在中国共产党第二十次全国代表大会上的报告》	加快建立多主体供给、多渠道保障、租购并举的住房制度
2022年11月23日	央行、银保监会	《中国人民银行　中国银行保险监督管理委员会关于做好当前金融支持房地产市场平稳健康发展工作的通知》（"金融16条"）	加大住房租赁金融支持力度，优化住房租赁信贷服务，拓宽住房租赁市场多元化融资渠道，稳步推进房地产REITs试点
2022年12月8日	一	李超副主席在首届长三角REITs论坛暨中国REITs论坛2022年会上的视频致辞	加快打造REITs市场的保障性租赁住房板块，研究推动试点范围拓展到市场化的长租公寓及商业不动产等领域
2022年12月15~16日	一	中央经济工作会议	解决好新市民、青年人等住房问题，探索长租房市场建设
2022年12月24日	中共中央、国务院	《扩大内需战略规划纲要（2022-2035年）》	加快建立多主体供给、多渠道保障、租购并举的住房制度。完善住房保障基础性制度和支持政策，以人口净流入的大城市为重点，增加保障性租赁住房供给。完善长租房政策，逐步使租购住房在享受公共服务上具有同等权利
2023年2月24日	央行、银保监会	《关于金融支持住房租赁市场发展的意见（征求意见稿）》	以商业可持续为基本前提，重点支持自持物业的专业化、规模化住房租赁企业发展，为租赁住房的投资、开发、运营和管理提供多元化、多层次、全周期的金融产品和金融服务体系

资料来源：根据政府网站公开资料整理得到。

地方政府层面主要通过以下两个方面落实中央关于住房租赁市场的政策要求。一是通过发布和实施城市《关于加快发展保障性租赁住房的实施方案》，从土地供给、财政补贴、金融支持、税费优惠、简化行政审批流程、执行民用水电气价格六个方面给予政策支持，推动保障性租赁住房供给增加。二是北京、上海、南京发布地方《住房租赁条例》或《房屋租赁管理办法》，以地方行政立法的形式，规范住房租赁行为，保障出租人、承租人的合法权益，稳定住房租赁关系，推动住房租赁市场健康发展。

二 住房租赁市场发展状况

（一）住房租赁市场需求端现状

1. 住房租赁市场需求端特征分析

第一，流动人口的住房租赁需求仍是租赁市场需求的主要部分。随着我国城镇化进程的持续推进，由于务工、经商、求学、亲友投靠等原因，我国流动人口[①]、人户分离人口[②]规模快速增长。从城镇化率来看，我国城镇化率仍在持续提高，截至2022年末，我国常住人口城镇化率达到65.22%，比2021年末提高0.5个百分点。从流动人口数据来看，截至2021年末，我国流动人口规模为3.85亿人（见图7-1）。国家卫健委对流动人口群体的调查数据显示，在房价高企的背景下，我国流动人口群体在流入地自有住房的比例仅约为三成，租赁是流动人口群体解决住房问题的主要方式。庞大的流动人口规模，意味着流动人口的住房租赁需求是我国租赁市场需求的主要部分。

第二，高校毕业生是住房租赁市场重要新增需求群体。近年来，我国高

---

① 流动人口指离开了户籍所在地在其他地方居住的人口，统计口径为人户分离人口中不包括市辖区内人户分离的人口。其中，市辖区内人户分离的人口是指一个直辖市或地级市所辖区内和区与区之间，居住地和户口登记地不在同一乡镇、街道的人口。

② 人户分离人口指居住地与户口登记地所在的乡镇、街道不一致且离开户口登记地半年以上的人口。

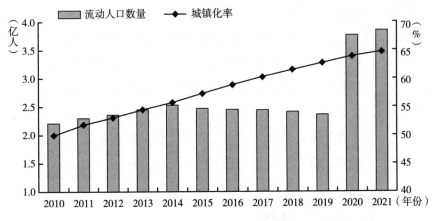

图 7-1　2010~2021 年中国流动人口数量及城镇化率

资料来源：国家统计局。

校毕业生数量持续上升，并成为住房租赁市场的重要新增需求群体。根据《2022 年中华人民共和国国民经济和社会发展统计公报》的数据，2022 年，我国普通高校毕业生规模为 1053.5 万人，其中普通、职业本专科毕业生为967.3 万人，研究生毕业生为 86.2 万人（见图 7-2），规模和增量均创历史新高，一批批刚刚步入社会的高校毕业生不断为住房租赁市场增添新需求。

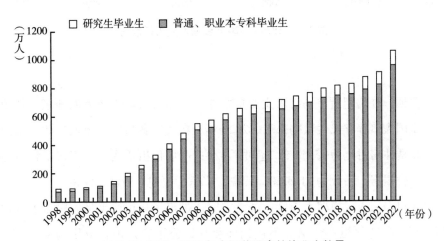

图 7-2　1998~2022 年中国普通高校毕业生数量

资料来源：国家统计局、教育部。

第三，青年群体中存在大规模的长期租赁住房需求。从第七次全国人口普查数据来看，我国人口平均初婚年龄从 2010 年的 24.89 岁推迟至 2020 年的 28.67 岁；独居家庭户占比从 2010 年的 14.5% 上升至 2020 年的 25.4%；家庭户平均人口规模从 2010 年的 3.10 人/户下降至 2020 年的 2.62 人/户（见图 7-3）。初婚年龄的不断推迟，独居人群规模的大幅上升，家庭规模的小型化，意味着我国青年群体中会存在大规模的长期租赁住房需求。因此，需要大力发展长租房市场来匹配青年群体的长期住房租赁需求。

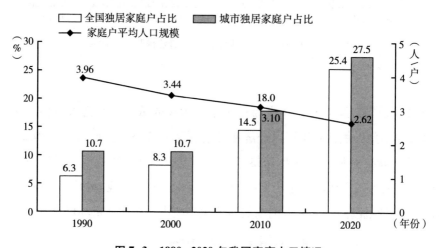

图 7-3　1990~2020 年我国家庭人口情况

资料来源：国家统计局。

第四，住房租赁市场需求主要集中在人口净流入规模较大的地区。从第七次全国人口普查长表数据来看，2020 年，在我国各地区城市家庭住房来源中，租赁住房占比为 25.57%，超过了 1/4；市场化租赁住房（不包括租赁廉租房、公租房）占比为 21.83%。其中，广东、福建、浙江、海南、上海、北京等人口净流入规模较大地区，城市家庭通过市场化租赁满足住房需求的比例较高，市场化租赁住房（不包括廉租房、公租房）占比分别为 48.86%、38.56%、37.47%、35.48%、31.91%、29.55%；反之，河北、河南、辽宁、黑龙江等人口净流出地区，城市家庭通过市场化租赁满足住房需求的比例较低，市场化租赁住房（不包括廉租房、公租房）占比分别为9.70%、9.60%、8.64%、7.97%，均不足10%（见表7-2）。住房租赁市场需求主要集中于人口净流入规模大的地区，主要原因是这些地区的经济运行较为活跃、流动人口规模较大、住房价格往往偏高，这就迫使大量的居住需求由住房租赁市场来满足。住房租赁市场需求主要集中在这些地区，意味着政府层面的政策应该重点支持这些地区住房租赁市场发展。同时，为更好地提供租赁住房服务，专业化、机构化的住房租赁企业在布局时也应重点考虑这些地区。

表7-2　2020年中国各地区城市家庭租赁住房占比

单位：%

地　区	城市家庭租赁廉租房、公租房占比	城市家庭市场化租赁住房（不包括廉租房、公租房）占比	城市家庭租赁住房占比
全　国	3.74	21.83	25.57
广　东	6.48	48.86	55.35
西　藏	21.20	24.95	46.15
福　建	4.24	38.56	42.80
浙　江	5.23	37.47	42.70
海　南	3.50	35.48	38.98
上　海	3.97	31.91	35.88
北　京	5.76	29.55	35.32
云　南	6.97	26.61	33.58
广　西	4.41	23.05	27.46
贵　州	3.23	21.38	24.61
陕　西	4.01	20.20	24.21
四　川	2.91	18.53	21.44
重　庆	6.17	12.79	18.95
天　津	3.25	15.17	18.42
甘　肃	3.26	14.88	18.13
江　西	5.95	11.49	17.44
内蒙古	2.39	14.77	17.16
宁　夏	5.13	12.00	17.13
江　苏	2.15	14.95	17.10
青　海	4.16	12.91	17.07
新　疆	4.19	12.61	16.80

地　区	城市家庭租赁廉租房、公租房占比	城市家庭市场化租赁住房（不包括廉租房、公租房）占比	城市家庭租赁住房占比
安　徽	2.96	13.73	16.69
湖　北	2.48	13.15	15.63
湖　南	3.09	12.12	15.20
山　西	2.27	12.86	15.13
吉　林	2.48	11.80	14.28
山　东	1.65	10.77	12.41
河　北	2.30	9.70	11.99
河　南	2.38	9.60	11.98
辽　宁	1.49	8.64	10.13
黑龙江	1.69	7.97	9.66

资料来源：国家统计局。

第五，超过4成租户的住房租金负担较重。从中指研究院在2022年6月、12月对全国租户的调查情况来看，租户住房租金收入比的分布呈现常见的正态分布。具体来看，租金收入比低于10%的比例为7.1%；租金收入比为10%～20%的比例为21.7%；租金收入比为20%～30%的比例最高，为31.1%；租金收入比为30%～40%的比例为27.1%；租金收入比为40%～50%的比例为9.7%；租金收入比超过50%的比例为3.3%（见图7-4）。以国际上通常认为的租金收入比低于30%为合理可负担的标准，超过4成租户的住房租金负担较重，租金支付存在压力。为降低住房租金负担，近三成的租户主动或被迫选择合租。

2. 住房租赁市场规模为1.58万亿～2.38万亿元

从第七次全国人口普查长表数据来看，我国住房租赁人群主要集中在城镇。城市、镇、乡村家庭住房来源中租赁住房占比分别为25.57%、12.59%、3.32%，市场化租赁住房（不包括租赁廉租房、公租房）占比分别为21.83%、9.73%、2.85%。基于上述数据及城乡人口情况，可以计算出我国城镇人口市场化租赁住房比例约为17.46%[①]。

---

① 城镇人口市场化租赁住房比例=（城市人口数量×市场化租赁住房比例+镇人口数量×市场化租赁住房比例）÷城镇人口数量。

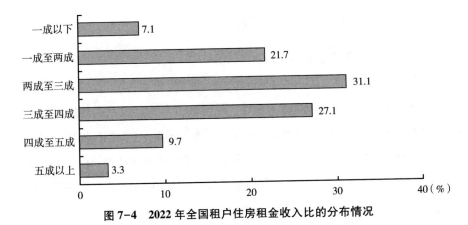

图 7-4　2022 年全国租户住房租金收入比的分布情况

资料来源：中指研究院。

2022 年我国城镇人口数量为 9.21 亿人，占全国人口比重为 65.22%；以第七次全国人口普查中城镇人口市场化租赁住房比例（不包括租住公租房、廉租房）为 17.46% 来估算，我国城镇住房租赁人口约为 1.61 亿人，占全国人口比重为 11.39%。2022 年，我国城镇居民人均可支配收入为 49283 元，以租金占城镇居民人均可支配收入的 20%~30% 来估算，我国住房租赁市场规模为 1.58 万亿~2.38 万亿元（见表 7-3）。参照美、英、德、日等发达国家住房租赁人口占总人口比重为 30%~40% 的国际经验，随着我国城镇化率和城镇人均可支配收入水平的不断提升，未来，我国住房租赁市场规模仍有较大的增长空间。

表 7-3　2022 年住房租赁市场规模估算

指标		数据
2022 年城镇人口数量（亿人）		9.21
市场化租赁住房比例（不包括租住公租房、廉租房）（%）		17.46
2022 年城镇居民人均可支配收入（元）		49283
2022 年城镇住房租赁市场规模估算（万亿元）	以租金占城镇居民人均可支配收入 20% 估算	1.58
	以租金占城镇居民人均可支配收入 30% 估算	2.38

资料来源：国家统计局。

（二）住房租赁市场供给端现状

1. 住房租金水平普遍小幅下跌

从中原地产统计的 4 个一线城市（北京、深圳、上海、广州）、2 个二线城市（天津、成都）的住房租金数据来看，截至 2022 年末，北京的住房租金水平同比下降 2.81%；深圳的住房租金水平同比下降 3.96%；上海的住房租金水平同比下降 2.99%（见图 7-5a）；广州的住房租金水平同比下降 0.78%；天津的住房租金水平同比下降 1.11%；成都的住房租金水平同比下降 4.14%（见图 7-5b）。

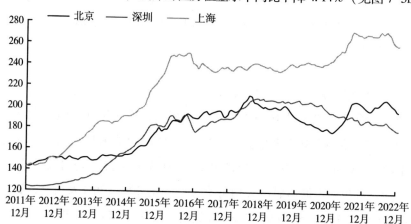

a

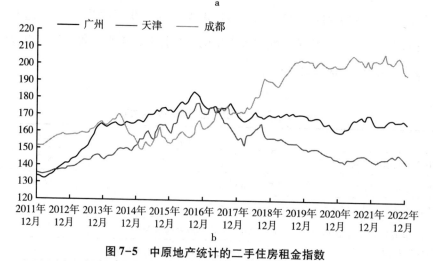

b

图 7-5　中原地产统计的二手住房租金指数

注：定基 2004 年 5 月 = 100。

资料来源：中原地产，Wind。

总体来看，2022年，6个样本城市的住房租金水平普遍小幅下跌。即使在6~8月住房租赁的传统旺季，六城的住房租金水平仅表现为小幅上涨，市场上部分长租房房源可以原价续租。究其原因可能如下：一是青年人群失业率[①]居高不下，住房租赁市场主要新增需求下降；二是随着保障性租赁住房市场的建设和长租房市场的发展，市场供给增加，供需矛盾有所缓解；三是疫情导致部分住房租赁人群的收入下降和预期不稳，住房租金支付能力下降。

2. 租金收益率依旧偏低

从我国一线、二线和三线城市的住房租金收益率数据来看，2022年，4个一线城市的平均住房租金收益率约为1.70%；17个二线城市的平均住房租金收益率约为1.98%；9个三线城市的住房租金收益率约为2.38%（见图7-6）。商品住房价格高企，而租金收入受租户收入水平限制难以提高，导致样本城市的平均住房收益率仅在2%左右。

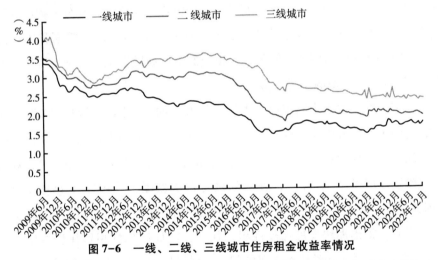

图7-6　一线、二线、三线城市住房租金收益率情况

注：监测的一线城市包括北京、上海、广州、深圳，二线城市包括杭州、南京、苏州、武汉、成都、厦门、福州、西安、合肥、天津、重庆、郑州、长沙、南宁、南昌、青岛、宁波，三线城市包括昆明、太原、兰州、乌鲁木齐、呼和浩特、湖州、泉州、常德、蚌埠。

资料来源：国家金融与发展实验室监测数据。

---

① 2022年12月，全国16~24岁城镇人口调查失业率为16.7%；其中，20~24岁大专及以上学历城镇人口调查失业率高达21.1%。

构建租购并举的住房制度的核心任务是补好住房租赁市场欠发达的"短板"，发展由专业化住房租赁企业主导的长租房市场则是关键。虽然我国住房租赁市场需求较为旺盛，但住房租金收益率过低，叠加长租房的经营的前期投入高（获取房源、改造、运营成本均较高），回收期长（依靠租金和服务费来回收成本，回收周期漫长，一般需要3~5年）的特点，导致我国住房租赁企业普遍存在盈利难问题。这在一定程度上阻碍了我国住房租赁市场的健康发展。我们认为解决住房租赁企业盈利难问题，需要从以下五个方面着手：一是降低租赁住房的获取成本，尤其是获取租赁住房土地的成本；二是降低住房租赁企业的资金成本；三是给予税费减免；四是给予财政补贴；五是住房租赁企业提高运营效率。

3.保障性租赁住房的供给大幅增加

保障性租赁住房是指面向符合条件的新市民、青年人等住房困难群体，由政府给予土地、财政、金融、行政审批等方面政策支持，充分发挥市场机制作用，引导多主体投资、多渠道供给，坚持小户型（以建筑面积不超过70平方米的小户型为主）、低租金（租金低于同地段同品质市场租赁住房租金），注重职住平衡的租赁住房。

为解决好大城市中新市民、青年人等群体的住房困难问题，2020年10月，党的十九届五中全会通过的《中共中央关于制定国民经济和社会发展第十四个五年规划和二〇三五年远景目标的建议》中特别提出要"有效增加保障性住房供给"，保障性住房的概念首次被提出。2021年6月24日，《国务院办公厅关于加快发展保障性租赁住房的意见》（国办发〔2021〕22号）发布，提出加快发展保障性租赁住房，增加保障性租赁住房供给，缓解住房租赁市场结构性供给不足的问题。保障性租赁住房市场的发展，成为政策支持的重点。

从住建部、国家统计局公布的保障性租赁住房数据来看：2021年，在人口流入较多的40个重点城市，共开工建设和筹集保障性租赁住房94.2万套（间），预计可以解决近300万名新市民、青年人的住房困难问题，初步形成了多主体发展保障性租赁住房的良好态势。2022年，全国保障性租赁住房开工建设和筹集数量为 265 万套（间），预计可以解决超过 700 万名新市民、青年人的住房困难问题；较年初计划的 240 万套（间）增长了 10.4%（见表 7-4），较 2021 年的 94.2 万套（间）增长了 181.3%。受益于政府部门的政策支持，保障性租赁住房的供给大幅增加。"十四五"时期，全国 40 个重点城市计划筹集建设保障性租赁住房 650 万套（间），全国计划筹集建设保障性租赁住房 870 万套（间），预计可以帮助 2600 多万名新市民、青年人改善居住条件、解决住房困难问题。

表 7-4　2022 年全国及部分地区、城市保障性租赁住房筹集建设情况

单位：万套（间）

地区或城市	计划筹集建设	实际筹集建设	备注
全国	240	265	
河北	4.14	5.40	
河南	8.7	7.98	截至 2022 年 10 月
山东	8.9	9.02	
北京	15	10.65	截至 2022 年 10 月
天津	3	4.32	
上海	17.3	18.00	
江苏	14.8	16.21	
浙江	30	31.9	截至 2022 年 6 月
广东	29.51	28	截至 2022 年 10 月
广西	6.13	6.13	
四川	7.8	7.84	
福州	3	5.00	
杭州	10	14.60	
宁波	7	7.3	
郑州	5.22	5.23	截至 2022 年 10 月
南宁	2.38	2.49	
成都	6	6.10	

资料来源：根据政府网站公开资料整理得到。

4. 长租房已成为住房租赁市场重要的供给来源

从 6 家头部住房租赁企业情况来看，2022 年运营管理房源规模合计超

过 174.2 万间，房源主要布局于一线城市和核心二线城市（见表 7-5）。长租房已成为住房租赁市场重要的供给来源，规模化、专业化住房租赁企业逐渐成为住房租赁市场的重要组成部分。在经历前期行业持续"爆雷"之后，现阶段，住房租赁企业均放缓了规模扩张的步伐，将经营重点放在提高营运效率、提升服务质量和探索新的盈利模式等方面。以自如为例，其在 2019 年运营管理房源规模就已经突破 100 万间，2022 年运营管理房源规模仍维持在 100 万间的水平。但在经营模式上，从主要为转租经营分散式公寓扩展到既有转租经营分散式公寓，也有转租经营集中式公寓和托管运营分散式公寓；并通过提供保洁、搬家、维修、装修等生活服务产品来增加盈利来源。

表 7-5　2022 年部分住房租赁企业运营管理房源情况

品牌	运营管理房源规模	房源布局城市	经营模式
自如	超过 100 万间	北京、上海、广州、深圳、杭州、南京、成都、武汉、天津、苏州 10 个城市	分散式公寓
我爱我家相寓	25.9 万间	北京、上海、深圳、杭州等 14 个城市	分散式公寓
魔方公寓	7.6 万间	北京、上海、广州、深圳、南京、成都、杭州、武汉、厦门、苏州等 26 个城市	集中式公寓
万科泊寓	21.5 万间	北京、上海、广州、深圳、福州、成都、武汉、合肥等 33 个城市	集中式公寓
龙湖冠寓	超过 11 万间	北京、上海、深圳、杭州、成都、南京、重庆等 30 多个城市	集中式公寓
旭辉瓴寓	8.2 万间	北京、上海、深圳、南京、杭州、成都等 21 个城市	集中式公寓

资料来源：上市公司财报、住房租赁企业官网。

三　住房租赁企业融资情况

无论是采取自持物业的重资产经营模式还是采取转租经营的轻资产经营模式，住房租赁企业的运营均具有前期投入高、现金流回收慢、投资周期长、投资回报率低等特点。因此，仅仅依靠住房租赁企业自有资金投入显然不够，还需进行大规模的外源性融资。目前，住房租赁企业的主要融资渠道包括住房租赁贷款、股权融资、住房租赁专项债融资、资产证券化融资和财政专项资金补贴。

（一）住房租赁贷款

住房租赁贷款是银行业金融机构向租赁住房开发建设或经营企业发放的，用于新建、购置租赁住房项目或用于租赁住房装修改造及日常经营的贷款。从住房租赁贷款业务种类来看，目前，银行业金融机构向住房租赁企业提供租赁住房开发贷款、住房租赁支持贷款、租赁住房购买贷款、住房租赁应收账款质押贷款、住房租赁经营贷款等多种信贷产品，基本覆盖住房租赁项目的启动（租赁住房土地的获取）、获取（建造、购买或租赁房源）、设计（改造、装修、家具家电的配置）及日常运营的全生命周期融资需求。

为落实中央建立租购并举的住房制度的政策要求，商业银行和政策性银行从 2017 年开始探索信贷渠道支持住房租赁市场发展的模式，银行融资渠道向住房租赁企业打开了大门。中国建设银行、中信银行、中国工商银行、交通银行、中国农业银行、中国银行、国家开发银行、招商银行、浦发银行、华夏银行、北京银行、徽商银行等多家银行先后涉足住房租赁市场，与房企或住房租赁企业签订合作协议和住房租赁贷款授信意向。随着住房租赁市场步入快速发展阶段，住房租赁企业同质化竞争激烈，违规经营频现，持续性盈利困难。银行业金融机构逐渐意识到住房租赁贷款业务资金需求大、资金占用周期长、收益率低、风险较高、住房租赁企业缺乏有效抵押物等问题，这显然与商业银行的效益性、安全性、流动性经营原则有所背离。为降低住房租赁贷款业务的风险，银行开始加强对客户的选择和住房租赁项目的风险研判，对住房租赁贷款的发放较为审慎。

近年来，为解决新市民、青年人等群体住房困难问题，中央提出要加快发展保障性租赁住房市场，并支持银行业金融机构按照依法合规、风险可控、商业可持续的原则，加大对保障性租赁住房发展的信贷支持力度，明确保障性租赁住房项目有关贷款不纳入房地产贷款集中度管理。为落实政策要求，银行业金融机构将保障性租赁住房市场和长租房市场列为重点支持领域。但受制于金融审慎管理要求、风险约束和经营考核压力，现阶段，银行业金融机构住房租赁信贷的投放更倾向于有政策支持的保障性租赁住房项目、政府主导的公共租赁住房（公租房、廉租房、人才公寓）项目和优质房企的长租房项目。目前，中国建设银行正在稳步推进住房租赁战略，构建住房租赁金融服务体系，是国内开展住房租赁贷款业务的最主要的银行业金融机构。根据中国建设银行的财务报告，截至2022年9月末，中国建设银行住房租赁贷款余额为2098.69亿元，较2021年末的1334.61亿元增加764.08亿元，增长57.25%；支持住房租赁企业超700个，在全国主要城市对接超过500个保障性租赁住房项目。

（二）股权融资

住房租赁企业的股权融资方式主要包括风险投资（VC）、私募股权投资（PE）和IPO融资。据不完全统计，2012~2022年，住房租赁企业发生的股权融资事件次数超过120次，总融资规模超过400亿元①。

从VC、PE融资的情况来看，早期融资规模较小，直至2015年才开始有所上升。但从2018年开始，行业融资出现明显分化，VC、PE资金主要集中投向头部住房租赁企业，中小规模住房租赁企业已经较难以获得融资。与此同时，行业股权融资事件的数量开始逐年下降，单笔融资规模大幅增加。但受长租公寓爆雷潮影响，2021年之后，住房租赁企业的VC、PE融资基本处于"冰封"状态。2012~2022年住房租赁企业股权融资事件次数及融资规模情况见图7-7。从公开资料来看，2022年，仅成都派氪住房租赁有限公司获得由国融汇融领投、赛马资本跟投的千万元天使轮融资。究其原因可能如下。其一，前期行业企业频繁出现的"爆雷"事件，打消了权益资本的投资热情。其二，在行业探索发展的过程中，机构投资者逐渐意识到这个行业不具有"互联网+"的性质，难以获得爆发式增长；VC、PE不再那么青睐该行业，对投资者来说，行业内仅有极少数的投资标的仍具有足

---

① 不包括房地产开发企业和头部住房租赁企业为快速占领住房租赁市场而进行的内部注资。

够的吸引力。值得关注的是，2022年10月，我国首个住房租赁基金——建信住房租赁基金正式成立。基金以私募基金形式，在住房租赁领域从事股权投资、投资管理、资产管理等活动；募集规模为300亿元；出资方为中国建设银行、建信信托。在2023年1月，建信住房租赁基金与万科集团合作设立了首个子基金，规模为100亿元。子基金拟以资产收购、股权投资、经营权购买等方式专注投资万科集团及双方认可的其他市场化主体持有的住房租赁项目，为社会提供优质高效的市场化长租房或保障性租赁住房。预计随着基金投资项目的落地，2023年，住房租赁企业的PE融资规模将有所回升。

从IPO融资情况来看，2019年11月，青客公寓在美国纳斯达克股票市场挂牌上市，融资额约为4590万美元；2020年1月，蛋壳公寓顺利在美国纽交所挂牌上市，融资额约为1.30亿美元。但在2020年，青客公寓、蛋壳公寓相继发生资金链断裂的情况；最终，蛋壳公寓在2021年4月被退市，青客公寓在2022年1月进入破产清算程序。2022年9月，魔方公寓在港交所递交招股书，启动港股IPO，意欲成为国内第三家长租公寓领域的上市公司。在青客公寓、蛋壳公寓失败的阴影之下，魔方公寓能否获得投资者认可，仍有待资本市场的检验。

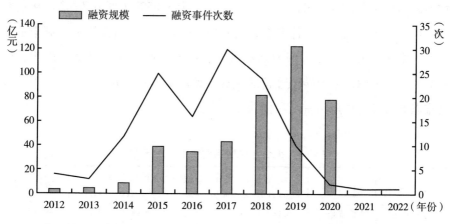

图7-7　2012~2022年住房租赁企业股权融资事件次数及融资规模情况

资料来源：根据投资界、企查查等互联网平台数据信息，由国家金融与发展实验室房地产金融研究中心整理得到。

（三）住房租赁专项债融资

2017年8月，《国家发展改革委办公厅关于在企业债券领域进一步防范风险加强监管和服务实体经济有关工作的通知》表示，相关部门可以积极组织符合条件的企业发行债券，以专门用于发展住房租赁业务。得益于政策的支持，住房租赁企业可以通过发行住房租赁专项债进行融资。2017年12月28日，重庆龙湖企业拓展有限公司的住房租赁专项债（发行总规模不超过50亿元，期限不超过15年，发行主体及债项评级均为AAA级，分期发行）在获得中国证监会核准后，于2018年3月21日完成首期30亿元的发行；在2018年8月17日完成二期20亿元的发行。这标志着全国首只住房租赁专项债正式落地，债券融资渠道实现了从"0"到"1"的突破，开启了债券市场支持住房租赁市场发展的新途径。

目前，监管机构对住房租赁专项债的发行仍持支持的态度，希望通过帮助住房租赁企业获得低成本资金支持住房租赁市场发展。2022年，我国住房租赁专项债的发行数量仅有5只，发行规模为31.5亿元，较2021年的124.87亿元同比下降74.77%；发行期限最短为3年，最长为6年；加权平均票面利率为3.57%，最高为3.83%，最低为3.05%（见表7-6）。从获准发行住房租赁专项债的主体来看，它们均为国有房地产开发企业；利率水平与发行主体实力及信用评级密切相关。受前期行业持续"爆雷"影响，出于对风险的考虑，采取转租经营的轻资产经营模式的住房租赁企业，现阶段已难以通过发行住房租赁专项债获取资金。

表7-6　2022年住房租赁专项债发行情况

发行人简称	债券简称	发行总额（亿元）	发行期限（年）	发行利率（%）	发行时主体评级	发行时债券评级	债券类型
首创集团	22首集租	5.00	3.00	3.05	AAA	AAA	一般公司债
首创集团	22首集租02	5.00	3.00	3.18	AAA	AAA	一般公司债
中国电建地产	22电建02	11.80	5.00	3.83	AAA	AAA	一般公司债

发行人简称	债券简称	发行总额（亿元）	发行期限（年）	发行利率（%）	发行时主体评级	发行时债券评级	债券类型
建发房产	22 建房 01	3.70	6.00	3.59	AAA	AAA	一般公司债
厦门国贸地产	22 国房 01	6.00	3.00	3.80	AA	AAA	一般公司债

资料来源：Wind。

（四）资产证券化融资

推进住房租赁资产证券化有助于盘活住房租赁存量资产，提高资金使用效率，为住房租赁企业提供更灵活的融资方式和退出机制，从而促进住房租赁市场发展。2017 年 1 月，魔方（南京）企业咨询管理有限公司发行了我国首个住房租赁资产证券化债券——魔方公寓信托受益权资产支持专项计划，总金额为 3.5 亿元，产品期限为 1~3 年，采用优先级/次级支付机制，其中优先级共设三档。其开启了我国住房租赁企业的资产证券化融资之路。

从现金流的特点来看，资产证券化技术是非常适合支持住房租赁市场发展的。目前，我国住房租赁资产证券化产品主要分为两大类：一是以资产抵押债券（Asset-Backed Security，ABS）、资产支持票据（Asset-Backed Medium-term Notes，ABN）、商业房地产抵押贷款支持证券（Commercial Mortgage Backed Securities，CMBS）为代表的债券型产品；二是以不动产投资信托基金（Real Estate Investment Trust，REITs）和类 REITs 为代表的权益型产品。ABS、ABN、CMBS 为纯债权类产品，具有债权或收益权属性，其基础资产通常包括租赁住房租金收益权和租赁分期贷款两种。类 REITs 一般采用"私募基金+ABS+项目公司"的交易结构，基金管理人发起设立契约型私募基金，由私募基金通过资产支持专项计划间接持有项目公司的股权，项目公司持有标的物业。类 REITs 以租赁物业产权和租金收益权为底层资产，底层资产现金流经过两层 SPV 传递后分配给投资者，并主要通过原始权益人回购底层资产的方式完成本金的退出，产品依然具有较强的债权属性。REITs 采用"公募基金+ABS+项目公司"的交易结构，由符合规定条件的基金管理公司设立封闭式公募基金，在公开市场发售基金份额募集资金；公募基金管理人将募集的基金资产80%以上投资与其存在实际控制关系或受同一控制人控制的管理人设立发行的ABS，取得该ABS的全部份额；由资产支持专项计划购买持有底层资产100%所有权或经营权的项目公司的100%股权。在REITs底层现金流经过两层SPV传递后，投资者享有租金收益和资产升值收益，其产品具有典型的股权属性。表7-7列出了两类住房租赁资产证券化产品的主要区别。

表7-7　两类住房租赁资产证券化产品比较

产品类型	模式	融资形式	抵押物	底层资产	交易场所	交易结构
债权型	ABS	债权融资	轻资产,如应收账款等	租金收入、贷款本息和其他服务费用	交易所	信托收益权+专项计划
	ABN	债权融资	轻资产,如应收账款等	租金收入、贷款本息和其他服务费用	银行间	信托收益权+专项计划
	CMBS	债权融资	重资产,如不动产、商业物业	相关商业房地产未来收入	交易所	信托收益权+专项计划
权益型	类REITs	股权+债权融资	重资产,如不动产、商业物业	不动产价值、经营净收入	交易所	私募基金份额+专项计划
	REITs	股权融资	重资产,如不动产、商业物业	不动产价值、经营净收入	交易所	公募基金份额+专项计划

资料来源：国家金融与发展实验室房地产金融研究中心整理。

1. 住房租赁资产证券化产品（不包括REITs）发行规模回升

2022年，我国住房租赁资产证券化产品（不包括REITs）的发行数量为3只，发行规模为35.85亿元，较2021年的36.32亿元增长1.29%；发行期限最短为12年，最长达18年；票面利率为3.2%~5.8%（见表7-8）。发行主体均采取自持物业的重资产经营模式；采取转租经营的轻资产经营模式的住房租赁企业，以应收租金或租金贷款本息为基础资产的证券化产品，由于行业爆雷频发、基础资产现金流不稳定等原因，近两年未能再获批准发行。

表 7-8　2022 年住房租赁资产证券化产品发行情况

发行人或原始权益人	发行规模（亿元）	债券期限（年）	票面利率	债券类型
天恒集团	13	18	优先级 A 类：3.9% 优先级 B 类：5%	类 REITs
上海城投控股	11.4	12	3.2%	ABS
珠海华发实业	11.45	18	5.8%	类 REITs

资料来源：Wind。

2. 保障性租赁住房 REITs 正式落地

国际经验表明，权益型资产证券化产品——REITs，对推动专业化住房租赁企业的长期发展具有重要作用，是开展住房租赁企业资产证券化融资的主要方向。有鉴于此，2021 年 7 月，国家发改委将保障性租赁住房项目纳入基础设施 REITs 试点；在 2022 年 8 月，我国首批保障性租赁住房 REITs 正式落地。截至 2022 年末，我国共有红土创新深圳人才安居 REIT、中金厦门安居保障性租赁住房 REIT、华夏北京保障房 REIT、华夏基金华润有巢 REIT 4 只保障性租赁住房 REITs 完成发行和上市，共募集资金 50.06 亿元。4 只 REITs 的底层资产均为保障性租赁住房，涉及 10 个项目，约 1.13 万套租赁住房，建筑面积为 58.96 万平方米；项目所在城市分别为深圳、厦门、北京、上海四个一、二线城市，均聘用原始权益人作为外部运营管理机构；预计现金分派率（年化）为 4.2%~4.3%，均略高于 4% 的门槛要求（见表 7-9）。

保障性租赁住房 REITs 的成功发行和上市，对我国住房租赁市场的发展意义重大。一是有助于盘活存量住房资产，并将回收资金用于新的保障性租赁住房项目建设，有效增加保障性租赁住房的供给，从而有利于加快建立多主体供给、多渠道保障、租购并举的住房制度。二是拓宽保障性租赁住房建设资金来源，解决住房租赁企业融资难和资产流动性差问题，为租赁住房企业提供更灵活的融资方式和退出机制，从而建立以市场机制为基础、可持续的租赁住房投融资模式。三是引导房企将经营模式从"拿地—开发住房—销售住房"的资金密集型、高周转、高负债、高杠杆模式向"拿地—开发租赁住房—运营租赁住房—通过 REITs 退出"模式转变，从而优化房企的资

表7-9 2022年保障性租赁住房REITs产品基本信息

证券简称	红土创新深圳人才安居REIT	中金厦门安居保障性租赁住房REIT	华夏北京保障房REIT	华夏基金华润有巢REIT
基础资产	安居百泉阁、安居锦园、保利香槟苑、凤凰公馆	园博公寓、珩琦公寓	文龙家园、熙悦尚郡	有巢润泽项目、东部经开区项目
基础资产类型	保障性租赁住房	保障性租赁住房	保障性租赁住房	保障性租赁住房
原始权益人	深圳市人才安居集团	厦门安居集团	北京保障房中心	有巢住房租赁（深圳）
基础资产管理人	深圳市房屋租赁运营管理公司	厦门住房租赁发展公司	北京保障房中心	有巢住房租赁（深圳）
基金管理人	红土创新基金	中金基金	华夏基金	华夏基金
基金托管人	招商银行	兴业银行	中国建设银行	上海浦东发展银行
基金发起人	红土创新基金	中金基金	华夏基金	华夏基金
管理费率（%）	0.20	0.19	0.12	0.10
托管费率（%）	0.01	0.01	0.01	0.01
是否收取浮动管理费	是	是	是	是
基金上市地点	深圳证券交易所	上海证券交易所	上海证券交易所	上海证券交易所
发行日期	2022年8月16日	2022年8月16日	2022年8月16日	2022年11月14日
上市日期	2022年8月31日	2022年8月31日	2022年8月31日	2022年12月9日
发行总规模（亿元）	12.42	13.00	12.55	12.09
上市基金发行价格（元）	2.48	2.60	2.51	2.42
2022年预计现金分派率（年化）（%）	4.24	4.27	4.30	4.29

资料来源：基金招募书、Wind。

产负债结构，降低财务杠杆，防范房企的债务风险，推动房地产市场平稳健康发展。四是增加资本市场可交易公募 REITs 的产品类型，丰富资本市场的产品结构，提高金融市场权益性融资占比，提升资本市场服务实体经济能力。

（五）财政专项资金补贴

1. 中央财政支持住房租赁市场发展试点资金

为加快培育和发展住房租赁市场，加大对住房租赁企业的支持力度，财政部和住建部在 2019 年将北京、长春、上海、南京、杭州、合肥、福州、厦门、济南、郑州、武汉、长沙、广州、深圳、重庆、成都 16 个城市，在 2020 年将天津、石家庄、太原、沈阳、宁波、青岛、南宁、西安 8 个城市，纳入中央财政支持住房租赁市场发展试点城市；并给予为期三年的中央财政货币资金补贴，补贴金额为直辖市每年 10 亿元、省会城市和计划单列市每年 8 亿元、地级城市每年 6 亿元。2022 年，天津、石家庄、太原、沈阳、宁波、青岛、南宁、西安 8 个城市仍能获得合计 66 亿元的中央财政支持住房租赁市场发展试点资金补贴。该专项财政资金由地方政府向区域内具有一定规模且符合相关要求的住房租赁企业发放，主要用于多渠道筹集租赁住房房源、建设住房租赁信息服务与监管平台等与住房租赁市场发展相关的支出。

2. 中央财政城镇保障性安居工程补助资金

为充分调动市场主体参与保障性租赁住房建设的积极性，从而增加保障性租赁住房的供给，除中央财政支持住房租赁市场发展试点资金外，2022年，中央财政还安排了 708 亿元的城镇保障性安居工程补助资金，其中，租赁住房保障补助资金规模为 224.1 亿元（见表 7-10）。补助资金主要用于筹集保障性租赁住房、公租房和向符合条件的在市场租赁住房的城镇住房保障对象发放租赁补贴。预计可支持各地区筹建公租房 9.9 万套、保障性租赁住房 83.9 万套。

表 7-10　2022 年中央财政租赁住房保障补助资金分配情况

单位：亿元

地　区	租赁住房保障补助资金金额	地　区	租赁住房保障补助资金金额
全　国	224.10	河　南	8.63
北　京	0.49	湖　北	3.65
天　津	0.69	湖　南	9.92
辽　宁	5.40	海　南	1.19
上　海	0.63	内蒙古	4.36
江　苏	17.04	广　西	9.79
浙　江	27.53	重　庆	0.38
福　建	2.48	四　川	5.70
山　东	2.09	贵　州	10.54
广　东	14.29	云　南	13.84
河　北	5.51	西　藏	1.04
山　西	3.00	陕　西	1.92
吉　林	4.85	甘　肃	4.31
黑龙江	12.58	青　海	0.89
安　徽	10.89	宁　夏	2.51
江　西	16.93	新　疆	21.04

资料来源：财政部官网。

除中央财政补贴资金外，住房租赁企业还能获得部分省（区市）、市财政配套安排的财政补贴资金。

四　我国住房租赁市场存在的主要问题及政策应对

（一）住房租赁市场和住房租赁金融市场存在的主要问题

虽然在政策的支持下，我国住房租赁市场进入快速发展阶段，但现阶段，住房租赁市场仍存在以下几个突出问题。

1. 住房租赁市场的供需之间存在结构性失衡问题

具体表现如下。其一，部分大城市的租赁住房市场存在供给缺口。在一些人口总量和净流入规模较大的城市，住房租赁市场存在供不应求的问题；住房租赁市场的供给缺口主要通过合租、群租的方式弥补。其二，由于住房租赁人口具有年轻化、独居的特点，他们对租赁住房有更高的品质要求，多倾向于选择"近地铁、具有独立厨卫的小户型、有电梯、带装修、低租金"的房源。在住房租赁市场中，老公房、城中村房屋、以 2~3 房户型为主的普通商品房等房源的占比高，难以匹配和满足高品质、个性化的新生代年轻人的住房租赁需求。其三，新生代年轻人具有工作和居所更换频繁的特点，他们的租赁期相对较短；而个人房东是当前租赁市场主体，其期望的租期基本要求在 1 年及以上，两者严重不匹配。其四，住房租赁市场的供需结构性失衡具有长期性。独居人群是当前租房的主力，且持"不婚不恋"观念、愿意接受长期租赁住房的人群呈增长趋势，使住房租赁市场的供需结构性失衡具有长期性。

2. 租客的租赁权益得不到有效保障

主要表现如下。其一，租赁关系不稳定。经常发生房东或二房东在租期内单方面提前解约、随意提高租金的情况。其二，部分住房租赁中介和住房租赁企业的服务行为不规范，存在发布虚假房源信息、做出不实承诺、收取高佣金、随意扣留租房押金、违规进行群租、违规使用租金贷等侵害租客权益的行为。其三，租赁权益维护机制不完善。在发生租赁纠纷时，承租人基本上处于弱势地位，且权益维护的成本较高。其四，租购不同权。虽然中央多次提出"逐步使租购住房在享受公共服务上具有同等权利"，但是因为现阶段部分城市的基本公共服务有效供给不足，租赁、购买住房人群在享受公共服务上仍未能获得同等权利。

3. 住房租赁市场的金融支持存在总量不足问题

现阶段，我国住房租赁企业的主要融资渠道包括住房租赁贷款、股权融资、住房租赁专项债融资、资产证券化融资和财政专项资金补贴。其一，因为资金需求大、资金占用周期长、收益率低、风险较高，且住房租赁企业普遍缺乏有效抵押物，这与商业银行的效益性、安全性、流动性经营原则有所背离，所以住房租赁贷款的规模与房地产开发贷款的 12.69 万亿元的规模相比，仍然比较小。其二，由于前期行业企业的"爆雷"问题，叠加盈利困难，股权融资对住房租赁企业的支持近年来也呈现大幅衰减的趋势。其三，住房租赁专项债和资产证券化融资的规模还较小。一方面，这类金融产品相对小众，且产品的发行具有一定的门槛；另一方面，虽然 REITs 的权益资金与住房租赁市场建设更为匹配，但是保障性租赁住房 REITs 板块刚刚建立，持续扩容仍需时日。其四，财政专项资金补贴具有阶段性特征，本身是一种非市场化行为，并不是可持续的住房租赁投融资模式。

（二）政府部门的政策应对

1. 增加保障性租赁住房市场的供给

为应对大城市住房租赁市场的供需之间存在的结构性失衡问题，政府部门提出增加保障性租赁住房的供给，并从以下六个方面支持保障性租赁住房市场建设和发展。

第一，土地供给支持。单列保障性租赁住房供给计划，允许利用农村集体经营性建设用地、企事业单位自有闲置土地、产业园区配套用地来建设保障性租赁住房。闲置和低效利用的商业办公场所、旅馆、厂房、仓储场所、科研教育场所等非居住存量房屋经审批后，允许改建为保障性租赁住房，在用作保障性租赁住房期间，不变更土地使用性质，不补缴土地价款。

第二，财政补贴。对符合规定的新建、改建保障性租赁住房项目，给予中央、省（区市）、市级财政补助资金。

第三，金融支持。支持银行业金融机构以市场化方式为自持保障性租赁住房企业提供长期贷款，为非自有产权保障性租赁住房企业提供中短期经营贷款；在实施房地产信贷管理时予以差别化对待，如保障性租赁住房有关贷款不纳入房地产贷款集中度管理范围等。支持符合条件的保障性租赁住房项目申报进行基础设施领域不动产投资信托基金（REITs）试点。支持符合条件的保障性租赁住房建设运营企业在银行间债券市场发债融资。

第四，税费优惠。按照《关于完善住房租赁有关税收政策的公告》（财政部　税务总局　住房和城乡建设部公告 2021 年第 24 号）等有关规定，经营向个人出租保障性租赁住房的住房租赁企业的增值税可以选择适用简易计税方法，减按1.5%计算缴纳增值税；房产税减按4%的税率征收；对保障性租赁住房项目免收城市基础设施配套费。

第五，简化行政审批流程。各城市政府通过建立保障性租赁住房项目多部门联合审批工作机制来出具保障性租赁住房项目认定书；通过构建快速审批绿色通道为取得项目认定书的项目办理立项、用地、规划、施工、消防等审批手续，从而优化行政审批流程，缩短行政审批时间，提高项目审批效率。

第六，执行民用水电气价格。对于利用非居住存量土地和非居住存量房屋建设保障性租赁住房项目，在将其纳入保障性租赁住房管理后，用水、用电、用气价格按照居民标准执行。

2.部分城市正式出台地方《住房租赁条例》

为应对租客的租赁权益得不到有效保障问题，2020年9月，住建部发布《住房租赁条例（征求意见稿）》，立法目前仍在加快推进中；2022年，北京、上海、南京正式出台了地方《住房租赁条例》或《房屋租赁管理办法》。制定住房租赁领域的行政法规，主要可以从以下六个方面有效规范住房租赁市场活动，保护租赁当事人合法权益，稳定住房租赁关系，促进住房租赁市场健康发展。

第一，明确出租人、承租人行为规范，保护租赁当事人合法权益。出租人和承租人应当依法签订书面租赁合同，建立稳定的租赁关系。出租人需提供符合建筑、消防、治安、防灾、卫生、环保等方面的标准和要求，具备供水、供电等必要的生活条件的租赁住房，并负责对租赁住房及其附属设施的安全管理。承租人应当向出租人提供身份证明材料，并按照约定安全、合理使用租赁住房及其附属设施。

第二，建立住房租赁纠纷多元化解机制。住房租赁发生纠纷时，可以由租赁当事人协商解决；不愿协商或者协商不成的，可以运用行业调解、行政调解和司法调解等多种方式，开展住房租赁纠纷调解工作，及时妥善化解租赁矛盾纠纷。

第三，整治租赁市场乱象，规范住房租赁市场行为。包括以"间"为最小出租单位，人均使用面积和每个房间居住人数需符合相关规定，不得将房屋用于群租。不得改变房屋的使用性质，将厨房、卫生间、阳台、贮藏室以及其他非居住空间单独出租用于居住。不得采取停止供水、供电、供热、供燃气以及其他故意降低服务标准等方式，或者采取暴力、威胁等非法方式，强迫承租人变更、解除住房租赁合同，提前收回租赁住房。住房租赁企业、房地产经纪机构应当依法办理市场主体登记；个人（二房东）以营利为目的转租房屋达到规定数量，从事住房租赁经营活动的，应当依法办理市场主体登记。住房租赁企业、房地产经纪机构对外发布房源信息的，应确保房源信息真实有效，不得发布虚假房源信息；明确互联网信息平台承担信息审查等责任。加强住房租赁交易资金监管，遏制二房东卷款跑路和租金贷爆雷问题。

第四，加强住房租赁价格监测。在住房租金明显上涨或者有可能明显上涨时，政府部门可采取涨价申报、限定租金或者租金涨幅等价格干预措施，稳定租金水平。

第五，增加租赁住房供给，保障群众居住需求。鼓励保障性租赁住房建设，增加保障性租赁住房供给。鼓励通过新增或者利用已有用地专门建设租赁住房、在新建商品住房项目中配建租赁住房、将非居住存量房屋按照规定改建为租赁住房、将符合条件的闲置住房出租，多渠道增加租赁住房供给。

第六，明确各类违法行为的法律责任及处罚措施。

3. 央行、银保监会拟出台"关于金融支持住房租赁市场发展的意见"

为应对住房租赁市场的金融支持总量不足问题，加强和改善住房租赁市场发展金融服务，2023 年 2 月，央行、银保监会起草了《关于金融支持住房租赁市场发展的意见（征求意见稿）》，并向社会公开征求意见。鼓励金融机构，以依法合规、风险可控、商业可持续为基本前提，重点支持自持物业的专业化、规模化住房租赁企业发展，为租赁住房的投资、开发、运营和管理提供多元化、多层次、全周期的金融产品和金融服务体系。

第一，加强住房租赁信贷产品和服务模式创新，加大对住房租赁企业的信贷支持力度。支持商业银行向住房租赁企业提供租赁住房开发建设贷款，贷款额度不超过于开发项目总投资额的80%，期限一般为3年，最长不超过5年。鼓励商业银行在风险可控、商业可持续、不新增地方政府隐性债务的前提下，向相关主体发放租赁住房购房贷款，贷款额度原则上不超过物业评估价值的80%，期限最长不超过30年。支持商业银行向住房租赁企业发放住房租赁经营性贷款，贷款额度原则上不超过贷款期限内应收租金总额的70%；自持物业住房租赁企业经营性贷款期限最长不超过20年，转租经营住房租赁企业经营性贷款期限最长不超过5年。

第二，拓宽住房租赁市场多元化投融资渠道。支持商业银行通过发行用于住房租赁的金融债券，来筹集住房租赁信贷资金。支持住房租赁企业发行债务融资工具、公司债券、企业债券，专项用于租赁住房建设、购买和经营。创新住房租赁担保债券，支持住房租赁企业以物业抵押作为信用增进措施，发行住房租赁担保债券。稳步发展住房租赁REITs，并将募集资金用于住房租赁企业持有并经营长期租赁住房。引导各类社会资金有序投资住房租赁领域。

第三，加强和完善住房租赁金融管理。严格住房租赁金融业务边界，严禁以支持住房租赁的名义为非租赁住房融资。加强信贷资金管理，严格住房租赁信贷审查和贷后管理，切实防范资金挪用、套现等风险；规范直接融资产品创新，确保募集资金用于租赁住房建设和运营等相关活动；建立住房租赁金融监测评估体系，加强合规性审查和评估，防范住房租赁金融风险。

五　2023年住房租赁市场和住房租赁金融市场展望

展望2023年，加大住房租赁市场金融支持力度，增加保障性住房供给，推进长租房市场建设，仍将是中央及部委层面住房租赁行业的政策重点内容；地方政府层面，住房租赁政策会更多地从规范住房租赁市场发展、探索推进区域"租购同权"、细化和落实中央政策等方面发力，预计会有更多的城市推出地方《住房租赁条例》。这些政策将有效增加市场化长租房和保障性租赁住房供给，稳定住房租赁关系，可以更好地解决高房价背景下大城市新市民、大中专毕业生、进城务工人员等群体住房困难这一较为突出的问题。

住房租赁市场方面，从需求端来看，2023 年，我国住房租赁市场的规模仍将继续增长。住房租赁人口仍呈现年轻化和单身化的特征，住房租赁市场的需求依然集中于人口净流入规模较大的地区和城市。从供给端来看，我们预计租金会略有上升。原因是虽然保障性租赁住房供给的增长弥补了部分住房租赁市场的供给缺口，但随着疫情防控措施优化，住房租赁市场需求快速复苏。现阶段，长租房市场的发展已经步入正轨，头部住房租赁企业的运营管理规模、经营效率预计会进一步提升；保障性租赁住房市场的开工建设和筹集规模会略有下降，但仍会保持较高的供给水平，盘活闲置存量住房仍会是增加保障性租赁住房供给的主要来源。

住房租赁企业融资方面，预计伴随"关于金融支持住房租赁市场发展的意见"的正式出台和实施，金融系统对住房租赁金融支持力度会大幅上升，行业的融资规模将大幅增加。其中，住房租赁信贷支持的重点是保障性租赁住房项目、自持型市场化长租房项目的建设和改造；股权融资方面，那些专注提高运营能力的住房租赁企业更易受到资本的青睐，魔方公寓有望在年内实现港股 IPO；住房租赁专项债的发行规模可能会有所上升；资产证券化融资规模会明显增加，最适合发展住房租赁市场的融资工具 REITs 将进一步扩容。届时，住房租赁市场和住房租赁金融市场当前面临的一些问题也将有所缓解。

专题篇

Special Reports

第八章
房地产新模式的构建及金融支持

蔡真　万兆*

- 房地产市场在过去多年采取"高负债、高杠杆、高周转"的运行模式。这种模式依托的背景是人口红利和快速城镇化，这两个因素使住房需求快速增长，而我国人均住房面积处于较低水平，供需缺口形成了行业高利润。随着我国发展进入新时代、跨入新征程，旧模式依托的环境因素发生深刻转变：从需求端看，2023年，中国人口正式进入负增长时代；而城镇化率达到63.9%，接近纳瑟姆曲线第二阶段的终点，这意味着快速城镇化阶段已经过去。从供给端看，我国人均住房存量已达到相当水平。随着住房供需缺口的缩小，行业超额利润向正常利润回归，房企自身逐渐失去加杠杆的动力，旧模式面临不可持续问题。

- 房地产新模式的构建应在深入分析供求格局的基础上展开。需求侧的特点是：新市民人口和独居户家庭持续增长，并且向一、二线城市集聚；这两类人群的增长使住房租赁需求增长，其原因是第一类人群支付能力有限，第二类人群从代际传承的角度没有购房需求。供给侧的特点是：第一，城市与农村土地供给失衡，主要表现为农村集体土地闲置；第二，区域间土地供给失衡，主要表现为土地规划与人口动态分布不适配；第三，城市内部土地供给失衡，主要表现为居住用地占比较低。结合对供需两方面的分析，我们可以得出

---

* 蔡真，中国社会科学院金融研究所副研究员，国家金融与发展实验室房地产金融研究中心主任、高级研究员；万兆，中国社会科学院大学应用经济学院硕士研究生。

房地产市场未来所处的环境：住房总量基本均衡，但区域上人、地供需失配严重，租赁市场和买卖市场结构性矛盾突出。基于此，我们认为房地产新模式的内涵包括：租购并举，以租为主；挖掘存量，多渠道供给。内涵的前半句话指明房地产新模式的目标，也即着力解决的主要矛盾是什么；后半句话指明实现目标的主要手段，也即解决主要矛盾要充分利用总量基本均衡的条件。

- 随着房地产由旧模式向新模式过渡，房地产金融的支持方向应发生相应转变。从供给侧看，进一步发展和完善 REITs 制度是促进住房租赁市场发展的重要抓手，同时发展政策性金融是一条中国特色路径。从需求侧看，应形成多层次住房消费金融支持体系，并完善住房金融监管架构。

2021 年底，中央经济工作会议首次提出探索房地产发展的新模式，此后《政府工作报告》、国务院重要会议以及部委领导的重要讲话都提及房地产发展的新模式（见表 8-1），由此可见在新发展阶段房地产业转型的必要性。学界和业界对房地产新模式并未形成统一概念，大部分文献从某一视角展开研究，如任荣荣从房企运营模式和房地产市场供给模式展开研究[①]，贝壳研究院从住房租赁企业探讨新模式[②]，李宇嘉提出"先租后售"的新的住房消费模式[③]，中金公司研究部从住房、房企、土地三个方面探讨新模式的转型方向[④]。本章认为，房地产业向新模式转型的必要性源于旧模式的不可持续性，房地

---

① 任荣荣：《对房地产业新发展模式的探讨》，《中国经贸导刊》2022 年第 12 期。
② 贝壳研究院：《国内集体土地租赁住房模式的创新实践》，2022。
③ 李宇嘉：《推进房地产新发展模式落地的几点思考》，《住宅与房地产》2022 年第 27 期。
④ 张宇、宋志达、李昊：《房地产新模式之住房篇：租购并举，惠享优居》，中金点睛，2022。王惠菁、旷美琦等：《房地产新模式之企业篇：守正出奇，万象更新》，中金点睛，2022。张宇、李昊等：《房地产新模式之土地篇：人地相宜，挖潜拓新》，中金点睛，2022。参见《#中金房地产新发展模式系列》，中金点睛微信公众号，https：//mp.weixin.qq.com/mp/appmsgalbum?__biz=MzI3MDMzMjg0MA==&action=getalbum&alb um_id=2704695146201907202&scene=173&from_msgid=2247610059&from_itemidx=5&count=3&nolastread=1#wechat_redirect。

产新模式的构建只有与需求端以及供给端环境转变相适应才能取得成功。本章通过深入研判房地产供求关系，旨在回答房地产新模式的内涵及构建方向，同时探讨金融如何支持房地产新模式的构建。

表 8-1 房地产发展新模式相关政策及表述

时间	来源	相关表述
2021 年 12 月	2021 年中央经济工作会议	要坚持房子是用来住的,不是用来炒的定位,加强预期引导,探索新的发展模式
2021 年 12 月	住建部部长王蒙徽接受新华社专访	过去形成的"高负债、高杠杆、高周转"的房地产开发经营模式是不可持续的
2021 年 12 月	中国人民银行行长易纲接受新华社专访	房地产市场的结构调整,有利于形成新的发展模式,实现房地产的良性循环和健康发展
2022 年 3 月	《政府工作报告》	探索新的发展模式,坚持租购并举,加快发展长租房市场,推进保障性住房建设
2022 年 3 月	国务院金融稳定委员会会议	及时研究和提出有力有效的防范化解风险应对方案,提出新发展模式转型的配套措施
2022 年 5 月	《中国银保监会关于银行业保险业支持城市建设和治理的指导意见》(银保监发〔2022〕10 号文)	探索房地产发展新模式,坚持租购并举,加快发展长租房市场,推进保障性住房建设,支持商品房市场更好地满足购房者的合理住房需求
2022 年 12 月	2022 年中央经济工作会议	支持刚性和改善性住房需求,解决好新市民、青年人等住房问题,探索长租房市场建设。要坚持房子是用来住的、不是用来炒的定位,推动房地产业向新发展模式平稳过渡
2023 年 1 月	中国人民银行、银保监会召开主要银行信贷工作座谈会	推动房地产业向新发展模式平稳过渡。要有效防范化解优质头部房企风险,实施改善优质房企资产负债表计划,开展"资产激活""负债接续""权益补充""预期提升"四项行动

资料来源：笔者整理。

一 房地产旧模式为什么不可持续

（一）房地产旧模式的主要特征

什么是房地产的旧模式？时任住建部部长王蒙徽在 2021 年 12 月 25 日

接受新华社专访时指出，房地产的旧模式是"高负债、高杠杆、高周转"的房地产经营开发模式。学界和业界普遍认可用"三高"概括房地产旧模式。高杠杆是对房地产业高度金融化的提炼，高负债和高周转是实现高度金融化的两个手段，前者对应金融杠杆，后者对应经营杠杆。房地产业的高负债特征可以从以下几个方面考察。

从行业比较来看，将主营业务在内地的全部 A 股和 H 股上市房企对应的房地产业与 A 股的其他非金融行业进行比较，房地产业的资产负债率在2021 年达到 79.02%，高于排名第二的建筑业 2.73 个百分点（见图 8-1），高于其他行业的幅度在 17~40 个百分点。

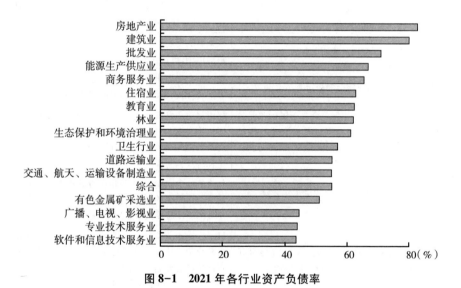

图 8-1　2021 年各行业资产负债率

资料来源：根据 Wind 整理计算。

房地产业本身属于资金密集型行业，再加之中国金融体系以间接融资为主的特征，高负债一部分可以归为行业原因。然而，从时间序列看，中国 A 股房地产业资产负债率从 1998 年住房改革后整体呈现上升趋势，至 2021 年末达到 78.13%（见图 8-2）。2015 年，中央提出"去杠杆"政策，在其他行业普遍降杠杆的形势下，房地产业的资产负债率却呈现上升趋势，扣除应收账款后的资产负债率也表现出相同的走势。从跨国比较看，中国房地产业的资产负债率大幅高于主要发达国家，2021 年分别高于以直接融资体系为主的美国和英国 19.73 个和 47.82 个百分点，高于以间接融资体系为主的日本和德国 10.67 个和 24.83 个百分点（见图 8-3）。

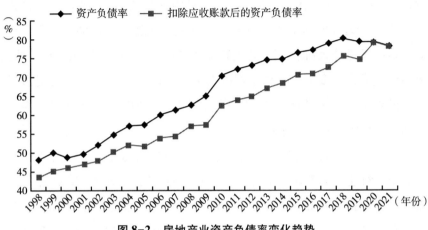

图 8-2　房地产业资产负债率变化趋势

资料来源：根据 Wind 整理计算。

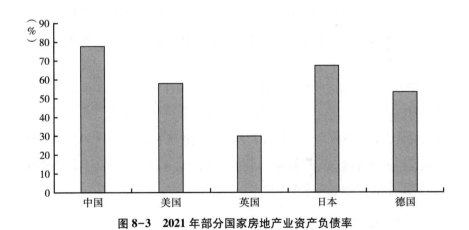

图 8-3　2021 年部分国家房地产业资产负债率

资料来源：Wind。

高周转的本质是在保证销售收益为正的前提下尽可能提高一年内资金的使用次数，从而提高净资产收益率。提高资金使用次数主要通过压缩产品生产周期实现，对于房企而言，可压缩周期的环节包括拿地、设计、建设和销售等。房企的高周转模式可追溯至 2008 年，万科提出"5986"模式，即拿地 5 个月内开工、9 个月内首次开盘、普通住宅销售占比在 80% 以上、开盘当月销量占比在 60% 以上。此后，碧桂园提出"4568"法则，即拿地 4 个月内首次开盘、5 个月内资金回笼、6 个月内现金流回正、8 个月再投资新项目。2012 年碧桂园提出"成就共享"计划，在激励机制的加持下，碧桂园高周转模式迅速发挥作用，其销售额于 2013 年迈过千亿元门槛，此后，高周转模式成为许多房企模仿学习的对象。2018 年，碧桂园更是提出了高周转的极限模式——"345"模式，即拿地当天出图、3 个月开盘、4 个月资金回笼、5 个月资金再周转。

中国房地产业的高周转表现出两个特征。第一，高周转现象主要出现在头部房企，行业整体表现并不明显。根据 Wind 统计，2008~2021 年，全部上市房企（包括开发业务主要在内地的 H 股上市房企）总资产周转率基本保持在 0.24 的水平，甚至在波动中略有下降，但头部房企碧桂园和万科的总资产周转率一直高于行业均值，恒大在 2010~2014 年的总资产周转率远远高于行业均值（见图 8-4）。第二，高周转主要压缩的是销售环节的周期。在所有环节中，应收账款的周转次数在 10 次以上，应收账款周转率是总资产周转率的几十倍甚至 100 倍以上，而应收账款的产生主要对应期房销售。从图 8-5 反映的应收账款周转率情况来看，H 股上市房企的应收账款周转率提速更快，2017 年之后，H 股房企总资产超过 A 股房企总资产，且在 H 股上市的大都是头部房企（如恒大、碧桂园、融创等），这意味着头部房企通过加快销售回款速度提升周转率。2017 年之后的应收账款周转率的快速提升与中国居民杠杆率的跃升完全对应。

（二）旧模式不可持续的原因

旧模式在过去多年中存续依托的背景是人口红利和快速城市化。这两个因素使住房需求快速增长，而我国人均住房面积处于较低水平，供需缺口形成了行业高利润。根据 Wind 统计，2007~2019 年，房地产开发行业销售毛利率高达 33.9%，净资产收益率为 13.4%。正是由于行业高回报的特性，房企才采取高周转（经营杠杆）和高负债（金融杠杆）的方式进一步增加回报，这是房地产业形成"三高"模式的根本原因。

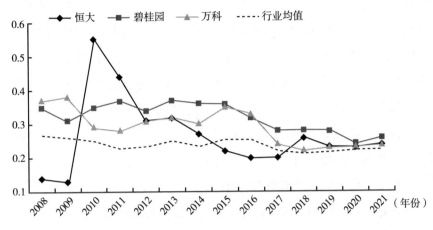

图 8-4 头部房企和行业总资产周转率

资料来源：Wind。

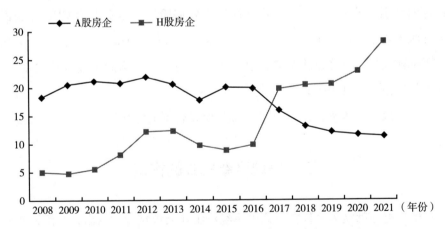

图 8-5 A 股和 H 股房企应收账款周转率

资料来源：Wind。

随着我国发展进入新时代、跨入新征程，旧模式依托的环境因素发生深刻转变。从需求端看，人口负增长和城镇化进程放缓导致住房需求下行。2023 年 1 月 17 日，国家统计局公布 2022 年我国人口减少 85 万人，中国人口正式进入负增长时代。根据第七次全国人口普查数据，我国城镇居民数量占人口总量的比重达到 63.9%，接近纳瑟姆曲线第二阶段的终点，这意味着快速城镇化阶段已经过去。根据测算，2021~2025 年年均城镇新增住房需求约为 656 万套，2026~2030 年年均约为 455 万套，分别较 2011~2015 年下降 33% 和 53%[①]。从供给端看，我国人均住房存量已达到相当水平。根据第七次全国人口普查数据，2020 年，全国人均住房建筑面积达到 41.76 平方米，人均住房间数为 1.2 间（城镇人均住房间数为 0.99 间）。从每人获得独立居住空间的视角来看，住房资产的人均配备也接近上限。此外有研究表明，中国住房人均和户均居住面积已超过部分发达国家[②]，这也意味着，在居住条件上，中国向国际平均水准逼近。随着住房供需缺口的缩小，行业超额利润向正常利润回归，房企自身逐渐失去加杠杆的动力。

作为大额消费品，住房需要杠杆支撑才能完成交易，从整个行业负债构成来看，居民杠杆是其中最大的一块。然而，在新发展阶段，住房需求端加杠杆的意愿不足。第一，经济进入高质量发展阶段，尽管人均 GDP 和居民人均收入处于较高水平，但增速放缓，这使加杠杆失去动力；第二，老龄化进程加速使居民资产结构调整，由房产转向流动性较高的现金或其他资产，这不仅导致加杠杆失去动力，甚至还会去杠杆。

综合以上因素来看，旧的"三高"模式转型成为必然。

二　房地产新模式的构建

中央财办韩文秀主任在解读中央经济工作会议精神时指出，要深入研判房地产市场供求关系、人口变化和城镇化格局，推动向新模式过渡。这实际上给出了探寻新模式应遵循的原则，即发展新模式应与人口变化导致的需求变动相适应。

---

① 吴璟、徐曼迪：《中国城镇新增住房需求规模的测算与分析》，《统计研究》2021 年第 9 期。
② 蔡真等：《中国住房金融发展报告（2019）》，社会科学文献出版社，2019。

（一）新模式构建的需求侧分析：人口结构和空间分布转变

人口负增长以及城镇化进程放缓尽管导致住房总需求下行，但人口结构转变和深度城市化会使租赁市场需求增加。具体因素包括两点。第一，新市民人口持续增长。新市民的概念最早在 2015 年 12 月召开的中共中央政治局会议上提出，2022 年 3 月 4 日，银保监会、中国人民银行联合印发的《关于加强新市民金融服务工作的通知》对新市民的范围进行了较为清晰的界定：“新市民主要是指因本人创业就业、子女上学、投靠子女等原因来到城镇常住，未获得当地户籍或获得当地户籍不满三年的各类群体，包括但不限于进城务工人员、新就业大中专毕业生等，目前约有三亿人。”新市民中未落户常住居民群体近似等于流动人口①，根据国家统计局数据，2010~2021年，我国流动人口由 2.21 亿人上升至 3.85 亿人（见图 8-6）。相关研究指出，“80 后”成为流动人口的主力，他们作为产业工人的中坚和新市民的主体，返迁回农村的概率较小②。未来随着深度城市化的推进，城市公共服务水平进一步提升，新市民群体不仅会增加，而且更重要的是定居下来。第二，独居户家庭持续增长。我国独居户家庭由 1990 年的 1735 万户上升至 2020 年的 1.25 亿户，同期占家庭户的比例由 6.27% 上升至 25.39%（见图 8-7）。独居家庭的增长一方面由于初婚年龄推迟，这自然导致独居人口增长，1990~2020 年，我国平均初婚年龄由 22.9 岁上升至 28.7 岁。另一方面，更多人选择终身独居。以 2020 年独居人群年龄分布为例，30~60 岁独居人口占总独居人口比例达到 47.8%（见图 8-8），而 1990年这一数值为 37.8%。

---

① 根据第七次全国人口普查公报的定义，流动人口计算方式如下：流动人口=人户分离人口-市辖区内人户分离人口。其中，人户分离人口是指居住地与户口登记地所在的乡镇、街道不一致且离开户口登记地半年以上的人口。市辖区内人户分离人口是指一个直辖市或地级市所辖的区内和区与区之间，居住地和户口登记地不在同一乡镇、街道的人口。因此，流动人口的定义与常住城镇但尚未落户的这部分新市民群体较为接近。

② 《把握流动人口特征变化趋势》，中国社会科学网，http：//www.cssn.cn/skgz/bwyc/2022
08/t20220803_ 5463911. shtml。

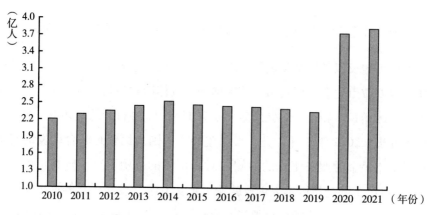

图 8-6　2010~2021 年中国流动人口数量

资料来源：国家统计局。

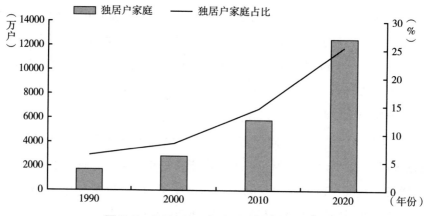

图 8-7　1990~2020 年中国独居户家庭走势

资料来源：国家统计局。

　　这两类人群增长使住房租赁需求增加①，具体原因包括。第一，流动人口支付能力有限。对北京、上海等 10 个一、二线城市的调研结果表明，住房租赁人群平均租金收入比为 19.9%②。假定收入为 1，则租金为 0.199；

---

①　这两类人群有重合。

②　资料来源于清华大学建筑学院住宅与社区研究所联合贝壳研究院发布的《新市民租赁需求洞察报告系列之一线城市新市民租赁需求调查》报告。

以这一数据为基础，假设年利率为4%、贷款占八成、首付完全由父母资助，并根据"收入为月供2倍"的银行要求，我们可以测算出消费者购房的租金资本化率上限为53.5年。一线和热点二线城市的这一指标普遍高于这一数值，这意味着在这些城市处于平均收入水平以下的人群较长时间是买不起房的，大多数人只能租房。第二，新生代流动人口更多地在服务业工作，不可能像第一、二代流动人口那样住在工棚、厂区。一方面，他们对居住品质和周边配套的要求会对租房产生强烈的需求；另一方面，流动人口中有相当比例是夫妻同时外出，且已婚流动家庭携子女外出，他们需要一个稳定的住所，也会产生租房的需求。根据国家卫健委发布的《中国流动人口发展报告2018》，2017年，我国流动人口家庭中租住私房的比例为59.8%。第三，独居人口中有相当比例会选择租房。一方面，从代际传承的角度看购房没有必要；另一方面，租房具有更大灵活性，可以依照工作地点随时调整。

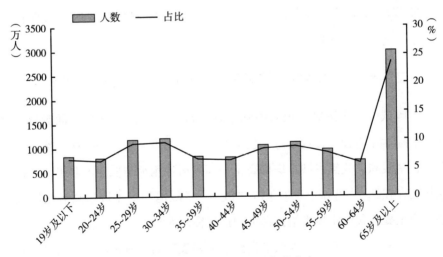

图 8-8　2020 年独居人群年龄分布

资料来源：国家统计局。

从空间分布看，流动人口和独居人口主要向一、二线城市集聚，这就决定了住房租赁需求集中于这些区域。流动人口方面，人口长期向大都市区集聚是趋势，其经济逻辑是流入地和流出地之间存在收入差、工作机会差。以美国为例，1950~2019 年，美国 500 万人以上都市区人口比重从 12.2%增至 24.7%；日本即使出现人口负增长，但人口依然随产业持续向大都市圈集聚，并且表现为从"三极"集聚向东京圈"一极"集聚。独居人口方面，主要表现为年轻人集聚在发达城市。一方面，发达城市的高经济发展水平为年轻人独居提供了物质基础。发达城市较高的经济发展水平能够吸引大量年轻人前来就业，并为其提供较高的经济收入，使大量年轻人拥有承担独居住房成本的能力。另一方面，经济发展水平不断提高、社会服务保障体系逐步完善，传统的家庭与婚姻观念发生改变并在城市环境下拥有新的定义[1]。在此背景下，我国发达城市年轻人的自我意识逐渐觉醒，自我意识激发了他们对个体化价值观、价值分离的认同，增加了他们对于独立生活、生活自由、拥有个人隐私空间的渴望，其具有更高的独居倾向[2]。从第七次全国人口普查数据来看，我国 19 岁及以下和 60 岁及以上独居人口主要分布在乡村，而 20~44 岁城市独居人口占比在 50%以上，45~59 岁城市独居人口保持在 40%左右（见图 8-9）。

（二）新模式构建的供给侧分析：土地供给的结构性问题

中国城镇人均住房面积向国际平均水准逼近，而人均住房间数接近 1 间，这提示住宅投资接近稳态，住宅在总量上基本实现供需平衡。然而，现实中，一线和二线热点城市房价高企，高昂居住用地与低廉工业用地并存现象长期存在[3]，一些城市政府采取"饿地""限地"等手段抬高居住用地价格，这也提示我们土地供给存在结构性失衡问题。

第一，城市与农村土地供给失衡，主要表现为农村集体土地闲置。城镇

---

① 宋月萍：《单身族群带来的文化空间与发展向度》，《人民论坛》2020 年第 34 期。
② 邢海燕、郎涵：《大城市独居青年的时空边界重塑》，《青年探索》2022 年第 6 期。黄苏萍、李倩倩：《大城市独居青年的生活与心态研究》，《青年探索》2018 年第 4 期。
③ 王岳龙、邹秀清：《土地出让：以地生财还是招商引资——基于居住-工业用地价格剪刀差的视角》，《经济评论》2016 年第 5 期。

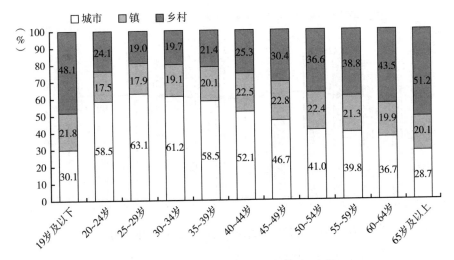

图 8-9　2020 年独居人群年龄及城乡分布情况

资料来源：国家统计局。

化进程推动人口向城市流动，二元体制下农民凭户籍享受集体土地权益且不受人口流动影响，因此保留原籍的农村转移人口既加重了城市建设用地负荷，也导致农村集体土地闲置。2010~2021 年中国城镇非户籍常住人口占总人口的比重始终在 15% 以上（见图 8-10），这意味着一成以上农村用地处于闲置状态。根据李婷婷等的调研，有 1/4 的样本村庄的宅基地闲置比例超过 15%①。

　　第二，区域间土地供给失衡，主要表现为土地规划与人口动态分布不适配。中央政府每十五年期初编制土地利用总体规划，以确定其间各省区市建设用地总量。根据 2006~2020 年土地利用总体规划，人口净流入省区市新增建设用地 370 万亩，建设用地指标明显不足，且难以通过区域内交易、筹措来弥补缺口，导致房价、地价上涨压力长期存在；人口净流出省区市新增建设用地 406 万亩，用地指标相对充裕但用地需求不足，导致土地低效利用（见图 8-11）。

---

① 李婷婷、龙花楼、王艳飞：《中国农村宅基地闲置程度及其成因分析》，《中国土地科学》2019 年第 12 期。

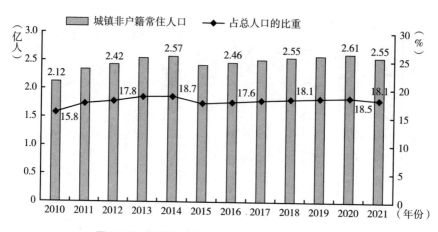

图8-10 城镇非户籍常住人口及占总人口的比重

资料来源：国家统计局、公安部、国家发改委。

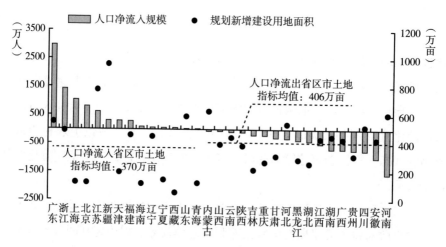

图8-11 2006~2020年各省区市规划新增建设用地面积与人口净流入规模

资料来源：根据各省区市2006~2020年土地规划整理。

　　第三，城市内部土地供给失衡，主要表现为居住用地占比较低。截至2019年，中国城镇范围内存量居住用地合计不足2.7万平方公里，占城镇范围国有建设用地的31%，约为存量工业用地的1.51倍。而海外成熟经济体的核心城市居住用地比重多为40%~55%，且为存量工业用地的6~10倍。

工业用地占比较高与过往工业化进程相适配，然而，随着经济向服务化转型，居住类和商服用地比例应该相应提升。城镇用地结构见图 8-12。

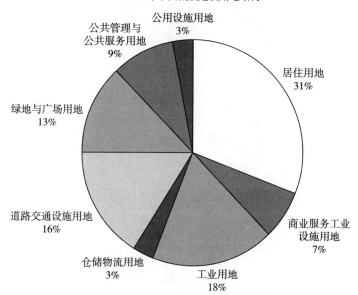

2019年中国城镇建设用地结构

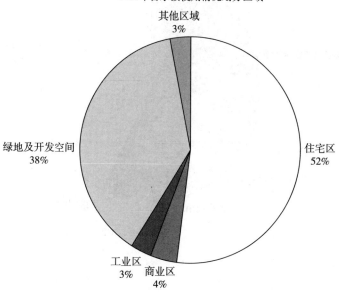

2021年首尔按使用情况划分区域

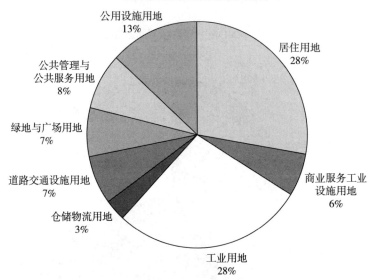

2019年上海市城镇建设用地结构

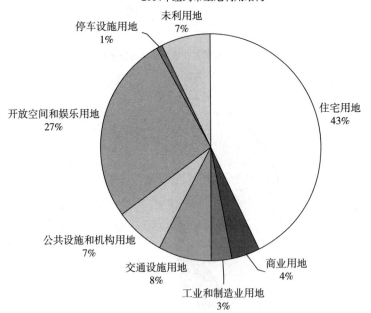

2014年纽约市土地利用结构

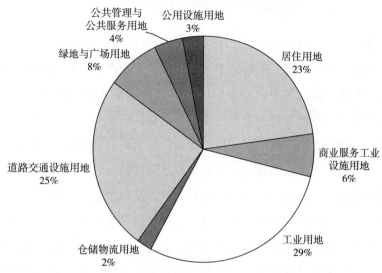

图 8-12　城镇用地结构

注："2016 年东京土地利用结构"中"农业设施用地"占比较小，四舍五入后为 0%，非零值。

资料来源：根据中国各省区市土地规划及韩国政府官网（http：//www.korea.go.kr）、纽约市政府官网（https：//www.ny.gov）、东京都都市整备局（https：//www.toshiseibi.metro.tokyo.lg.jp）整理。

（三）房地产新模式：内涵与构建方向

结合供需两个方面的分析，我们可以得出房地产市场未来所处的环境是：住房总量基本均衡，但区域上人、地供需失配严重，租赁市场和买卖市场结构性矛盾突出。基于此，我们认为房地产新模式的内涵包括：租购并举，以租为主；挖掘存量，多渠道供给。内涵的前半句话指明了房地产新模式的目标，即着力解决的主要矛盾是什么；后半句话指明了实现目标的主要手段，即解决主要矛盾要充分利用总量基本均衡的条件。

对于房地产新模式的构建，我们认为可以从两个方向同时展开。

第一，规范促进散租房市场发展。新增租赁住房的供给缺乏弹性，即使采取工改居、商改居等盘活存量的方式，改造也需要 1~3 年时间，因此在现有条件下增加租赁住房供给仍然要依靠散租房市场。对此可从供需两个方面促进散租房市场发展。

其一，降低个人出租房税负，促进更多散户将闲置存量房用于出租。目前，家庭出租住房名义税率很高，要缴纳 1.5% 的增值税、10% 的个人所得税、4% 的房产税，三者合计占租金收入的 15.5%。为规避税收，房东与租户私下签订合同，住房租赁市场成为地下市场，既导致市场乱象丛生，税收部门也难以征税。可对个人出租住房采用综合征税方式，征收率按 1.5% 计算。

其二，保障租房群体权益，使租客形成租房的稳定预期。（1）期限保护政策。租赁缔约时期限由租客和房东共同商议，但房东不得提出三年以下的期限要求，除非租客自己主动提出。租客提出三年期限要求，房东不得拒绝，三年以上情形由双方共同商议。期限保护政策可以使租客获得稳定预期。（2）付款方式①由租客确定，租客可以选择有利于自己的付款方式，房东不得拒绝。（3）租金支付的违约责任向租客倾斜。当租客连续六个月未支付租金时，房东才可进行民事诉讼。然而，作为对房东的一种补偿，可引

---

① 这里付款方式指按月、按季还是按年支付。

入租金保险机制，对租客的信用监督由第三方承担。

第二，挖掘存量土地潜力，多渠道增加住房租赁市场的土地供给，具体可以从跨区域以及城市内部两个方面着手。

其一，跨区域层面可以"人地挂钩"原则进一步放开土地跨省（区市）交易指标，降低用地成本。这既可以缓解人口净流入地区的用地需求压力，又使净流出地区分享深度城市化时代的发展红利，对于推动土地要素扭转和构建全国统一大市场具有重要意义。中国跨省（区市）土地交易系统在2018年建立[①]，但目前交易指标主要用于扶贫纾困等公益性场景，指标供给方主要为少数民族地区的深度贫困县。建议以该体系为基础，让人口净流入（流出）作为买（卖）方准入资格以扩大交易主体范围。

其二，从城市内部盘活存量用地一方面可以解决土地闲置问题、提高土地利用效率；另一方面，许多存量土地位于城市核心区域，有利于解决职住不平衡问题。（1）鼓励集体经营性用地入市。2020年，《土地管理法》确立了集体经营性建设用地的入市地位，但目前集体经营性用地供给并不积极，可以从以下两个方面破除供给障碍：一是调整村集体土地规划以解决经营性用地高度碎片化问题；二是合理引导以提升村集体意愿，鼓励其通过自主开发、经营权合作、股权合作、入市出让等多渠道供给。（2）产业园区用地盘活（即工改租）、闲置商办物业改造（即商改租）是增加租赁住房土地供给的重要渠道。目前，工改租、商改租的土地性质调整政策不明确，租赁企业无法办理改造后的二次消防验收，一些长租房项目建成后无法投入运营。建议明确土地性质调整政策，对改造非居住存量房屋用于长租房的，经所在市人民政府认定，可以维持原有土地用途不变；需要调整土地用途的，应当按照居住用地（租赁型住房用地）重新核定土地价款，允许分期支付。

---

① 2018年3月10日，国务院办公厅发布《国务院办公厅关于印发跨省域补充耕地国家统筹管理办法和城乡建设用地增加挂钩节余指标跨省域调剂管理办法的通知》，该文件有条件地解禁了耕地占补、增减挂钩指标的跨省（区市）交易。

（四）新旧模式转换应渐进推行

房地产新模式的目标是"租购并举、以租为主"，但这绝不意味着购房完全偏废。"租购并举"的一个重要原因是新旧模式的转换是一个渐进式的过程，应遵循先立再破的原则，这是中国渐进式改革的宝贵经验。热若尔·罗兰总结了渐进式改革的优势[①]，第一，在总和不确定情况下，渐进式改革减少了事前政治约束，可以使改革有效推进；爆炸式改革尽管创造了不可逆转性，但最大的错误认识是以为改革完成后一定成功。第二，渐进式改革体现了"稳中求进"的思想。"稳"字体现在渐进式改革保持原有的计划合同义务，避免了对生产链条的破坏和产生新的高昂的搜寻成本。"进"字体现在渐进式改革以帕累托改进的方式实施，通过边际上的放开改善潜在受益者的状况。对应房地产市场，如果采取先破再立的改革方式，则势必对行业乃至经济稳定产生影响。2021年下半年以来，恒大风险事件逐渐蔓延扩散，大量房企违约，并最终引发"保交楼"事件。这提示我们旧模式中的购买需求依然需要重视，但购的需求主要集中于改善性需求，对此我们进行了改善性需求的测算。

改善性需求主要集中于两个方面。第一，因房龄较老需要拆迁改造形成的改善性需求。黄敬婷、吴璟应用第六次全国人口普查数据计算了中国城镇住房不同年代的拆除率，并预测2011~2020年中国城镇住房拆迁套数[②]。我们应用该文拆除率参数[③]并根据第七次全国人口普查数据计算出2021~2030年中国城市住房拆除率和拆除量（见表8-2）。2021~2030年，全国城市因住房拆迁产生的改善性需求为217.28万套，按城市户均面积36.52平方米计算，共计7935.1万平方米。第二，因住房面积较小而形成的改善性需求。我国城市居民住房面积分布不均，60平方米及以上户数占比高达20.56%。

---

① 〔比〕热若尔·罗兰：《转型与经济学》，张帆等译，北京大学出版社，2002。

② 黄敬婷、吴璟：《中国城镇住房拆除规模及其影响因素研究》，《统计研究》2016年第9期。

③ 该文将房龄60年以前和50~60年的拆除率分别设定为59.9%和52.71%，本章将房龄50年以前的拆除率全部设定为59.9%，对其他房龄的拆除率的设置一致。

19 平方米及以下户数占比为 18.04%，20~29 平方米组和 30~39 平方米的占比分别为 22.79% 和 17.89%（见图 8-13）。19 平方米及以下组有改善意愿但缺乏改善能力，假定 20~29 平方米组的平均居住面积为 25 平方米，30~39 平方米组有一半人的居住面积低于 35 平方米且这部分人的平均居住面积为 32.5 平方米，假设未来 10 年这些人达到目前城市户均居住面积，则产生的改善性需求为 5.38 亿平方米。

表 8-2　中国城市住房拆除率和因住房拆迁产生的改善性需求

单位：%，万套

时间段	住房拆除率	因住房拆迁产生的改善性需求
1969 年以前	59.90	11.66
1970~1979 年	39.19	13.33
1980~1989 年	31.67	53.42
1990~1999 年	28.75	111.29
2000~2009 年	4.40	27.57
2010 年及以后	0.00	0.00
合　计	—	217.28

资料来源：笔者计算、整理而得。

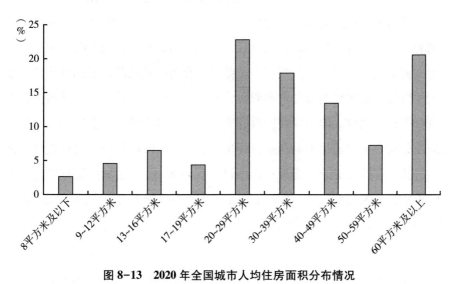

图 8-13　2020 年全国城市人均住房面积分布情况

资料来源：国家统计局。

三　金融支持房地产新模式的构建

房地产业的发展离不开金融支持。从消费端来讲，住房消费是个人消费中最大的一笔耐用消费品支出，若没有金融的跨期配置功能的支持，仅靠工资积累个人是难以在生命周期内实现住房消费的。从生产端来讲，房地产开发具有资金规模大的特点，需要使用金融的资金集聚功能。然而，金融过度支持房地产会产生严重的负面影响。远有美国居民部门过度负债导致次贷危机，近有中国房企"三高"模式导致违约潮。因此金融与房地产应形成良性循环，随着房地产新旧发展模式的转换，金融应支持房地产新模式的构建。下文通过对中美地产融资的比较，既找出旧模式下房地产金融的问题，也提出支持新模式构建的房地产金融转型方向。

（一）中美地产融资的差异

与美国地产界相比，中国房地产金融的旧模式表现出以下特点。

第一，高杠杆，这是房地产旧模式的核心。与之形成对比，美国房企以股权融资为主，截至 2023 年 3 月，美国 224 家上市房企中以 REITs 形式存在的有 160 家，占比为 71.43%，市值占比达到 82.69%，而 REITs 是典型的股权融资形式。高攀、郭杰群将中美差异解释为由发展阶段不同导致的：中国处于以开发商主导的增量发展阶段，在这一阶段，项目基于主导地位，而融资处于被动地位，因为项目回报完全可以覆盖融资成本；美国处于存量发展阶段，房企主要通过不动产运营管理获利，而 REITs 往往需要通过资金池主动寻找、替换、更新和管理资产项目（见表 8-3），这与存量时代的房企运营模式是适配的[①]。对于投资者而言，众多小投资人可以利用 REITs 份额化的特点分享房地产的管理红利。

[①]　高攀、郭杰群：《地产融资：从中美模式比较中思考转型路径》，《金融市场研究》2018 年第 9 期。

表 8-3　中美地产融资模式比较

	中国	美国
行业分类	房地产和金融业是平行的国民经济分类	商业地产与金融业同属一类
企业构成	以住宅开发商为主	以 REITs 为主
投资人投资房地产途径	持有物业	持有物业或投资 REITs
资金管理模式	项目被动管理：为存在或即将开始的新项目寻找资金	资金主动管理：成立资金池，主动寻找、替换、更新和管理资产项目
融资渠道	以贷款为主的间接融资	间接融资和直接融资并举

注：其中美国行业分类基于美国标准行业分类（SIC）确定。

资料来源：高攀、郭杰群《地产融资：从中美模式比较中思考转型路径》，《金融市场研究》2018 年第 9 期。

第二，债务期限较短。高攀、郭杰群对比了中国 25 家和美国 9 家典型住宅开发商 1 年期及以上债务占比情况，中国开发商长期债务占比一直很低，在 2007 年之前甚至不超过 20%，2014 年之后维持在 30% 左右；而美国开发商的长期债务占比保持在 60% 左右（见图 8-14）。长期债务占比高可以有效减少期限错配风险，在金融危机期间，房企的资产周转速度明显放慢，而美国著名的 Hovnanian 房企在 2008 年 5 年期以上债务占比为 42%，2009 年，该指标上升至 61%，期限较长的债务结构帮助房企有效渡过了危机。

第三，影子银行融资盛行。由于房地产业的高利润特点，融资饥渴症普遍存在，而当正规渠道不能满足需求时，影子银行自然成为备选项。以某头部房企为例，2019 年，该房企银行开发贷款占比仅为 17.48%，债券融资占比为 21.09%，信托等影子银行融资（非银行类贷款）占比高达 61.43%。同时，该房企还存在短债长用现象，3 年以上债务占比仅为 7.51%[1]（见表 8-4）。随着影子银行产品逐渐进入治理框架，这类融资成本高的产品无法继续"借新"，自然也就难以"还旧"，该房企于 2020 年出现流动性危机。

---

[1] 该房企案例及数据源于蔡真等《中国住房金融发展报告（2021）》，社会科学文献出版社，2021，第 306 页。

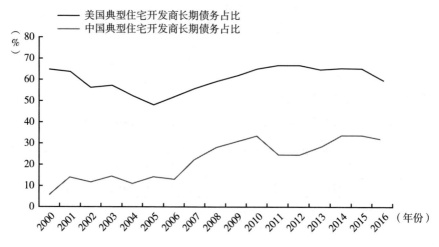

图 8-14　美国与中国典型住宅开发商长期债务占比

资料来源：高攀、郭杰群《地产融资：从中美模式比较中思考转型路径》，《金融市场研究》2018 年第 9 期。

表 8-4　2019 年某房企有息负债融资品种和期限结构

单位：亿元，%

融资品种	余额	占比	融资期限	余额	占比
银行开发贷款	169.54	17.48	1 年之内	555.11	57.23
债券融资	204.59	21.09	1~3 年	342.04	35.26
非银行类贷款	595.86	61.43	3 年以上	72.84	7.51
合计	969.99	100.00	合计	969.99	100.00

资料来源：蔡真等《中国住房金融发展报告（2021）》，社会科学文献出版社，2021。

（二）房地产金融转型方向

房地产新模式的目标是"租购并举、以租为主"，支持住房租赁市场发展自然成为房地产金融转型方向，结合美国经验来看，进一步发展和完善 REITs 制度是促进住房租赁市场发展的重要抓手。因为当房地产进入存量时代，大量房企会转向长期持有并管理资产的运营模式，其现金流特点表现为小额、高频、周期长，这与 REITs 产品的特点是完全适配的。针对当前

REITs 制度还可从以下三个方面完善。其一，进一步扩大租赁住房 REITs 的发行主体范围。目前，首批保障性租赁住房 REITs 已上市，此类主体以地方住保办及下属专项企业为主，具有资产规模充裕、土地权属清晰的特点，有利于租赁住房 REITs 早期发展。从中长期看，鉴于投资、运营以及管理能力的提升，可逐步支持以房企系为主的原始权益人发行 REITs。可先从央企、国企试行，为后续民企参与摸索可行路径。其二，开发 REITs 配套融资工具。对于 REITs 来说，传统融资工具如贷款涉及较大本金偿还，必然会影响正常的股息分派，建议大力发展没有本金摊还的 CMBS 产品。其三，发展 Pre-REITs、私募 REITs 等产品，形成多层次不动产资本市场。

住房租赁市场具有投资金额大、期限长、收益率低的特点，因此传统的银行体系并不愿意在租赁市场提供金融支持。然而，中国在政策性金融的运用方面较为擅长，住房租赁市场又具有一定准公共物品属性，两者恰好匹配。从短期看，目前，住房租赁专项债的利率较高、期限较短，可将其商业性金融属性转化成政策性金融属性。在具体操作上，以项目为主体确定发行规模，用国开行信用进行债券担保，并对资金用途进行严格监管，力争住房租赁专项债利率降至2%，发行期限在15年以上。从长期看，可成立国家住房银行或类似机构，加强对住房租赁企业或政府住房保障部门等主体的金融支持。政策性住房金融机构的资金可以通过发行金融债券、政府担保债券和财政拨款多渠道筹集，并根据市场的变化和政府住房政策目标调整，与时俱进地提供金融服务和资金支持。

从需求侧看，应形成多层次住房消费金融支持体系，并完善住房金融监管架构。时至今日，中国住房金融调整效果不佳的深层原因是缺乏完整的住房金融体系和监管架构：一级市场方面，只有住建部公积金监管司负责整个市场很小一部分的监管；对于大量的住房抵押贷款，除了考虑信用风险外，还需要考虑房地产市场风险，这部分产品并没有对应专业的监管机构。此外，一些非正规渠道的住房贷款存在"掠夺性消费贷款"的性质，这部分产品也游离于监管之外。对此，我们提出有关中国住房金融市场体系和监管架构的建议。一级市场方面，应形成三个层次的住房体系并形成对应的金融支持。其一，针对低收入人群的市场，应以住房租赁为主，资金方面应由财政兜底；其二，针对中等收入人群，如果他们进入住房购买市场，则金融支持应发挥一定的政策性金融功能，可对其首付款进行担保或提供利率补贴，具体执行可由当地的住房置业担保公司承担，但申请人的相关信息应严格审核；其三，针对高收入人群，应以住房购买市场为主，金融方面以商业贷款为主。无论上述哪一个市场，都应由专门的监管机构监管，该机构主要负责房价、租金市场运行监测，房租补贴、房贷首付比标准制定，进行房贷压力测试等。二级市场方面，应设立政府支持机构负责住房抵押贷款的发起、担保等工作，从国外经验来看，这部分工作都是由政策性金融机构承担的，这是由流动性和金融稳定的公共物品性质决定的；二级市场方面，监管机构负责贷款入池标准化、政府支持机构的资本充足率监管、二级市场流动性及利率风险监测等。

第九章
发放租房券缓解大城市新市民住房困难：
理论基础、国际经验与政策构想[*]

龙婷玉　王瑞民[**]

- 新市民的住房保障直接影响到城市的活力与发展。源自美国的租房券，是住房短缺缓解后的租赁支持政策：通过发放住房消费券，让中低收入者搬进"基本体面"且可负担的住房。租房券早在 20 世纪 30 年代就被提出，但受到当时经济大萧条的影响一直未被推行。20 世纪 70 年代，美国住房短缺得到显著缓解，公租房面临诸多社会问题的困扰，在此背景下，旨在提供更多居住选择，以增加低收入人群流动性来分散贫困、增加发展机会的租房券计划应运而生。

- 住房实物补贴是供给侧的住房专项补贴，补贴对象是住房建造者，旨在增加租赁住房供应；租房券和现金补贴都是需求侧补贴，租房券为住房专项补贴，现金补贴则不限定范围，通过直接增加家庭可支配收入的方式来增加中低收入家庭的总体福利。现金补贴对住房福利的改善程度不及住房实物补贴和租房券等住房专项补贴，但就住房专项补贴而言，与面向生产者的实物补贴相比，针对消费者进

---

* 本章首发于《国际经济评论》2023 年第 1 期。笔者感谢国务院发展研究中心 2021 年度重点课题"租赁住房发展的重点、思路和政策研究"和国家社会科学基金重大项目"农民获得更多土地财产权益的体制机制创新研究的支持"（项目编号：17ZDA076）的支持；感谢国务院发展研究中心王微、任兴洲、邓郁松、包月阳等同仁的建设性意见，以及匿名审稿人的批评与建议。

** 龙婷玉，农业农村部农村经济研究中心助理研究员；王瑞民，国务院发展研究中心市场经济研究所副研究员。

行补贴的租房券的成本更低，相比增加住房的生产计划具有更明显的政策效益，也更为有效，而且能够防止生产端补贴带来的一系列管理问题。

- 在制度安排上，租房券的资金来源于联邦政府，在各级地方政府由公共住房管理署管理，国会每年通过拨款程序为租房券提供资金，住房和城市发展部根据一定的规则将租房券分配给各州的住房机构。租房券的发放对象仅限于家庭收入低于所在县或大都市区家庭收入中位数的50%美国低收入家庭，租房券项目的住房可以是符合质量和安全要求的任何住房。租金补贴直接支付给房东，数额为家庭可负担的合理租金上限与公平市值租金间的差额，参与租房券计划的租赁住房质量须符合特定的设计与安全标准。

- 从政策效果看，租房券是美国住房补贴项目中受益范围最广的，从租房券项目中获得资助的美国家庭超过联邦的其他任何住房资助项目，租房券显著降低了参与家庭的住房负担，有利于改善其居住环境、分散贫困和提升人力资本。但不可否认，租房券制度也存在一定的漏洞和弊端，如可能带来房租的上涨、房东和租房者合谋以高租金骗取补贴等问题。

- 我们认为，在中国当前的城市化水平和住房发展阶段，引入租房券的时机已经成熟。创造性地探索为符合条件的新市民发放租房券，有望更好地盘活存量房源，增加合意的租赁住房供应，提升租住品质。不妨率先在住房供过于求或总体平衡的城市试点发放租房券，住房总体短缺的城市可在增加租赁住房供应的基础上适当发放租房券。短期内可将用于住房实物补贴的存量资金转为租房券，未来的增量补贴则应以租房券为主，从而实现住房补贴政策的渐进式结构性转变。各地租房券具体的申请资格、支付标准应由地方政府根据各地实际情况确定。

住房市场化改革20多年来，中国普遍的住房短缺问题已经显著缓解，但大城市的新市民[①]、青年人的住房困难问题仍然较为突出。保守估计，目前，以农民工、新毕业大学生为主体的新市民租赁群体总规模达到 1.6 亿人。[②] 租住是大城市新市民解决居住需求的低成本方案，但其面临租金负担重、居住条件差、租赁关系不稳定等多重挑战。对很多年轻的新市民而言，收入中的租金占比超过 30%，甚至挤占了其他必要的生活开支。新市民中的农民工群体，大多居住在建筑工地、单位宿舍、棚户区、城市偏远郊区等地，居住环境较为恶劣[③]而且居住面积狭小，人均居住面积仅为城镇人均居住面积（39.8 平方米）的一半左右。[④] 住房租赁市场发展极不规范，出租人往往倾向于和承租人签订短期合同，且出租人随意毁约、随意涨租金等现象屡见不鲜。上述问题有可能带来严重的社会分割、贫困集聚等社会问题，制约新市民及其后代的人力资本积累，从而降低城市化质量，影响到城市的长远发展。[⑤]

针对新市民住房突出问题，中央的政策导向是发展保障性租赁住房。2021 年 6 月，《国务院办公厅关于加快发展保障性租赁住房的意见》（国办发〔2021〕22 号）发布，明确提出住房保障体系以公租房、保障性租赁住

---

① 新市民最初指代城市外来务工的农民工群体。2014 年 7 月 30 日，李克强总理在国务院常务会上提出，对于长期居住在城市并有相对固定工作的农民工，要逐步让他们融为城市"新市民"，详见《李克强：城市建设者应做城市"新市民"》，中华人民共和国中央人民政府网，http://www.gov.cn/xinwen/2014-07/30/content_ 2727281.htm。2022 年 3 月，《中国银保监会 中国人民银行关于加强新市民金融服务工作的通知》发布，将新市民的范围进一步明确为"新市民主要是指因本人创业就业、子女上学、投靠子女等原因来到城镇常住，未获得当地户籍或获得当地户籍不满三年的各类群体，包括但不限于进城务工人员、新就业大中专毕业生等……由于新市民在各省市县区分布很不均衡，具体可结合当地实际情况和地方政府政策，明确服务新市民的范围"。这一界定主要出于对金融政策的考量，详见《中国银保监会 中国人民银行关于加强新市民金融服务工作的通知》，中华人民共和国中央人民政府网，http://www.gov.cn/zhengce/zhengceku/2022-03/06/content_ 5677508.htm。

② 王瑞民、邓郁松、牛三元：《我国住房租赁群体规模、特征与变化趋势》，《住区》2021 年第 6 期。

③ 王桂新、胡健：《城市农民工社会保障与市民化意愿》，《人口学刊》2015 年第 6 期。

④ 李伯华、宋月萍、齐嘉楠、唐丹、覃民：《中国流动人口生存发展状况报告——基于重点地区流动人口监测试点调查》，《人口研究》2010 年第 1 期。

⑤ 郑思齐、曹洋：《农民工的住房问题：从经济增长与社会融合角度的研究》，《广东社会科学》2009 年第 5 期。

房和共有产权住房为主体，加快发展保障性租赁住房，促进解决好大城市住房突出问题。从既有的政策实践来看，虽然存量租赁房源区位好、交通便利，更加有利于职住平衡，但促进保障性租赁住房发展的政策支持仍然主要集中于新建租赁住房，对盘活存量房源支持相对有限。

较之在供给侧新建租赁住房，针对新市民的需求侧租赁补贴成本更低、效益更好，能够有效盘活存量房源，也把租赁的选择权赋予新市民，还可以有效降低后续管理等成本；以"券"的形式发放需求侧补贴，则能保障专款专用。

源自美国的租房券，政策成本低、精准有效，是美国住房短缺总体缓解后的主要住房保障政策手段，可为中国探索新的住房保障模式，以政策支持撬动市场力量，缓解新市民群体住房困难、提升租住品质提供有益参考。

本章剩余部分安排如下。首先从租房券政策的演变史切入，阐明租房券是住房总体短缺缓解后的住房保障政策选择；其次探讨租房券的理论基础与作用机制，并与现金补贴、住房实物补贴进行比较；再次梳理租房券的发放对象、租房选择与补贴方式；又次以美国为例分析租房券的政策效果；最后，结合中国国情，提出发放租房券缓解大城市新市民住房困难的初步政策构想，并对政策实施的若干关键问题进行讨论。

一 租房券是住房总体短缺显著缓解后的租赁支持政策

早在 20 世纪 30 年代，全美房地产协会理事会便提议将租房券（Housing Vouchers）作为政府补助低收入群体住房的政策工具选项。[1] 但在经济大萧条背景下，应对危机是首要的政治经济任务，因为公共住房既可以为失业者提供住房，在建造过程中还能创造大量就业机会[2]，建设公共住房成为最佳政策选项，租房券提议被搁置。直到 1974 年，租房券才正式成为美国住房

---

[1] Orlebeke C. J., "The Evolution of Low-Income Housing Policy, 1949 to 1999," *Housing Policy Debate*, 11（2），2000：489-520.

[2] 1933 年，美国有 1500 万人失业，其中 1/3 来自建筑行业。

政策的一部分。这是因为，40 年间，住房总体供求形势与公共住房状况均发生了重大而深刻的变化。

一是住房短缺显著缓解。在住房总体短缺的情形下，发放租房券将主要推升租金而非增加租赁住房供应。经过第二次世界大战后大规模的住房建设，美国的住房短缺状况在 20 世纪 70 年代已经显著缓解。仅 1963～1973 年，美国新建住宅达到 2000 万套，超过以往任何一个 10 年。无论是私人住宅的新开工量，还是销售量，均在 1972 年达到第二次世界大战后的阶段性峰值（见图 9-1）。住房供应状况从供不应求到总体平衡的根本性改观，为住房保障从"补砖头"向"补人头"转变提供了现实可行性。

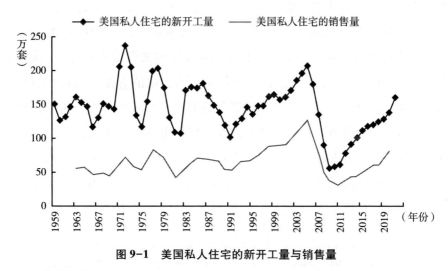

图 9-1　美国私人住宅的新开工量与销售量

资料来源：Wind。

二是公共住房面临诸多社会问题的困扰。就居民家庭而言，"千金买房、万金买邻"，邻里效应对家庭收入①、居民心理健康②、子女教育③等方面都有显著影响，从而影响了生活水平和生活质量。就住房市场而言，公共

---

① 解垩、宋颜群：《收入的社区邻里效应研究》，《经济管理》2021 年第 6 期。
② 邱婴芝、陈宏胜、李志刚、王若宇、刘晔、覃小菲：《基于邻里效应视角的城市居民心理健康影响因素研究——以广州市为例》，《地理科学进展》2019 年第 2 期。
③ 余丽甜、詹宇波：《家庭教育支出存在邻里效应吗?》，《财经研究》2018 年第 8 期。

住房大量建设，不仅成本高，还对私人住房市场产生显著的挤出效应。[①] 就社会而言，低收入人群的集中居住导致公共住房社区成为城市中新的"贫民窟"，较之其他社区，公共住房的贫困集中度和贫困率持续上升。[②]

在此背景下，旨在提供更多居住选择，以增加低收入人群流动性来分散贫困、增加发展机会的租房券计划应运而生。1974年，美国第一个租房券计划——当时称为租赁凭证（Rental Certificate）——出台。租房券本质上是一种住房消费券，持有者可在能够提供充足教育、就业和其他机会的社区中选择合意的住房。[③] 需要说明的是，早在20世纪60年代，美国公共住房当局就提出以市场价租赁私人房屋再以较低价格转租给有资格享受公共住房者，差额由政府补贴。但与租房券相比，低收入群体的居住选择权利尚未得到充分保障。

为充分考察租房券的实际效果与可能的政策影响，美国联邦政府开展了名为"住房津贴计划"（EHAP）的社会科学实验来评估政策效果。该计划为12个城市的租户提供了总计1.75亿美元的租房消费券。"海量的数据、精心的设计以及一丝不苟的分析团队"使对住房津贴的可行性争论得以解决。随后，租房券条款经历了多轮修改，使用范围不断扩大。1987年，允许租房券持有者在大都市区的任意区域使用；到1999年，使用范围进一步扩大为美国的任意区域。[④] 目前，租房券已经被广泛接受，并被认为是效果

[①] Lee C. I., "Does Provision of Public Rental Housing Crowd out Private Housing Investment? A Panel Var Approach," *Journal of Housing Economics*, 16 (1), 2007: 1-20. 刘斌:《经济适用房存在挤出效应吗?——基于中国35个大中城市的面板数据》,《经济管理》2014年第10期。

[②] Holloway S. R., Bryan D., Chabot R., Rogers D. M., Rulli J., "Exploring the Effect of Public Housing on the Concentration of Poverty in Columbus, Ohio," *Urban Affairs Review*, 33 (6), 1998: 767-789-789. Carter W. H., Schill M. H., Wachter S. M., "Polarisation, Public Housing and Racial Minorities in US Cities," *Urban Studies (Routledge)*, 35 (10), 1998: 1889-1911.

[③] Williamson A. R., Smith M. T., Strambi-Kramer M., "Housing Choice Vouchers, the Low-Income Housing Tax Credit, and the Federal Poverty Deconcentration Goal," *Urban Affairs Review*, 45 (1), 2009: 119-132-132.

[④] Lens M. C., Ellen I. G., O'Regan K., "Do Vouchers Help Low-Income Households Live in Safer Neighborhoods? Evidence on the Housing Choice Voucher Program," *Cityscape*, 13 (3), 2011: 135-159.

最佳、最具成本效益的租赁住房补贴形式。[1]

从美国租房券的发展史来看，住房补贴策略的选择与住房市场的供求关系密切相关。当住房市场供不应求时，对供给侧进行补贴有利于增加就业机会和缓解住房短缺的情况，需求侧补贴则易引致房租、房价不合理上涨；当住房市场供求相对平衡时，转向对需求侧进行补贴，解决低收入家庭的住房困难。换言之，随着住房供不应求情况的改善，住房模式将从偏重供给侧的"大众模式"转向偏重需求侧特定群体的"剩余模式"[2]，"政府—市场"的互动关系在住房供应方式上将发生相应的动态变化。[3] 不仅美国，其他大多数西方国家在住房政策选择上也普遍出现了类似转变，政府建造公共住房的热情开始冷却，同时减少了对建房的贷款和利率等补贴。[4] 近几十年来，经济合作与发展组织（OECD）国家对供给侧住房开发的公共投资整体呈现下降态势，而住房补贴（住房津贴及租金补贴）支出基本保持稳定（见图9-2），反映出上述补贴策略的结构性转变。

二　租房券的理论基础与机制分析

相比一般消费品，住房具有不可移动、价格高昂、使用时间长等特点，开发商无法轻易地根据消费者的需求对住房商品进行及时调整，住房领域的市场失灵也就更为严峻。[5] 其中，低收入人群住房困难问题始终存在，尤为突出，政府住房补贴是缓解住房市场失灵的必要举措，除了租房券

---

① Orlebeke C. J., "The Evolution of Low - Income Housing Policy, 1949 to 1999," *Housing Policy Debate*, 11 (2), 2000: 489-520.

② Harloe M., *The People's Home? Social Rented Housing in Europe and America*, Oxford: Blackwell in Association with the International Journal of Urban and Regional Research, 1995.

③ Doling J., "Housing Policies and the Little Tigers: How Do They Compare with Other Industrialised Countries?" *Housing Studies*, 14 (2), 1999: 229-250.

④ 竺乾威：《供方战略和需方战略：西方国家住房政策的选择》，《公共行政评论》2010 年第 2 期。

⑤ Kingsley G. T., "Housing Vouchers and America's Changing Housing Problems," *Privatization and Its Alternatives*, 1991: 115-133.

外，还包括住房实物补贴、现金补贴两类。住房实物补贴是供给侧的住房专项补贴，补贴对象是住房建造者，旨在增加租赁住房供应；租房券和现金补贴都是需求侧补贴，租房券为住房专项补贴，现金补贴则不限定范围，通过直接增加家庭可支配收入的方式来增加中低收入家庭的总体福利。

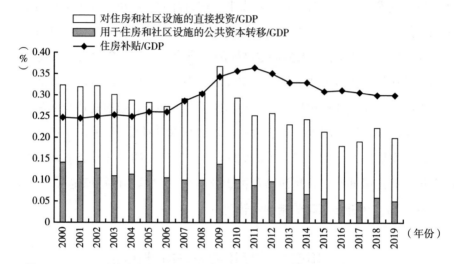

图 9-2　2000~2019 年 OECD 32 个国家对住房和社区设施的直接投资、用于住房和社区设施的公共资本转移、住房补贴占 GDP 的比重

资料来源：OECD National Accounts Database, https：//www. oecd. org/sdd/na/；OECD Social Expenditure Database, https：//www. oecd. org/social/expenditure. htm。

（一）现金补贴效率更高，但住房专项补贴对住房福利的改善更好

对补贴政策的效率分析一般根据支出成本和福利改善两个维度综合判断。为更好地解析现金补贴和住房专项补贴对住房福利改善的作用机制，本章构建了一个简单的消费者选择模型。为简化分析，假设中低收入家庭的收入仅用于住房和住房之外的其他消费品两大类消费。如图 9-3 所示，横轴表示住房消费量，纵轴表示住房以外的其他消费品的消费量。在初始条件下，中低收入家庭的收入约束线为 AB，并与效用无差异曲线 U_0 相切于 W_0。此时，居民的住房消费量为 OX_0，其他消费品的消费量为 OY_0。

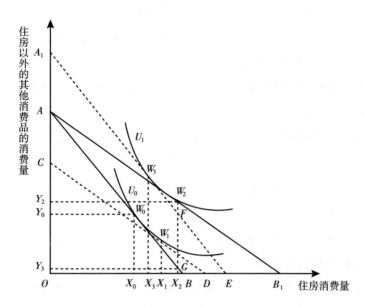

图 9-3　住房实物补贴或租房券与现金补贴的效率

资料来源：笔者自绘。

第一，从政府支出成本来看，现金补贴的支出成本要小于住房专项补贴的支出成本。

首先，考察住房实物补贴和租房券等住房专项补贴的政府支出情况。住房是耐用消费品，其消费量受到价格的影响较大。因此，在政府发放住房专项补贴后，中低收入家庭的其他消费品数量不变，住房消费量显著增加，预算约束线调整为 AB_1。此时，中低收入家庭的效用最大化点是新的预算约束线 AB_1 与新的无差异曲线 U_1 的切点 W_2，即住房消费量为 OX_2，其他消费品的消费量为 OY_2。在预算约束线 AB_1 上，若将全部收入用来购买其他消费品，则其他消费品的消费量为 OA；预算约束线 AB_1 的 W_2 点表示，住房消费量为 OX_2，其对应的其他消费品的消费量为 OY_2；又因为住房与其他消费品的消费之和为总的预算收入，则住房消费量可用其他消费品的消费量表示为 AY_2（即 $OA-OY_2=AY_2$）。另外，G 点表示，中低收入家庭在未获得政府住房补贴时，如果要增加住房消费至 X_2 点，其他消费品的消费量则下降至

Y_3 点，住房消费量可用其他消费品的消费量表示为 $OA-OY_3=AY_3$。所以，如果通过住房实物补贴或租房券等住房专项补贴将中低收入家庭对住房的消费提高到 X_2 点，那么，政府需要支出的补贴为 AY_3-AY_2，即 Y_2Y_3。

其次，考察现金补贴的政府支出情况。当政府发放现金补贴时，中低收入家庭的总收入增加，预算约束线由 AB 向上平移至 A_1E。若要达到与住房实物补贴或住房券相同的效用，则需满足无差异曲线 U_1 与新的预算约束线 A_1E 相切于 W_3。又因为 AB 和 A_1E 平行，故 A_1A 和 FG 平行且相等。显然，$FG<Y_2Y_3$。综上，要使中低收入家庭获得相同的住房福利，相比于现金补贴，住房专项补贴的政府支出更多。

第二，从住房福利改善的程度来看，现金补贴对住房福利的改善程度不及住房实物补贴和租房券等住房专项补贴。

首先，考察住房实物补贴和租房券对中低收入家庭的住房福利改善的情况。如图9-3所示，在没有任何补贴的初始情况下，中低收入家庭的预算约束线为 AB，其与效用无差异曲线 U_0 的切点 W_0 为效用最大化点，此时中低收入家庭的住房消费为 OX_0，其他消费品的消费量为 OY_0。当政府发放住房实物补贴或租房券等住房专项补贴时，中低收入家庭的其他消费品的消费量和价格不变，但是能以低于市场价格的价格获得住房，中低收入家庭的全部收入可以购买到的住房量从 OB 增加至 OB_1，所以中低收入家庭的预算约束线由 AB 变成 AB_1。此时，新的预算约束线 AB_1 与新的无差异曲线 U_1 的切点 W_2 为中低收入家庭的效用最大化点。这使其住房消费量由 OX_0 增至 OX_2，住房福利增加了 X_0X_2。

中低收入家庭消费的变化是收入效应和替代效应共同作用的结果。从替代效应来看，当中低收入家庭以较低的价格获得住房时，住房消费增加而其他消费减少，新的效用最大化点为与预算约束线 AB_1 平行的预算约束线 CD 与无差异曲线 U_0 的切点 W_1。此时，中低收入家庭的住房消费由 X_0 增至 X_1。因此，由住房专项补贴所带来的住房价格下降而引起的住房消费增加的替代效应为 X_0X_1。从收入效应来看，当中低收入家庭以较低的价格获得住房时，如果保持偏好和消费品价格不变，则意味着中低收入家庭的实际收入水平增加。因此，效用最大化点从 W_1 到 W_2 的变化表示住房福利增加了 X_1X_2，即为中低收入家庭因获得住房专项补贴而以较低价格获得住房所引起的收入效应。故而，当政府发放住房专项补贴时，中低收入家庭的住房效用变化为收入效应 X_1X_2 和替代效应 X_0X_1 之和，即 X_0X_2。

其次，考察现金补贴对中低收入家庭住房福利的改善情况。现金补贴增加了中低收入家庭的总收入，使预算约束线由 AB 变为 A_1E，新的效用最大化点为新的无差异曲线 U_1 与新的预算约束线的切点 W_3。在均衡点上，中低收入家庭的住房消费量增加至 X_3，住房福利增加了 X_0X_3。

综上，当中低收入家庭获得现金补贴时，可能会将补贴用于储蓄或购买其他商品，对于住房福利的改善有所打折。而租房券或住房实物补贴将补贴的用途限定在住房领域，有效地改善了中低收入家庭的住房福利。所以，租房券或住房实物补贴等住房专项补贴对中低收入家庭的住房问题改善效果优于现金补贴。

（二）住房专项补贴的效率分析：租房券优于住房实物补贴

住房实物补贴是供给侧补贴，补贴对象是住房建造者；租房券是需求侧补贴，补贴对象是租房者，这两种补贴方式都会造成一定程度的效率损失。

首先，考察住房实物补贴和租房券带来的效率损失。

一是考察住房实物补贴造成的效率损失。如图 9-4 所示，在初始条件下，住房市场的供给均衡点为 A，中低收入家庭以价格 P_0 可获得 Q_0 数量的住房。当政府实行生产者补贴时，住房市场的供给曲线由 S_1 下移至 S_2，住房市场新的供需均衡点为 B，中低收入家庭能够以更低的价格 P_1 获得更多的住房消费量 Q_1。而若要住房建造者在价格 P_2 时提供 Q_1 的住房，政府需对住房建造者提供补贴 $(P_2-P_1) \times Q_1$。此时，生产者剩余增加为梯形 CP_2P_0A，消费者剩余增加为梯形 P_0ABP_1。因此，$\triangle ABC$ 为政府实行住房实物补贴时整个社会的无谓损失（Deadweight Loss）。[1]

---

[1] 无谓损失：净损失，是指由于垄断、关税、配额、税收或其他扭曲所引起的实际收入的损失。具体见〔美〕保罗·萨缪尔森、〔美〕威廉·诺德豪斯《经济学（第十九版）》，萧琛等译，商务印书馆，2012。

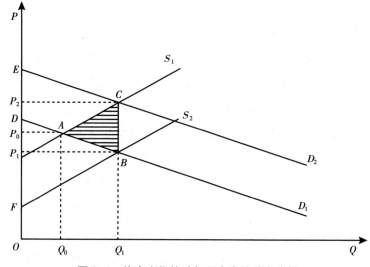

图 9-4　住房实物补贴与租房券的效率分析

资料来源：笔者自绘。

二是考察租房券带来的效率损失。当政府实行租房券时，若要使租房券带来的住房消费增加与住房实物补贴相同，则住房市场的需求曲线由 D_1 上升至 D_2，中低收入家庭在新的均衡点 C 达到均衡，以 P_2 的价格获得 Q_1 的住房消费量。而若要中低收入家庭的住房需求增加至 Q_1，政府需对中低收入家庭的房租进行补贴（P_2-P_1）$\times Q_1$。此时，消费者剩余增加为 $\Delta ECP_2-\Delta DAP_0$，生产者剩余增加为 $\Delta CP_2P_1-\Delta AP_0P_1$。又因为 ΔECP_2 和 ΔDBP_1 相等，因此，ΔABC 为政府实行租房券时整个社会的无谓损失。所以，理论上住房实物补贴和租房券都会造成一定的社会的无谓损失。

其次，考察住房实物补贴和租房券对消费者福利的影响。虽然从模型的分析结果来看，住房实物补贴和租房券所带来的消费者剩余增量是相同的，但是从实际效果来看，租房券对消费者福利的改善更为显著。一是相较于住房实物补贴，租房券要求住房满足一定的条件，但并不指定具体住房，灵活性更高。基于对土地成本的考量，公共住房一般布局在地理位置偏远、基础设施较差的地区，容易产生社会分割、贫困集聚等问题。而租房券赋予消费者更广泛的选择权，使消费者在一定范围内选择更心仪的住房。同时，租房券对申请住房的限制性要求避免了消费者选择条件较差的住房。二是租房券面向的是市场上所有满足条件的住房，住房市场的竞争实际上有利于提高住房的质量，降低住房的价格。从长期来看，整个住房市场将朝着有利于消费者的方向发展。三是租房券有利于新市民实现职住平衡。新市民和青年人的收入水平往往难以负担其在工作地点附近租房。租房券有效增加了新市民和青年人的住房选择，节约了通勤成本，有利于实现职住平衡。

不少实证研究的结果也支持上述判断。与面向生产者的实物补贴相比，针对消费者进行补贴的租房券的成本更低，相比增加住房的生产计划具有更明显的政策效益[1]，也更为有效[2]，而且能够防止生产端补贴带来的管理疏忽、项目劣质、超额利润和过度建设等问题。[3] 针对租房券，一个潜在的担忧是可能会造成住房租金的上涨（如图 9-4 所示，$P_2 > P_0$）。埃里克森和罗斯的研究认为没有证据表明租房券的增加会影响租赁住房的整体价格。[4] 即便租房券引致房租上涨，但只要参与租房券的家庭获得的租房补贴高于上涨的租金，那么对于低收入家庭来说，仍然获得了住房福利的改善。

综上，住房专项补贴的政府支出成本要高于现金补贴，但就中低收入家庭的住房福利改善情况而言，住房专项补贴的住房福利改善效果要优于现金补贴。更进一步地，比较住房实物补贴和租房券两项住房专项补贴的效果，由于住房市场的需求价格弹性较大而供给价格弹性较小，因此对消费者进行补贴更能刺激中低收入家庭改善住房环境。所以，租房券相比住房实物补贴和现金补贴更能改善中低收入家庭的住房福利。

---

[1] Olsen E. O. , "Housing Programs for Low-Income Households," in Robert A. , Moffitt U. , eds. , *Means-Tested Transfer Programs in the United States*, Chicago Press, 2003. DiPasquale D. , Fricke D. , Garcia-Diaz D. , "Comparing the Costs of Federal Housing Assistance Programs, " *Federal Reserve Bank of New York Economic Policy Review*, 9 (2), 2003：147-166.

[2] Ohls J. C. , "Public Policy toward Low Income Housing and Filtering in Housing Markets," *Journal of Urban Economics*, 2 (2) , 1975：144-171.

[3] Orlebeke C. J. , "The Evolution of Low-Income Housing Policy, 1949 to 1999, " *Housing Policy Debate*, 11 (2) , 2000：489-520.

[4] Eriksen M. D. , Ross A. , "Housing Vouchers and the Price of Rental Housing, " *American Economic Journal：Economic Policy*, 7 (3) , 2015：154-176.

三　租房券的制度安排

作为住房消费券，租房券的政策目标是让中低收入者搬进"基本体面"[①] 且可负担的住房。租金补贴直接支付给房东，数额为家庭可负担的合理租金上限与公平市值租金间的差额，参与租房券计划的租赁住房质量须符合特定的设计标准。

（一）发放对象：中低收入家庭

在美国，租房券的发放对象仅限于美国公民和具有合格移民身份的特定类别的非公民。一般而言，家庭收入低于所在县或大都市区家庭收入中位数的 50%。收入中位数水平由美国住房和城市发展部（HUD）定期公布，并根据各地情况进行适当调整。公共住房管理署（PHA）负责收集申请者的家庭收入、资产、家庭构成等信息，并与申请人的雇主、银行等机构核实，以此来确定申请者是否具备享受租房券的资格以及可享有的具体补贴数额。拿到租房券后，持有者需要在 120 天内找到合适的住房。

（二）房源选择：符合质量和安全要求的任何住房

较之公共住房，租房券最显著的特点是将住房选择权还给申请者。在获得房东同意后，申请者可选择区域内符合特定的质量、面积和安全标准的任何住房。租房券发放前，相关部门将对租赁住房的质量进行检查。如果申请者由于工作变动等原因需要换房，需提前通知公共住房管理署。解除租约并找到合适的替代住房后，租房券可继续抵扣新租赁住房的房租。

（三）资金来源、支付方式与租金补贴数额

租房券计划在美国联邦一级由住房和城市发展部管理，租房券的资金来

[①] 美国《1949 年住房法案》（Housing Act of 1949）中制定的住房政策目标是"让全体美国人尽快搬进体面的家，享受稳定、良好的居住环境"。详见〔美〕格温德琳·赖特：《筑梦美国住房的社会史》，王旭译，商务印书馆，2015。

源于联邦政府，在各级地方政府由公共住房管理署管理，国会每年通过拨款程序为租房券提供资金，住房和城市发展部根据一定的规则将租房券分配给各州的住房机构。从 2007 年开始，美国国会通过将地方机构前一年使用租房券的数量乘以这些租房券的实际成本，然后根据通货膨胀和其他几个因素进行调整，为地方机构提供更新资金。[①]

早期租房券被称为租赁凭证，根据申请者的收入水平进行分档补贴，可弥补申请者合理住房开支（初期为家庭收入的 25%，后调整为 30%）与公平市值租金（Fair Market Rents）的差额，这一差额由美国公共住房管理署直接支付给房东。将补贴直接支付给房东有两点优势。一是专款专用，有利于保证租房券用于改善中低收入家庭的住房福利。与一般消费券不同，租房券的金额较大，套现的激励更高，虽然套现后对于低收入家庭的整体福利改善的作用更大，但有损于住房福利的改善，有悖于住房补贴政策的初衷。将补贴支付给房东有效地保证了补贴专用于住房福利的改善。二是有利于保障房东的利益，提高房东的参与度。房东的参与度是影响租房券计划实施效果的关键之一，直接发放给房东有利于让更多的房东参与进来，让贫困家庭拥有更多的选择，从而更大限度地提升租房券的效果。[②]

需要指出的是，家庭收入的 30% 被认为是一个家庭住房支出的合理上限，超过这一比重则被认为承受严重的住房支付负担。公平市值租金标准每年动态更新，根据房屋租金的中位数[③]确定。不同地区的公平市值租金差异很大。虽然大部分地区的公平市值租金较低，但人口净流入的大都市的公平市值租金通常较高。2021 年，美国非大都市区中仅有 14.4% 的区域的单套两居室公寓的公平市值租金高于 1000 美元/月，最高达 2023 美元/

---

① Center on Budget and Policy Priorities, Introduction to the Housing Voucher Program, https：//www. cbpp. org/research/introduction-to-the-housing-voucher-program.

② Lens M. C., "Safe, But Could Be Safer：Why Do Hcvp Households Live in Higher Crime Neighborhoods?" *Cityscape*, 15（3）, 2013：131-152.

③ 1984 年将百分位从中位数（50）降到 45，1995 年进一步降到 40。2001 年，美国联邦政府又将租金水平最高的 39 个住房市场的公平市值租金回调到中位数。详见〔美〕阿列克斯·施瓦兹：《美国住房政策》，陈立中译，中国社会科学出版社，2012。

月。而大都市区中57.7%的区域的公平市值租金均高于1000美元/月，最高可达3553美元/月（见图9-5）。2021财年美国前50个大都市区的公平市值租金（两居室公寓）均值为1517.3美元/月（见图9-6）。

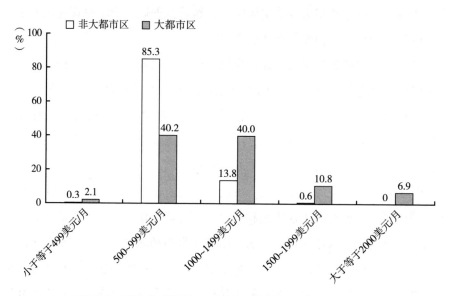

图 9-5　2021 年美国单套两居室公寓的公平市值租金分布

资料来源：Fair Market Rents（40th Percentile Rents），https：//www.huduser.gov/portal/datasets/fmr.html#2021_data。

　　值得注意的是，1983年，美国华盛顿州制定了一项独立的租房券计划，申请者的选择权得以进一步拓宽。补贴数额不再根据公平市值租金设定，而是由住房管理机构制定"支付标准"代表租房券项目所允许的最高房租。申请者可选择租金高于支付标准的住房，但需要自己承担高出支付标准的那部分租金。若选择低于支付标准的住房，则结余部分可留作自用。

　　1998年，美国租赁凭证和租房券计划合并为"住房选择租房券计划"（Housing Choice Voucher Program）（简称租房券），允许在公平市值租金的90%~110%范围内设定支付标准。同一城市的不同区域，可根据实际租金水平设定差异化的支付标准，租金贵的区域支付标准高，租金便宜的区域支付标准低。

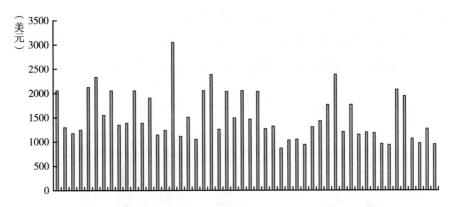

图9-6　2021财年美国前50个大都市区县的公平市值租金（两居室公寓）

注：横轴从左至右依次为：洛杉矶县、库克县、哈里斯县、马里科帕县、圣地亚哥县、奥兰治县、迈阿密-戴德县、金斯县、达拉斯县、河滨县、皇后县、圣贝纳迪诺县、金县、克拉克县、塔兰特县、圣克拉拉县、贝克萨县、布劳沃德县、韦恩县、纽约县、阿拉米达县、费城县、萨福克县、萨克拉门托县、布朗克斯县、棕榈滩县、拿骚县、希尔斯伯勒县、奥兰治县、凯霍加县、富兰克林县、奥克兰县、阿勒格尼县、亨内平县、特拉维斯县、费尔法克斯县、康特拉科斯塔县、盐湖县、蒙哥马利县、梅克伦堡县、威克县、富尔顿县、皮马县、圣路易斯县、火奴鲁鲁县、威彻斯特县、弗雷斯诺县、密尔沃基县、皮内拉斯县、马里恩县。

资料来源：Fair Market Rents（40th Percentile Rents），https：//www.huduser.gov/portal/datasets/fmr.html#2021_data。

四　租房券的政策效果

总体来看，租房券是美国住房补贴项目中受益范围最广的，从租房券项目中获得资助的美国家庭超过联邦的其他任何住房资助项目。

（一）租房券每年为200多万个美国家庭提供住房补贴

租房券每年为200多万个美国家庭提供住房补贴（见图9-7），补贴总金额约为200亿美元[①]，租房券持有家庭平均每年可获得8000美元的住房补

---

① Center on Budget and Policy Priorities，National and State Housing Fact Sheets & Data，https：//www.cbpp.org/research/housing/national-and-state-housing-fact-sheets-data.

贴。截至 2021 年 7 月，美国参与租房券计划的住房数量为 214 万个。① 新冠疫情发生后，美国救援计划法案（The American Rescue Plan Act 2021）为低收入租房者增加了 50 亿美元的特别租房券（Emergency Housing Vouchers）。②

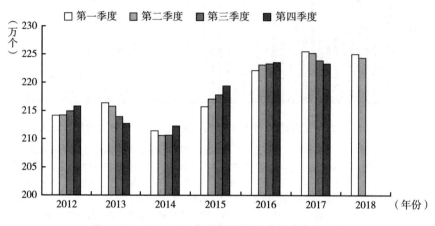

图 9-7　2012~2018 年美国使用租房券家庭的数量

资料来源：Center on Budget and Policy Priorities，National and State Housing Fact Sheets & Data，https：//www. cbpp. org/research/housing/national-and-state-housing-fact-sheets-data。

租房券在美国住房补贴项目中的占比持续上升，成为美国住房和城市发展部管理的最大的低收入住房补贴计划。1989~2015 年，在美国住房和城市发展部的补贴项目中，租房券所占份额从 26% 上升到 47.4%，而公共住房所占份额则从 33.4% 下降到 22.7%（见表 9-1）。需要说明的是，除了公共住房和租房券外，美国的住房补贴还包括纳入政府补贴范围内的私有多户住宅补贴项目。在该项目中，房东与政府签订合同并领取补贴，以弥补市场租金与租户支付租金间的差额，租客搬出后则不再享有补贴。

① 资料来源：Esri U. S. Federal Datasets，Housing Choice Vouchers by Tract，https：//hub. arcgis. com/datasets/HUD：：housing - choice - vouchers - by - tract/explore? location = 19. 701471% 2C0. 315564%2C2. 19&showTable=true。

② FACT SHEET：Housing Provisions in the American Rescue Plan Act of 2021，https：//www. hud. gov/sites/dfiles/Main/documents/Factsheet_ Housing_ Provisions_ American_ Rescue_ Plan_ Act-2021. pdf。

表 9-1　美国住房补贴项目的结构性变化趋势

单位：万套，%

调查年份	所有援助住房	公共住房占比	租房券占比	私有多户住宅补贴占比
1989	407.0	33.4	26.0	40.5
1991	403.6	28.4	28.3	43.3
1993	405.4	28.1	29.6	42.3
2003	428.0	25.6	42.1	32.4
2007	427.3	23.5	45.1	31.4
2009	442.6	22.6	46.8	30.6
2011	446.6	22.9	47.0	30.1
2013	449.0	22.9	46.8	30.2
2015	447.5	22.7	47.4	29.9

注：美国住房和城市发展部资助的住房补贴项目分为三大类：公共住房、租房券以及私有多户住宅（即一栋单独的建筑物内可容纳多个单独居住的家庭的住宅类型，参见 Real Estate Industry：A Resource Guide，https：//guides.loc.gov/real-estate-industry-sources/residential/multifamily）补贴；公共住房和私有多户住宅补贴是基于项目的计划，补贴与住宅挂钩；租房券是以租户为基础的，补贴与家庭挂钩，由家庭选择住宅单元。

资料来源：Characteristics of HUD-Assisted Renters and Their Units in 2015。

（二）租房券对参与家庭的住房条件与人力资本等产生了积极影响

租房券的发放总体增加了合意的租赁住房供应。[1] 更重要的是，租房券项目的实施对受资助家庭的住房支出、居住环境、人力资本等方面产生了积极影响。

一是显著降低了家庭住房支出负担。每年约有 200 万个美国家庭使用租房券，租房券的利用率总体在 90% 左右（见表 9-2），显著缓解了住房支付压力。尽管依然有少量家庭的住房消费支出在收入中占比较高，但这主要是由部分家庭在记录住房消费时没有收入或收入较少造成的。[2]

---

[1] Eggers F., Characteristics of HUD-Assisted Renters and Their Units in 2015, Available at SSRN 3615842, 2020.

[2] McClure K., "Rent Burden in the Housing Choice Voucher Program," *Cityscape*, 8 (2), 2005: 5-20.

表 9-2 租房券的使用情况

单位：个，%

年份	授权租房券	使用租房券的家庭数量	使用租房券的家庭占比
2004	2073855	1995967	96.2
2005	2113959	1957617	92.6
2006	2135387	1911064	89.5
2007	2160743	1956769	90.6
2008	2189303	2014468	92.0
2009	2204254	2063647	93.6
2010	2265542	2084103	92.0
2011	2302838	2127906	92.4
2012	2328233	2147790	92.2
2013	2356833	2147082	91.1
2014	2388491	2112518	88.4
2015	2413335	2175212	90.1
2016	2482231	2230598	89.9
2017	2499910	2244992	89.8

资料来源：Center on Budget and Policy Priorities, National and State Housing Fact Sheets & Data, https://www.cbpp.org/research/housing/national-and-state-housing-fact-sheets-data。

二是改善了参与家庭的居住环境。租房券计划要求租赁的房屋须符合特定的设计标准，租房券持有者会在搬家时选择条件稍好的社区，家庭居住环境得以改善。[1] 租房券项目对提高社区安全性也有明显效果，伦斯等对美国大城市住房数据的分析表明，2000 年，使用租房券家庭所居住的社区比通过基于地点的计划援助的家庭所居住的社区安全得多，黑人租房券持有者居住的社区犯罪率明显低于同一种族的贫困家庭。[2] 虽然部分租房券持有者会由于当前的工作机会等原因延迟搬迁到条件更好的社区[3]，但这无损于租房

---

[1] Feins J. D., Patterson R., "Geographic Mobility in the Housing Choice Voucher Program: A Study of Families Entering the Program, 1995-2002," *Cityscape*, 8 (2), 2005: 21-47.

[2] Lens M. C., Ellen I. G., O'Regan K., "Do Vouchers Help Low-Income Households Live in Safer Neighborhoods? Evidence on the Housing Choice Voucher Program," *Cityscape*, 13 (3), 2011: 135-159.

[3] Eriksen M. D., Ross A., "The Impact of Housing Vouchers on Mobility and Neighborhood Attributes," *Real Estate Economics*, 41 (2), 2013: 255-277.

券计划对参与家庭居住环境的显著改善作用。一项在 6 个城市进行的随机抽样调查结果显示：通过参与租房券计划，美国无家可归的家庭比重从 13%减少到 3%，居住在过度拥挤的环境中的家庭比重从 46%下降至 24%（见图 9-8）。

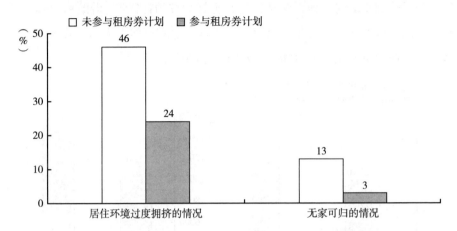

图 9-8　租房券计划对参与家庭居住环境的改善情况

资料来源：Wood M., Turnham J., Mills G., "Housing Affordability and Family Well-Being: Results from the Housing Voucher Evaluation," *Housing Policy Debate*, 19（2），2008：367-412。

三是有效分散贫困。通过允许持有者广泛选择合意的住房，租房券将贫困的租房家庭分散到低贫困社区[1]，比其他住房补贴计划能更有效地避免贫困家庭集中。特别是在比较对有孩子家庭的影响时，租房券分散贫困的效果更为明显。[2] 迪瓦恩等通过对美国 50 个最大的大都市区租房券计划发展情况的研究发现，超过 50%的租房券计划参与家庭居住的社区的贫困率低于 20%，近 30%的租房券计划参与家庭生活在贫困率低于 10%的社区，22%的参与家庭生活在贫困率超过 30%的地区；中心城市有超过 1/3 的租房券计划参与家庭生活在贫困率超过 30%的地区，但仅有 6%的郊区家庭生活在高贫

---

[1] McClure K., Schwartz A. F., Taghavi L. B., "Housing Choice Voucher Location Patterns a Decade Later," *Housing Policy Debate*, 25（2），2015：215-233.

[2] Sard B., "Housing Vouchers Should Be a Major Component of Future Housing Policy for the Lowest Income Families," *Cityscape*, 5（2），2001：89-110.

困地区。[1]

四是改善人力资本。租房券计划会显著改善 6 岁以下低龄儿童的人力资本状况。[2] 相关研究发现，如果给予适当的信息和机会，当参与租房券的家庭的孩子达到学龄时，他们将搬到拥有更好学校的社区[3]。借助租房券搬迁到低贫困社区的儿童在成年以后发展得更好，更有可能上大学，收入水平显著提升，成为单亲父母的可能性更小（见图 9-9）。

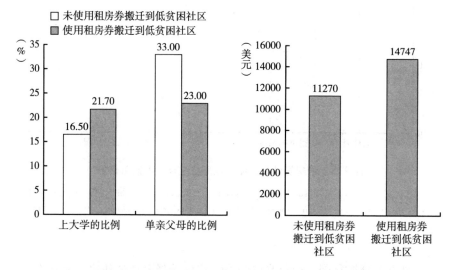

图 9-9　是否参与租房券计划搬迁到低贫困社区对儿童发展的影响情况

资料来源：Sard B., Rice D., "Realizing the Housing Voucher Program's Potential to Enable Families to Move to Better Neighborhoods," Center on Budget and Policy Priorities, UPDATED January 12, 2016, https://www.cbpp.org/research/housing/realizing-the-housing-voucher-programs-potential-to-enable-families-to-move-to。

① Devine D. J., Gray R. W., Rubin L., Taghavi L. B., *Housing Choice Voucher Location Patterns: Implications for Participants and Neighborhood Welfare*, Washington, DC: U.S. Department of Housing and Urban Development, Office of Policy Development and Research, 2003.
② Ellen I. G., "What Do We Know about Housing Choice Vouchers?" *Regional Science and Urban Economics*, 80, 2020.
③ Ellen I. G., Horn K. M., Schwartz A. E., "Why Don't Housing Choice Voucher Recipients Live near Better Schools? Insights from Big Data," *Journal of Policy Analysis and Management*, 35 (4), 2016: 884-905.

（三）租房券可能存在的漏洞与弊端

作为一种住房补贴机制，租房券在客观上可能存在以下漏洞与弊端。

一是带来房租的上涨。实施租房券计划的前提是住房市场总体上达到供需平衡，此时发放租房券对房租的影响较小。如巴内特的研究以及埃里克森和罗斯的研究都显示没有证据表明租房券会带来租金上涨。[①] 在租房券发放较多的大都市区，即便供需总体平衡，但可供低收入家庭选择的中低端住房供应相对不足，租房券的发放会带来一定的房租上涨，如苏辛的研究表明租房券使用导致 90 个大都市区房租平均上涨了 10% 以上。[②] 不过，房租上涨程度总体小于租房券的补贴力度。租房券的发放机构也会对租金支付情况进行审查，使用者必须证明使用租房券的住房单元与无补贴的单元的租金相比是合理的。[③]

二是房东和租房者合谋以高租金骗取补贴的问题。这种情况客观存在，除了租房券发放机构对租金进行严格的审查和限制要求租金在合理范围内之外，相关法案还设置了严厉的处罚措施，包括要求骗补者退回补贴，最高可对其罚款 10000 美元、监禁 5 年，并剥夺其未来的租房券领用资格等。[④]

三是信息不对称影响租户和房东参与租房券计划。据相关调查，仅有不到 48% 的房东和 31% 的租户知道租房券计划。[⑤] 信息不对称阻碍了房东接纳

[①] Barnett C. L. , "Expected and Actual Effects of Housing Allowances on Housing Prices, " *Real Estate Economics*, 7 (3), 1979: 277-297. Eriksen M. D. , Ross A. , "Housing Vouchers and the Price of Rental Housing, " *American Economic Journal: Economic Policy*, 7 (3), 2015: 154-176.

[②] Susin S. , "Rent Vouchers and the Price of Low-Income Housing, " *Journal of Public Economics*, 83 (1), 2002: 109-152.

[③] Fischer W. , "Vouchers Can Help Families Afford Homes, with Little Impact on Market Rents," Center on Budget and Policy Priorities, December 7, 2021, https://www.cbpp.org/research/housing/vouchers-can-help-families-afford-homes-with-little-impact-on-market-rents#: ~: text = But%20research%20on%20past%20voucher, significant%20impact%20on%20market%20rents.

[④] Aires C. L. , "What Is Section 8 Fraud?" https://www.sapling.com/7759534/section-8-fraud.

[⑤] Goodman L. , Choi J. H. , Landlords and Tenants Need More Information on Rental Assistance and Eviction Moratorium Policies, Urban Institute, March 9, 2021, https://www.urban.org/urban-wire/landlords-and-tenants-need-more-information-rental-assistance-and-eviction-moratorium-policies.

使用租房券的租户，不少房东并不了解租房券。相比房东，租户对租房券信息的了解就更加缺乏。即便房东和租户都知晓相关信息，也可能因不确定自己是否符合条件而放弃申请。

四是烦琐的交易程序抑制了房东的参与意愿。相关调查显示，约40%的房东表示，由于该计划的复杂规则而不接受用租房券的租户，29%的房东表示不想应对相应的房产检查，20%的房东表示租房券的审批时间过长，这不同程度地影响了房东的参与意愿。[①] 资金发放限制也对租户和房东参与产生了一定的负面影响。租户通常搬入后才能领到补贴，对延迟收到房租的担忧抑制了房东的参与热情。

五 在人口净流入的中国大城市发放租房券的初步政策构想

人口净流入的大城市的开发建设时间早，核心区基本不具备大规模建设保障性租赁住房的条件，新建的保障性租赁住房主要位于城市边缘，通勤不便，餐饮、购物等配套设施也不足，无法满足新市民市区内就业和社交等需要，以及较频繁更换工作地点带来的灵活居住需求。[②] 这也是造成一些城市保障性租赁住房闲置与新市民住房困难并存的原因。符合保障性租赁住房入住条件的新市民，宁愿自行选择基础设施较差但交通便利的城中村出租屋，也不愿住在区位偏僻的保障性租赁住房社区。此外，"补砖头"的住房保障方式成本较高，在地方政府财力普遍吃紧的情况下难以大规模建设，能够惠

---

① Choi J. H., Goodman L., "Housing Vouchers Have Helped Tenants and Landlords Weather the Pandemic," Urban Institute, March 23, 2021, https：//www.urban.org/urban－wire/housing－vouchers－have－helped－tenants－and－landlords－weather－pandemic.

② 李梦玄、周义：《保障房社区的空间分异及其形成机制——以武汉市为例》，《城市问题》2018年第10期。陈劼：《基于通勤视角的天津市保障房空间失配演化研究》，《中国人口·资源与环境》2016年第S2期。王敏：《北京市保障性住房发展现状与有效供给的政策思考》，载宋贵伦、冯虹主编《2017年北京社会建设分析报告》，社会科学文献出版社，2017。

及的新市民群体规模比较有限。部分城市探索以货币化补贴推进住房保障方式转型，但直接发钱的方式难以保证租赁补贴专款专用，接受补贴的新市民很可能将其转为储蓄或其他开支，无法带动合意的租赁住房供给与租赁品质提升。

作为政府发放的住房消费券，通过补贴新市民合理住房开支与实际租金负担间的差额，租房券有望缓解新市民的住房困难，其低成本、灵活的突出优势可以更好地匹配新市民规模大、居住地点变化频繁的特征。从美国的租房券政策实践看，租房券项目对受资助家庭的住房支出、居住环境、人力资本等方面都产生了积极影响。与低收入人群集中居住的保障性租赁住房项目相比，为新市民发放租房券可有效地解决保障人群集中居住带来的社会问题。考虑到中国大部分城市住房总量已经达到基本平衡甚至供过于求，租房券引入中国的时机已经成熟，可在试点的基础上逐步推广，成为探索新的住房发展模式的有益尝试。结合中国国情，本章提出以下初步政策构想。

（一）租房券的发放对象、方式与资金来源

租房券的发放对象应主要是住房困难的新市民。租房券的申请家庭的收入水平应低于所在城市三口之家平均可支配收入的50%，且收入中的住房支出超过30%，同时根据各城市居民的实际收入水平适当调整。租房券的使用对象可以是住房租赁市场中的任何符合条件的住房，其中包括城中村出租屋。租房券发放前，须对申请人和相关租赁住房进行详细的核实。一是由负责住房保障的住建部门对申请家庭的收入、资产、家庭构成等信息进行核实；二是对租赁住房的质量、面积和安全标准等信息进行审查，符合标准后方可发放租房券。

补贴数额为家庭可负担的合理租金上限与"支付标准"间的差额。建议根据不同城市不同区域的平均租金水平和申请者收入水平进行分档补贴，以弥补申请者合理住房开支（家庭收入的30%[①]）与支付标准（当地

---

① 国际上通常将家庭收入的30%作为合理住房开支的上限。

60平方米①市场化租赁住房的平均租金）间的差额。例如，某城市按照60平方米、每平方米60元租金确定"支付标准"为每月3600元，新市民家庭每月收入为10000元，其合理住房开支为3000元，租房券将补贴合理住房开支3000元与实际租金3600元间的差额为600元。为确保租房券专款专用，补贴应直接付给房东，且租赁双方需签订正式的租赁合同并进行备案。如果申请人由于工作等原因需要更换住房，需提前告知住建部门，在解除租约并找到新的符合标准的住房后，可继续使用租房券抵扣房租。

资金来源方面，短期内可将目前用于住房实物补贴的存量资金转为租房券，未来的增量住房保障补贴应以租房券为主，以渐进式实现住房补贴政策的结构性转变。2020年，中国地方财政一般预算支出为210583.46亿元，其中6499.5亿元用于住房保障，占比为3.09%。从典型人口净流入城市租房券金额的估算结果来看，不论是以最低收入还是中间偏下收入为标准进行补贴，占财政支出比重均不超过3%（见表9-3）。因此，城市政府若将原本用于实物补贴的资金转为租房券，基本可覆盖新市民的住房保障需要，但具体情况需要视各城市住房市场的供需情况而定。

（二）发放城市选择：先试点、后推广

先试点、后推广的渐进式改革是中国改革的宝贵经验。租房券作为一项新的住房补贴政策，应稳妥推进，以达到阶梯式改善新市民租住条件的目标。美国租房券政策的经验表明，租房券的发放有特定的适用条件，即住房供求关系从供不应求转向总体平衡。中国人口净流入城市的住房供求基本情况仍存在较大差异，户均住房套数、租金支付能力、存量住房结构均不相同。因此，租房券应率先在住房供需总体平衡（户均住房为1.0~1.1套）或供过于求（户均住房超过1.1套）的城市发放。即便是总体供过于求的城市，也存在一定数量住房困难的新市民，在这些城市先试点租房券

---

① 租房券旨在保障新市民基本居住需求，应以小户型为主。此外，在各地住房保障的政策实践中，公共租赁住房套均面积一般控制在60平方米以内。

能够为新市民提供更加灵活的居住选择。在这类城市发放租房券，由于供给侧的房源相对充足，能够有效避免因租房券发放带来的租金上涨影响到其他群体，作为试点较为稳妥，可为其他类型城市发放租房券提供有益的经验。

住房总体短缺的城市可在增加租赁住房供应的基础上适当发放租房券。在这类城市，租房券的发放如果未能辅之以增加租赁房源供应的配套措施，租房券的政策效果将有所打折，甚至将挤出其他群体的合理住房需求。因此，可将租房券发放和盘活存量房源统筹考量。实际上，租房券的发放提升了新市民的租金支付能力，使"工改租"、"商改租"和城中村租赁住房提质升级等盘活存量房源的市场行为有利可图，将有助于增加租赁住房供应。

（三）租房券的政策细节要充分放权、因地制宜

各地租房券具体的申请资格、支付标准应充分放权，由地方政府根据各地实际情况来决定。出租人收到租房券后，可向政府申请折抵税款或者兑换现金，但房源需满足政府对于租赁住房的质量和安全标准。我们建议，城中村出租屋、老旧小区出租房在完善基础设施、符合政府设定的保障性租赁住房质量标准后也可被纳入"租房券"适用范围，为城中村出租屋权利人与老旧小区业主进行改造提供有效激励。可以预期的是，由于用租房券折抵部分房租需要签订合同并备案，租房券的发放还将促进租赁备案率的提升，有利于完善租赁监管。

（四）加强租房券监测与评估，动态优化租房券政策

针对引入租房券后可能产生的问题，应在政策实践中加强监测与评估。可考虑建立租房券电子监测平台，将符合要求的中低收入家庭和房源纳入其中，减少供需双方的搜寻成本，以便于有关部门对租房券进行有效监测与管理。利用租房券实时产生的大数据进行精准分析，及时发现并应对政策实践中的挑战，动态完善租房券政策。

附录　代表性城市补贴金额测算

根据租金的不同水平，本章选择人口净流入且住房总量较为充裕的代表性城市分别测算不同收入水平下的租房券金额（见表9-3）。其中，低租金水平以成都为代表，中等租金水平以武汉为代表，高租金水平以南京为代表。

在租金水平相对较低的成都，主要为在中心城区租房的新市民家庭提供租房补贴。若要为10%的新市民家庭提供租房补贴，以最低收入（20%低收入组家庭人均可支配收入，15597.7元/年）为标准估算中低收入家庭的收入，在城市中心租房需要财政补贴21.97亿元/年，在城区一般位置租房需要财政补贴7.57亿元/年；以中间偏下收入（20%中间偏下收入组家庭人均可支配收入，27501.1元/年）为标准估算中低收入家庭的收入，在城市中心租房需要财政补贴1.44亿元/年，在城区一般位置和郊区租房则不需要财政进行补贴。

在租金水平处于中间位置的武汉，租房券主要对在中心城区和城区一般位置租房的新市民家庭进行补贴，不需要为在郊区租房的家庭提供补贴。以最低收入为标准估算中低收入家庭的收入，在城市中心租房需补贴36.34亿元/年，在城区一般位置租房需补贴12.34亿元/年；以中间偏下收入为标准估算中低收入家庭的收入，在城市中心租房需补贴24.61亿元/年，在城区一般位置租房需补贴0.60亿元/年。

在租金水平相对较高的南京，需要为在郊区和城区租房的家庭提供租房补贴。以最低收入为标准估算中低收入家庭的收入，在城市中心租房需补贴42.86亿元/年，在城区一般位置租房需补贴39.88亿元/年，在郊区租房需补贴30.71亿元/年；以中间偏下收入为标准估算中低收入家庭的收入，在城市中心租房需补贴35.39亿元/年，在城区一般位置租房需补贴32.40亿元/年，在郊区租房需补贴23.23亿元/年。因此，具体的补贴金额应根据不同城市的房租水平、新市民的规模具体分析。

表 9-3　典型人口净流入城市租房券金额测算

城市	地段	租金(元/60平方米/月)	外来家庭(个)	以最低收入为标准补贴			以中间偏下收入为标准补贴		
				租金差额(元/月)	补贴金额(亿元/年)	占财政支出比重(%)	租金差额(元/月)	补贴金额(亿元/年)	占财政支出比重(%)
成都	一类	2125	1916667	955	21.97	0.98	63	1.44	0.06
	二类	1499		329	7.57	0.34	−564	—	—
	三类	888		−282	—	—	−1175	—	—
武汉	一类	3935	1095267	2765	36.34	1.64	1872	24.61	1.11
	二类	2108		939	12.34	0.56	46	0.60	0.03
	三类	1105		−65	—	—	−957	—	—
南京	一类	6287	698000	5118	42.86	2.36	4225	35.39	1.95
	二类	5931		4761	39.88	2.19	3868	32.40	1.78
	三类	4836		3666	30.71	1.69	2773	23.23	1.28

注：（1）地段：一类，即城区中心地段；二类，即城区一般地段；三类，即城市郊区地段；（2）租金：根据 2022 年 8 月各城市房屋租赁价格的中位成交价，按照住房面积 60 平方米计算所得，资料来源于国信房地产信息网；（3）外来家庭：根据常住人口与户籍人口的差额计算外来人口，按照每个家庭 3 口人计算外来家庭数量，资料来源于国家信息中心宏观经济与房地产数据库；（4）租金差额：住房租金和家庭住房合理开支（家庭收入的 30%）之间的差额；低收入和中低收入的家庭收入，分别根据《中国统计年鉴 2021》中"城镇居民按收入五等份分组的人均可支配收入"中的"20% 低收入组家庭人均可支配收入（15597.7 元/年）"和"20% 中间偏下收入组家庭人均可支配收入（27501.1 元/年）"，按照 3 口之家计算所得；（5）补贴金额：对 10% 的外来家庭进行租房补贴的金额；（6）占财政支出比重：租金补贴占地方财政一般预算支出的比重，资料来源于国家信息中心宏观经济与房地产数据库。

资料来源：笔者测算。

第十章
房企隐性债务及对金融体系负债测算

蔡真 崔玉*

- 房企隐性债务带来了巨大风险，导致当前房企债务违约处置困难。房企隐性债务主要包括四种方式：以少数股东权益方式存在的隐性负债、以长期股权投资方式存在的隐性负债、计入所有者权益的表内隐性负债以及利用 ABS 隐藏有息负债。

- 以少数股东权益方式存在的隐性负债需满足两个标准：第一，少数股东权益占所有者权益比例较高；第二，少数股东损益占比与少数股东权益占比存在明显偏差。我们测算了以少数股东权益方式存在的隐性负债规模，其表现出三个特点：第一，以 2015 年货币化棚改为标志，后续时段快速增长，截至 2021 年，以这种方式存在的隐性负债达到 9038 亿元；第二，采取这种方式进行隐性负债的房企具有普遍性，2021 年有 79 家房企的少数股东权益占比超过 20%；第三，个别房企采取这种隐性负债方式比较极端，有 5 家房企的少数股东权益占比超过 70%。

- 以长期股权投资方式存在的隐性负债需满足两个标准：第一，长期股权投资占所有者权益比例较高；第二，长期股权投资回报率与房企净资产利润率存在明显偏差。我们测算了以长期股权投资方式存在的隐性负债规模，其表现出三个特点。第一，从 2016 年开始，

* 蔡真，中国社会科学院金融研究所副研究员，国家金融与发展实验室房地产金融研究中心主任、高级研究员；崔玉，国家金融与发展实验室房地产金融研究中心研究员。

无论房企规模大小，长期股权投资的相对规模都出现了快速增长，这与少数股东权益占比快速增长的时间点一致；2021 年相对 2020 年的增速更快（尤其是大房企），这主要是因为 2020 年实行了"三道红线"政策，而一些大房企踩线情况更严重，更有动力通过隐性负债规避监管。截至 2021 年，以这种方式存在的隐性负债达到 10649 亿元。第二，采取这种方式进行隐性负债的房企具有普遍性，2021 年有 72 家房企的长期股权投资占比超过 20%。第三，个别房企采取这种隐性负债方式比较极端，有 5 家房企的长期股权投资占比超过 70%。

- 除了以少数股东权益和长期股权投资方式发生的隐性负债外，房企还有两类隐性负债方式：其一，计入所有者权益的表内隐性负债，具体包括永续债、优先股和可转债，这类隐性负债在 2021 年的规模约为 1185 亿元；其二，利用 ABS 隐藏有息负债，具体包括供应链应付账款 ABS、购房尾款 ABS、类 REITs 等，这类隐性负债在 2021 年的规模为 6598 亿元。

- 从时间趋势看，2015 年后，房企隐性负债规模快速增长；2017 年，隐性负债规模超过 1 万亿元；2019 年一举超过 2 万亿元；2020 年达到 2.68 万亿元的峰值；2021 年，房企隐性负债规模为 2.47 万亿元。考虑房企隐性负债，并经过资金供给和需求的交叉检验后，房企对金融体系的负债在 2021 年约为 20.75 万亿元。

房企采取"高杠杆、高负债、高周转"的"三高"经营模式，资产规模的扩张必然伴随着负债规模的扩张，这一点在 2015 年货币化棚改之后越发明显。随着金融监管加强，正规金融体系的资金难以满足房企扩张的冲动，房企纷纷转向影子银行融资并形成隐性债务。在经济上行和房地产繁荣时期，隐性债务并不构成对金融稳定的威胁；然而，一旦市场趋冷，隐性债务成为风险传染的重要渠道，且复杂的债权债务关系导致风险处置难。本章重点分析上市房企隐性负债的主要方式，并测算隐性债务的规模，目的在于为监管层提供处置风险的依据，本章对测算的隐性负债在加总显性负债后与金融体系的资金供给进行了交叉检验，具有可靠性。

一 以少数股东权益方式存在的隐性负债的估算

（一）具体操作方法

上市房企与投资方合作开发某一房地产项目，其中上市房企股权超过51%（或者拥有实际控制权），投资方既可以是房企也可以是信托、基金、保险机构等金融机构。如果是前者则在很大程度上是共同开发，上市房企与合作方按比例分成，则这时不存在明股实债的情况。如果是后者则在很大程度上存在明股实债的情况，因为金融机构没有开发能力，这时往往由上市房企与金融机构签订回购协议，金融机构拿到固定回报的利息收入。

因此，判断是否存在以少数股东权益方式存在的隐性负债需要两个要件：第一，表面上以合作开发的形式存在，在合并报表上体现为资产负债表存在少数股东权益科目；第二，资产负债表与利润表在分配比例上存在差异，因为金融机构以投资方身份拿走了固定收益。两个条件缺一不可。

（二）目前计算方法的错误之处

1. 将所有少数股东权益均视为明股实债，这是一种极其粗糙的计算方法，因为市场上存在不少真正合作开发的模式。

2. 应用少数股东权益占所有者权益比例与少数股东损益占净利润比例的差异估算，这个方法在原则上是正确的；然而，并表全资子公司的投入在当期就计入了少数股东权益，但是这些项目要达到收入确认条件至少是1~2年之后的事情。正确的做法是要考虑滞后期。

3. 考虑少数股东权益占比与少数股东损益占比差异后直接计算，这种情况有可能出现明股实债为负值的情况，在现实中，很多上市公司应用少数股东权益进行会计操纵从而达到盈余管理的目的。因此应分情况讨论。

（三）我们的计算方法

1. 如果所有者权益规模为 A，少数股东权益规模为 B，记少数股东权益占比 $n=B/A$；净利润规模为 C，少数股东损益为 D，记少数股东损益占比 $m=D/C$，同时记两者之差 $k=n-m$；明股实债的规模为 X，则：

$$\frac{B-X}{A-X}=\frac{D}{C}$$

解得：

$$X=\frac{B\times C-D\times A}{C-D}$$

2. 考虑到收入确认存在滞后期，我们使用 k（+1）和 k（+2）的均值作为验证项，当这个值相对稳定时可以确认是明股实债。

3. 假定上市房企净利润大于 0

（1）$n>0$，即少数股东权益占比大于 0 的情况

①$k<0$，意味着少数股东损益占比>少数股东权益占比，上市房企涉嫌调低滞后年份的归母利润。

②$k>0$，存在两种情况：

（a）$k>n>0$，说明少数股东损益为负值，上市房企涉嫌调高滞后年份的归母利润；

（b）$n>k>0$，这是存在明股实债的情况，因为投资方已经在分红前拿走固定收益，所以利润的分配比例小于股权占比。

（2）$n<0$，因为所有者权益为正值，则意味着少数股东权益为负值，这种情况比较少见，暂不考虑。

（四）一些估算的发现

1. 整体发现

第一，上市房企以少数股东权益进行并表合作开发从数量和占比来看呈上升趋势：截至 2021 年，少数股东权益占比超过 20% 的上市房企数量为 79

家，数量占比接近 50%（见图 10-1），且少数股东权益占比较高的房企数量以更快速度增长（见图 10-2），经观察发现大部分是规模较大房企，说明大房企更有动力通过合作方式寻求规模效应。

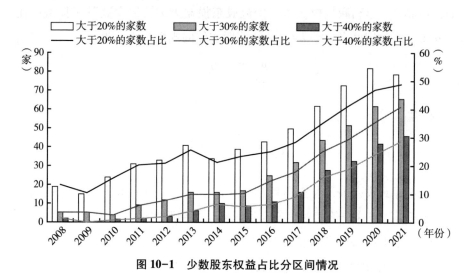

图 10-1　少数股东权益占比分区间情况

资料来源：Wind，由国家金融与发展实验室房地产金融研究中心计算而得。

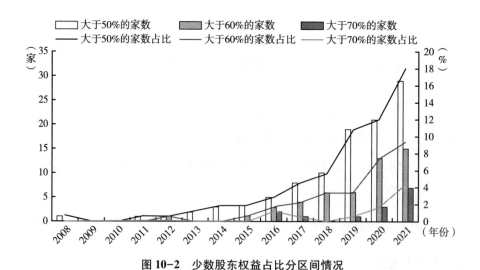

图 10-2　少数股东权益占比分区间情况

资料来源：Wind，由国家金融与发展实验室房地产金融研究中心计算而得。

第二，时间节点上存在典型特征：其一，以 2015 年货币化棚改为标志，后续时段快速增长，说明风险是从 2016 年开始的；其二，2021 年相对 2020 年增速更快，2020 年实行"三道红线"政策，说明房企有动力通过隐性负债规避监管。

第三，少数股东权益占比的快速增长充其量只能说明并表合作模式普遍，目前还不能说明明股实债，证据链还不充足。但存在如下线索：对于少数股东权益的并表，只有当母公司控股超过 51% 时需要并表，这意味着少数股东权益这一项一般不会超过 49%；当然现实中也有三家合作控股超过 33% 的情况，那么少数股东权益占并表的比例会达到 66%，这种情况一般发生在地价比较高的城市。一般情况是两家合作，如此之高的少数股东权益占比可能说明上市房企签订了明股实债的回购协议，否则在上市房企所占份额比较小、在报表上又体现为控制权的条件下，合作方为什么愿意合作？大概率是上市房企答应回购。

第四，我们对应图 10-2 查找了具体是哪些房企，有不少是已经违约的上市房企，包括恒大、蓝光发展、华夏幸福、绿城中国、正荣地产等，表现出较高的相关性。

2. 个案比较

这里展示两类案例，一类是明显符合上述证据链的房企，另一类是不符合的房企。

中国奥园是典型的属于以少数股东权益方式存在的隐性负债的案例。第一，观察少数股东权益占比情况，从 2015 年开始迅速增加，符合货币化棚改后合作模式突出的特点。第二，2015 年后，少数股东权益占比一直大于两者之差，符合上文分情况讨论的明股实债情况。第三，两者之差无论是滞后一年还是滞后两年高度稳定，说明这形成了隐性负债的固定模式。第四，两者之差较高，说明少数股东损益占比较少，那么这意味着合作方大部分以固定收益形式拿走了收益。图 10-3 右图估算的明股实债也具有典型的趋势性。

阳光城在 2015 年之后的走势与中国奥园类似，符合隐性负债的四个特点，可以判断是明股实债。2015 年之前，阳光城的少数股东权益占比也有较高的情

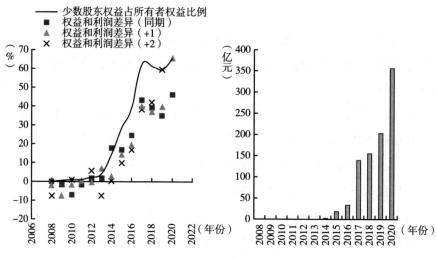

图 10-3　中国奥园明股实债证据及估算

资料来源：Wind，由国家金融与发展实验室房地产金融研究中心估算而得。

况，2011 年达到 53.76%，但两者之差无论是滞后一年还是滞后两年都超过了少数股东权益占比，说明少数股东损益为负值，其很可能是利用少数股东损益为负值调高归母净利润，因此这种情况未作为明股实债统计进来（见图 10-4）。

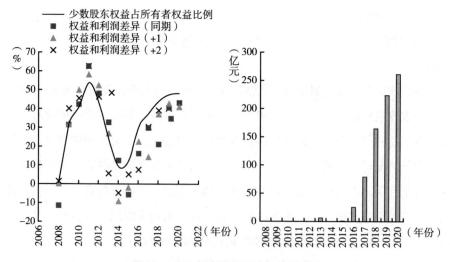

图 10-4　阳光城明股实债证据及估算

资料来源：Wind，由国家金融与发展实验室房地产金融研究中心估算而得。

图 10-5 是融创的情况，2015 年之后符合明股实债特征，但少数股东权益并不是一直增长。2015 年之前有部分年份存在明股实债情况，基本是少数股东权益占比比较高的时候。

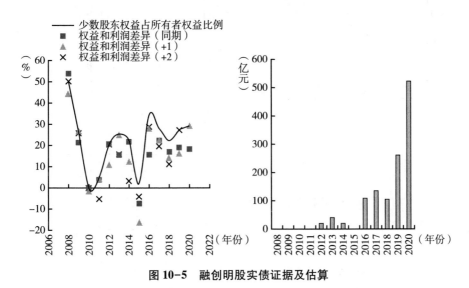

图 10-5 融创明股实债证据及估算

资料来源：Wind，由国家金融与发展实验室房地产金融研究中心估算而得。

万科的融资方式，市场比较熟知的是以供应链融资为主。我们对其是否以少数股东权益方式产生隐性负债进行了考察：第一，少数股东权益有增长趋势，但不符合 2015 年大幅增长的情况；第二，少数股东权益一直增长，但少数股东权益占比与少数股东损益占比之差一直围绕 0 附近波动，说明利润的分配比例几乎与少数股东权益是一致的。图 10-6 右图中尽管隐性负债具有一定规模，但与少数股东权益的规模相比还是较少，可以判定万科采用真正合作开发模式。

恒大也不以少数股东权益方式产生隐性负债。尽管少数股东权益存在大幅增长的情况，但两者之差高度波动，且很多时候小于 0，小于 0 实际上对应归母利润亏损较大，这也符合实际情况（见图 10-7）。

（五）总规模估算

整体来看，以少数股东权益方式存在的隐性负债呈快速增长趋势，且

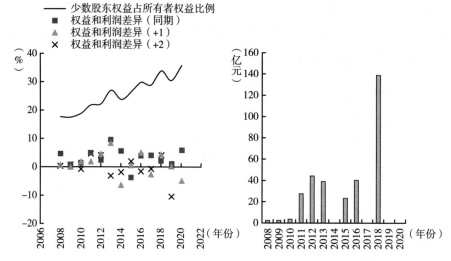

图 10-6　万科不以少数股东权益方式产生隐性负债情况

资料来源：Wind，由国家金融与发展实验室房地产金融研究中心估算而得。

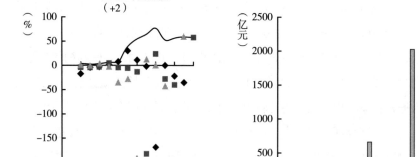

图 10-7　恒大不以少数股东权益方式产生隐性负债情况

资料来源：Wind，由国家金融与发展实验室房地产金融研究中心估算而得。

2015年之后和2020年呈跳增态势，2020年以少数股东权益方式发生的隐性
负债规模为7732亿元。2021年下降的原因包括两个。第一，统计原因。不
少房企年报未发布，导致不能计算。第二，真实原因。因房企爆雷隐性负债
不能兑付。由于2021年数据失真，我们采取如下方式修订数据：对于那些
2021年因缺少年报数据而空缺的房企，如果2020年存在以少数股东权益方
式发生的隐性负债，我们直接将2020年的隐性负债认定为2021年的隐性负
债，经修订后的2021年以少数股东权益方式存在的隐性负债为9038亿元
（见图10-8）。

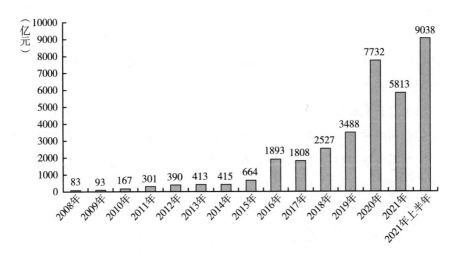

图 10-8 上市房企以少数股东权益方式存在的隐性负债（估算）

资料来源：Wind，由国家金融与发展实验室房地产金融研究中心估算而得。

二 以长期股权投资方式存在的隐性负债的估算

（一）具体操作方法

与以少数股东权益方式进行合作开发类似，以长期股权投资方式进行合
作开发也存在明股实债的隐性负债。具体的操作方法与以少数股东权益方式

进行合作开发类似：上市房企与投资方合作开发某一房地产项目，投资方既可以是房企也可以是信托、基金、保险机构等金融机构。如果是前者则在很大程度上是共同开发，如果是后者则存在明股实债的可能性。以少数股东权益合作开发和以长期股权投资合作开发的区别在于：以少数股东权益合作开发，上市房企拥有股权超过51%或拥有实际控制权；而以长期股权投资合作开发，上市房企不具有实际控制权。两种合作方式在会计操作上也存在区别：前者要进行并表操作，无论是资产负债表还是损益表都需要并表，这样就可以获取合作方的信息，为是不是明股实债的判断提供了更多的信息和便利条件；后者并不进行并表操作，上市房企只记录自身对合作项目的长期股权投资规模以及长期股权投资收益，我们无法从上市房企的年报中得知合作方的信息，从而很难判断合作方到底进行真股权投资还是以获取固定收益为目的的明股实债操作。

由于以长期股权投资方式进行合作开发不要求并表，这给一些有市场势力的房企利用这种方式进行隐性负债提供了更大的便利。然而，亦有两个要件可以判断长期股权投资中是否存在隐性负债。第一，长期股权投资金额与所有者权益相比规模较大，一些房企的这一比例甚至超过50%，这一比例较大说明非并表合作开发规模较大，为隐性债务融资提供了可能性。第二，长期股权投资的回报率长期大幅低于上市房企的净资产利润率。从上市房企报表来看，大部分的长期股权投资主要用于项目开发，这与房企的主业相同，两者的投资回报应当大致相当，否则上市房企完全可以自己开发，没必要进行合作开发。另一个可能的解释是：房企利用长期股权投资这种方式进行隐性债务融资，从而扩张规模。

（二）目前计算方法的错误之处

目前，一些券商采取如下方法估算以长期股权投资方式存在的隐性负债，即用长期股权投资规模乘以一个杠杆倍数来估算，有的是全行业采取某一固定的杠杆倍数（如兴业证券采取2倍），有的则是直接套用上市房企自身的杠杆倍数。这些估算方法存在如下问题。

第一，这种方法假定上市房企只要有长期股权投资就存在隐性负债，这显然不合理，因为市场上存在不少真正合作开发的模式。

第二，估算方法太过粗糙。2倍杠杆倍数的估算方式抹平了公司差异，而直接套用上市房企自身杠杆倍数也显得过于简单。一般而言，长期股权投资的杠杆倍数应该小于上市房企自身杠杆倍数，这是因为隐性负债的成本更高，正是因为正规渠道无法融资才从影子渠道融资，这会导致杠杆倍数相应变小。我们在实际测算过程中也检验了自身杠杆倍数测算的结果，发现比我们的方法高出3~4倍，同时远远大于上市房企对共同控制企业的担保金额，明显高估。

（三）我们的计算方法

1. 如果长期股权投资规模为 I，则房企净资产利润率为 r，明股实债的规模为 X，明股实债的融资成本为 i，长期股权投资回报率为 r'，则有以下等式成立：

$$\frac{I \times r - X \times i}{I} = r'$$

上式的含义是：长期股权投资回报率应等于净资产利润率，在经过明股实债的融资成本调整后取得最终的回报率。由上式可解得：

$$X = I \times \frac{r - r'}{i}$$

在上式中，$\frac{r-r'}{i}$ 表示杠杆规模。

关于上式参数的说明如下。

（1）由于长期股权投资的利润确认存在滞后期，我们取 $r'(+1)$ 和 $r'(+2)$ 的均值替代当期的 r'。

（2）房企的净资产利润率存在负值的情况，长期股权投资回报率也存在负值的情况，但明股实债的融资成本始终为正值；因此只要 $r>r'$ 即可认为房企应用隐性债务的杠杆。故当 $r-r'>0$ 时可进行测算，对于 $r-r'<0$ 的情况不予考虑。

2. 在大多数情况下，明股实债的投资方都要求母公司对合作项目的融资进行担保。我们搜集上市公司中的母公司对外担保数据进行验证。在实际操作中，我们取对外担保数据和估算数据中的较大者作为最终结果。一方面，由于上市公司的会计操作可能导致出现 $r-r'<0$ 的情况，但担保的情况是真实的，因此有担保的资产要统计为隐性负债；另一方面，可能出现母公司实力较强，合作方并不要求担保的情况，又由于我们的估算是一个保守估算，故取两者中的较大者。

（四）一些估算的发现

1. 整体发现

第一，我们重点考察上市房企长期股权投资占所有者权益比例这一指标，这一指标值越大说明上市房企的长期股权投资份额越大，也即通过非并表合作开发的规模越大。我们进行了简单的分区统计，可以发现：用长期股权投资进行非并表合作开发从数量和占比来看呈上升趋势：截至 2021 年，长期股权投资占所有者权益比例超过 20% 的上市房企数量为 72 家，占比接近 50%（见图 10-9），长期股权投资占所有者权益比例超过 50% 的上市房企数量为 17 家，这一比例超过 70% 的上市房企数量为 5 家，占所有上市房企的比例分别为 10.6% 和 3.1%（见图 10-10）。尽管长期股权投资超高比例占比的房企数量不多，但这些房企普遍规模较大，且在项目中所占股权比例更小，因此相对于少数股东权益这种隐性负债方式，其规模更大。

第二，时间节点上存在典型特征。其一，大型房企长期股权投资的规模增长始于 2012 年，从 2016 年开始，无论房企规模大小，长期股权投资的相对规模都出现了快速增长，这与少数股东权益占比快速增长的时间点一致，这说明房企大规模增加隐性负债的时间相同，只是对负债方式的选择不同。其二，2021 年相对 2020 年增速更快（尤其是大房企），少数股东权益在这一时间段也表现出同样特点；2020 年实行了"三道红线"政策，一些大房企踩线情况更严重，更有动力通过隐性负债规避监管。另外，2021 年有数十家房企年报未公布，2021 年的隐性负债规模可能比估算的还要大。

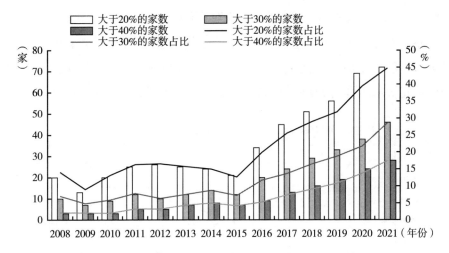

图 10-9　长期股权投资占所有者权益比例的分区间情况

注：2021 年数据存在低估情况，因部分上市公司年报到目前还未发布。
资料来源：Wind，由国家金融与发展实验室房地产金融研究中心计算而得。

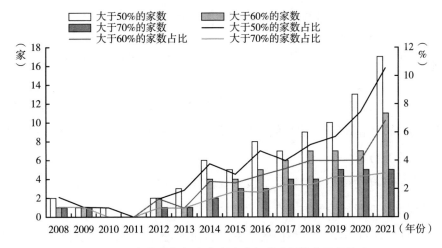

图 10-10　长期股权投资占所有者权益比例的分区间情况

注：2021 年数据存在低估情况，因部分上市公司年报到目前还未发布。
资料来源：Wind，由国家金融与发展实验室房地产金融研究中心计算而得。

　　第三，我们使用上市房企对外担保的数据验证以长期股权投资方式存在的隐性负债。从上市房企对外担保数量来看，对外担保的上市房企数量一直呈增加趋势，2021 年为 93 家，超过半数，说明采取长期股权投资进行隐性负债具有普遍性，而合作方出于安全考虑往往要求上市房企提供担保。担保余额数据与上述长期股权投资的变动趋势几乎一致：2011 年以前，上市房企担保余额不到100 亿元，2015 年开始超过 1000 亿元，之后快速增长（见图 10-11）。

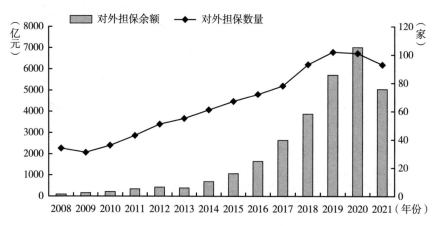

图 10-11　上市房企对外担保数量及余额

注：2021 年数据存在低估情况，因部分上市公司年报到目前还未发布。
资料来源：Wind，由国家金融与发展实验室房地产金融研究中心计算而得。

第四，我们查找了长期股权投资占所有者权益比例较高的房企，有不少是已经违约的上市房企，包括融创、阳光城、佳兆业集团等，表现出较高的相关性。

2. 个案分析

我们同样使用在测算以少数股东权益存在的隐性负债时的四个案例，测算发现以长期股权投资方式存在的隐性负债比较普遍。

2009～2011 年，中国奥园的净资产利润率超过长期股权投资回报率，且长期股权投资占所有者权益比例在 10% 左右，这一时期，公司的隐性负债规模并不大，不超过 50 亿元。2012 年，公司不存在长期股权投资，2013年，长期股权投资回报率远远超过净资产利润率，这两年不存在长期股权投资方式的隐性负债。自 2014 年开始，公司净资产利润率持续大于长期股权投资回报率，且长期股权投资占所有者权益比例持续上升。尽管这一比例从横向比较来看不如后面的融创、万科高，但对外担保数据反映出公司存在较大规模的隐性负债。测算表明，2020 年，中国奥园以长期股权投资方式存在的明股实债为 1104.27 亿元。中国奥园明股实债证据及估算见图 10-12。

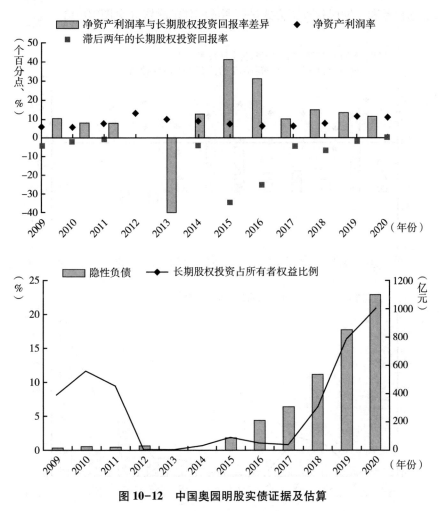

图 10-12　中国奥园明股实债证据及估算

资料来源：Wind，由国家金融与发展实验室房地产金融研究中心估算而得。

在 2015 年之前，尽管阳光城的净资产利润率远远大于长期股权投资回报率，但其长期股权投资占所有者权益比例较低，所以以长期股权投资方式存在的隐性负债规模并不大。2015 年之后，尽管净资产利润率与长期股权投资回报率的差异并不大，甚至有些年份为负值，但长期股权投资份额大幅增长，且公司对外担保数据反映出阳光城存在长期股权投资方式的隐性负债。结合之前对阳光城少数股东权益的考察，可以发现，2015年以后，其同时通过少数股东权益和长期股权投资方式进行明股实债的融资（见图10-13）。

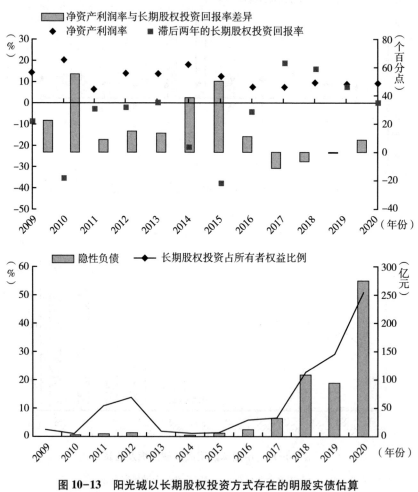

图 10-13　阳光城以长期股权投资方式存在的明股实债估算

资料来源：Wind，由国家金融与发展实验室房地产金融研究中心估算而得。

融创的净资产利润率长期高于长期股权投资回报率，且从2011年开始长期股权投资占所有者权益比例大幅增长。尽管2012年和2013年净资产利润率小于长期股权投资回报率，计算显示不存在以长期股权投资方式存在的隐性负债，但上文表明融创在 2012 年和 2013 年有以少数股东权益方式存在的隐性负债，两者形成替代。结合少数股东权益和长期股权投资两方面的测算，基本可以判断融创主要依靠长期股权投资进行明股实债融资，2020 年，融创以长期股权投资方式存在的明股实债为 1712.38 亿元（见图 10-14），以少数股东权益存在的明股实债为 522.03 亿元。

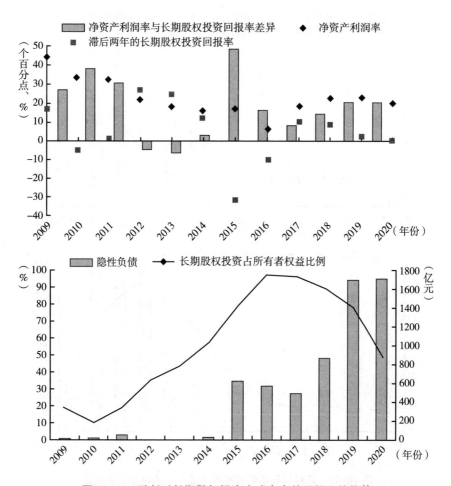

图 10-14　融创以长期股权投资方式存在的明股实债估算

资料来源：Wind，由国家金融与发展实验室房地产金融研究中心估算而得。

　　上文的分析表明，万科以少数股东权益进行隐性负债的规模较小，2018
年的规模最大，也仅为139.23亿元。然而，测算表明，万科以长期股权投
资方式存在大量明股实债：一方面，2015年之后，万科的净资产利润率大
幅超过长期股权投资回报率；另一方面，长期股权投资占所有者权益比例超
过50%。最终测算结果表明，2020年，万科以长期股权投资方式存在的隐
性负债接近2000亿元（见图10-15）。

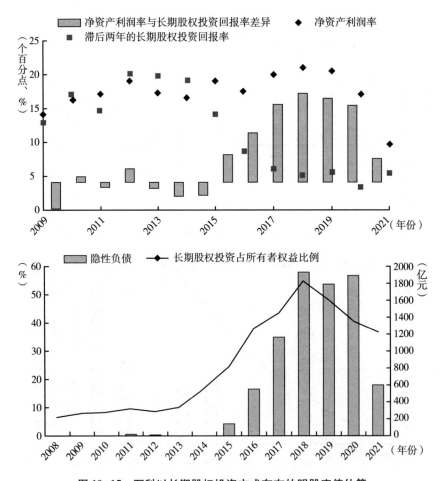

图10-15　万科以长期股权投资方式存在的明股实债估算

资料来源：Wind，由国家金融与发展实验室房地产金融研究中心估算而得。

（五）总规模估算

整体来看，以长期股权投资方式存在的隐性负债呈快速增长趋势，且2015~2020年呈现跳增态势：2015年为2150亿元，2016年则接近翻倍增长；2020年，以长期股权投资方式存在的隐性负债为13701亿元。2021年下降的主要原因来自统计方面：不少房企年报未发布，导致不能计算，实际的以长期股权投资方式存在的隐性负债估计高于2020年数据。由于2021年数据失真，我们采取如下方式修订数据：对于那些2021年因缺少年报数据而空缺的房企，如果2020年存在以长期股权投资方式进行的隐性负债，我们直接将2020年的隐性负债认定为2021年的隐性负债，经修订后的2021年以长期股权投资方式存在的隐性负债为10649亿元（见图10-16）。

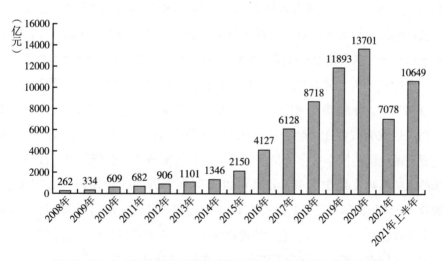

图 10-16 上市房企以长期股权投资方式存在的隐性负债（估算）

资料来源：Wind，由国家金融与发展实验室房地产金融研究中心估算而得。

三 计入所有者权益的表内隐性负债的估算

在上市房企的财务报表中，永续债、优先股和可转债等可能被记入所有者权益会计科目中的"其他权益工具"，其实际均具有一定的债务融资性质，是上市房企的表内隐性负债。

（一）永续债

永续债，又称无期债券，是一种无固定期限债券，根据永续债募集说明书或投资合同、发行期限相关条款内容，永续债可以分为可延期永续债和含赎回权永续债两类。前者具有一定的债券期限，但附有发行人延期选择权，一般以 2+N、3+N、5+N、6+N、7+N、10+N 等期限形式发行；后者无明确到期日，为无固定期限债券，但附有发行人赎回权。根据相关会计准则，当发行人对永续债的本息不存在必须支付的义务时（例如通过永续债募集说明书或投资合同的条款，赋予发行人无限延长债券期限和延递利息支付的权利），永续债可以记入所有者权益会计科目；否则分类为金融负债，记入负债类会计科目。归类为权益工具的永续债，其利息支出作为公司的利润分配；对于归类为金融负债的永续债，其利息支出原则上按照借款费用进行处理。

永续债作为一种新型融资工具，具有股债混合的性质：从无明确到期日的视角来看，永续债在理论上可以无须偿还本金，且能够延递利息支付，永续债可以视为权益性金融工具。但从实务的视角来看，永续债的发行人并不能真正避免偿还债券本息的义务，其实际上仍是债务型融资工具。以华夏幸福的永续债融资情况为例，仅从可以查询到公告的永续债投资合同来看，2017~2020年，华夏幸福共发行了13只永续债，发行金额达到300亿元（不完全统计）（见表10-1）。通过梳理这些公告，我们可以发现华夏幸福的永续债有如下特点。第一，均为无固定期限债券，初始投资期限为1~3年，延续期限或利率调整周期为1~3年。第二，利率水平较高，初始利率为5.9%~9.5%，且均设置利率调整条款，调整和重置后的利率水平会大幅跃升，约定的最高利率可以达到18.1%。第三，均作为权益工具计入公司所有者权益。但从已偿付的4只永续债的情况来看，在初始期限到期后，华夏幸福及其子公司均立刻进行本息偿付，其实质与普通债券无异，并不是真正意义的永续债。第四，永续债的交易对手方为信托、保险和资管公司。第五，在华夏幸福发

表10-1 华夏幸福的永续债融资情况

公告日期	规模（亿元）	期限情况			利率情况			偿付或赎回情况		
		期限类型	初始投资期限（年）	延续期限或利率调整周期（年）	初始利率	重置后利率	最高利率限制	日期	金额（亿元）	交易对手方
2017年1月12日	20	无固定期限	3	1	R0=6.1	$Rn=6.1+n\times3$	18.1	2020年1月21日	20	中信信托
2017年4月18日	15	无固定期限	2	1	R0=5.9	$Rn=11.9+(n-1)\times1$	—	2019年4月27日	15	华宝信托
2017年5月24日	30	无固定期限	2.5	1	R0=6.0	$Rn=6+n\times3$	18.0	2019年12月19日	30	华能贵诚信托
2017年6月27日	10	无固定期限	—	—	R0=5.9	$Rn=R(n-1)\times2$	—	2019年6月29日	10	渤海国际信托
2017年11月11日	10	无固定期限	3	3	R0=7.2+0.11	$Rn=7.2\times(n)\times2+0.11$	12.0	—	—	光大兴陇信托
2019年9月7日	20	无固定期限	1.5	1.5	R0=9.5	$Rn=9.5+n\times2$	12.0	—	—	中原信托
2019年12月12日	25	无固定期限	1	1	R0=9.5	$Rn=9.5+n\times3$	15.5	—	—	陕西国际信托
2020年6月29日	50	无固定期限	3	3	R0=8.5	$Rn=8.5+n\times2$	12.0	—	—	平安养老保险
2020年7月11日	60	无固定期限	2	1	R0=8.0	$Rn=8.0+n\times2$	12.0	—	—	平安资管
2020年7月25日	15	无固定期限	1	1	R0=8.5	$Rn=8.5+n\times2$	10.5	—	—	中融国际信托
2020年9月30日	10	无固定期限	1.5	1.5	R0=8.0	$Rn=8.0+n\times2$	12.0	—	—	平安汇通资管
2020年11月20日	20	无固定期限	1.5	1	R0=8.5	$Rn=8.5+n\times2$	14.5	—	—	西部信托
2020年12月3日	15	无固定期限	1	1	R0=8.5	$Rn=8.5+n\times2$	10.5	—	—	中融国际信托

资料来源：Wind，由国家金融与发展实验室房地产金融研究中心整理而得。

生债务违约事件后，原先记入所有者权益会计科目的永续债，在 2021 年的年报中被全额重新分类为金融负债，证实其通过永续债隐藏表内负债的事实。

第六，通过永续债隐藏表内负债，华夏幸福可以大幅降低资产负债率、净资产负债率和净负债率等财务杠杆率。以 2020 年的年报数据为例，将永续债从所有者权益调整为金融负债，会使华夏幸福的资产负债率提高 3.36 个百分点，净资产负债率提高 117.13 个百分点，净负债率提高 62.53 个百分点（见表10-2）。

表 10-2　将华夏幸福的永续债从所有者权益调整为金融负债对财务杠杆率的影响

单位：%，个百分点

	2017 年	2018 年	2019 年	2020 年
资产负债率	81.10	86.65	83.90	81.29
调整后的资产负债率	83.50	88.84	85.17	84.66
两者差额	2.39	2.20	1.27	3.36
净资产负债率	429.14	648.80	521.30	434.58
调整后的净资产负债率	505.92	796.21	574.38	551.70
两者差额	76.77	147.41	53.08	117.13
净负债率	64.32	168.70	185.71	185.38
调整后的净负债率	88.17	221.59	210.12	247.91
两者差额	23.84	52.90	24.41	62.53

资料来源：Wind，由国家金融与发展实验室房地产金融研究中心计算、整理而得。

总的来看，对于房企来说，永续债有如下两大优点。第一，发行永续债可以拓宽房企融资渠道，获取所需资金，从而增强房企现金流的稳定性。第二，永续债融资能够通过合同条款的设计记入所有者权益会计科目，可以在不增加负债的同时，增加所有者权益的规模。这就能够优化房企的资产负债结构，并大幅降低房企的财务杠杆率。对于房企来说，一方面可以通过降低财务杠杆率来获取相对较高信用评级，这成为进一步通过负债融资的基础；另一方面能够帮助房企满足金融监管的要求，如 2020 年提出的重点房地产企业资金监测和融资管理规则（"三道红线"）。因为永续债具有上述两个优点，其对我国房企具有极大的吸引力。在实务中，几乎所有的上市房企均把永续债记入所有者权益会计科目，因此发行永续债成为上市房企隐藏表内负债的重要方式。2013 年以来，样本房企的永续债存量规模大幅上升，并在 2016 年达到最高时的 1643.17 亿元，其成为房企获取资金的重要融资方式；截至 2021 年末，样本上市房企永续债的存量规模为 1124.70 亿元（因部分房企 2021 年财报仍未披露，该数值是被低估的）（见图 10-17）。其中，保利发展、建发国际集团、雅居乐集团、绿城中国四家上市房企计入所有者权益会计科目的永续债存量规模已超过 100 亿元（见图 10-18）。

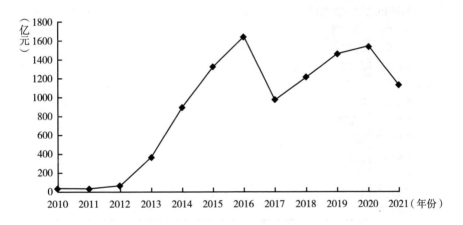

图 10-17 样本上市房企 2010~2021 年永续债存量规模

资料来源：Wind，由国家金融与发展实验室房地产金融研究中心整理而得。

（二）优先股

优先股是指依照《公司法》，在一般规定的普通种类股份之外，另行规定的其他种类股份，优先股持有人优先于普通股股东分配公司利润和剩余财产，但参与公司决策管理等权利受到限制。第一，优先股持有人按照约定的票面股息率，优先于普通股股东分配公司利润。第二，由于解散、破产等原因进行清算时，公司在按照《公司法》和《企业破产法》有关规定进行清偿后，应当把剩余财产优先用于向优先股持有人支付未派发的股息和按公司

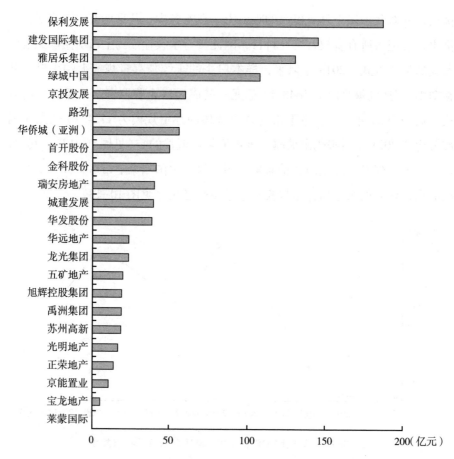

图10-18　已公布2021年财报的上市房企计入所有者权益会计科目的永续债存量规模

资料来源：Wind，由国家金融与发展实验室房地产金融研究中心整理而得。

章程约定的清算金额，不足以支付的按照优先股持有人持股比例分配。第三，优先股持有人的表决权受到限制，不参与公司经营。除特殊情况外，优先股持有人不出席股东大会，所持股份没有表决权。但是公司累计3个会计年度或连续2个会计年度未按约定支付优先股股息的，优先股持有人有权出席股东大会，每个优先股股份均享有公司章程规定的表决权。优先股具有"像债似股"的性质，发行后按照实际收入金额记入所有者权益会计科目；存续期间需按期支付的优先股股息记入利润分配会计科目。

对于上市房企而言，发行优先股可以取得公司发展所需要资金，且在一般情况下不会稀释公司权益及控制权；更重要的是，不会增加企业财务杠杆率，不会影响公司利润总额。近年来，共有西王置业、华侨城（亚洲）和绿景（中国）地产三家港股上市房企发行优先股，它们均以可转换优先股的形式发行。截至 2021 年末，除部分已根据认购协议行使兑换权外，上市房企优先股的存量规模为 60.46 亿元（见图 10-19）。

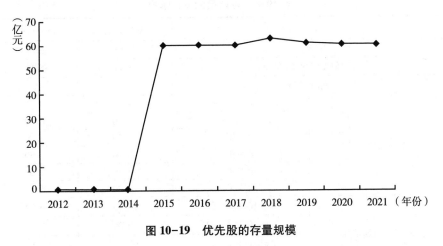

图 10-19　优先股的存量规模

资料来源：Wind，由国家金融与发展实验室房地产金融研究中心整理而得。

（三）可转债

可转换债券，简称可转债，是指公司发行、在合同期内依据约定的条件可以转换为公司股票的特殊债券。可转债兼有债权和股权的双重性质，享受转换特权，在转换前是债券形式，记入应付债券会计科目，转换后成为股票，记入所有者权益会计科目。

通常情况下，可转债票面利率远低于一般公司债的票面利率，从发行者的角度看，发行可转债融资可以减少利息费用；且在转股后相当于增发股票，可以增加权益规模，从而降低房企的资产负债率，但公司原股东权益会被稀释。从市场情况来看，对于房企来说，可转债仍是一个较"小众"的融资工具，近年来，只有冠城大通和格力地产在 2014 年分别发行了 18 亿元和 9.8 亿元的可转债（见表 10-3）。从转股或赎回情况来看，因转股期股价情况不同，可转债的兑付方式也不同，冠城大通的可转债的兑付主要通过转股形式（转股比例接近 100%）；而格力地产的可转债主要通过赎回形式（转股比例不足 1%），成为真正意义上的负债。目前，样本上市房企的可转债存量规模为 0 元。

表 10-3 可转债的发行情况

		冠城大通	格力地产
发行年份		2014	2014
可转债发行规模(亿元)		18.00	9.80
期限(年)		6	5
票面利率(%)	第一年	1.20	0.60
	第二年	1.80	0.80
	第三年	2.50	1.00
	第四年	3.00	1.50
	第五年	3.50	2.0
	第六年	4.00	—
转股或赎回情况	转股规模(亿元)	17.95	0.08
	赎回规模(亿元)	0.05	9.72
	转股占比(%)	99.74	0.80
	赎回占比(%)	0.26	99.20

资料来源：Wind，由国家金融与发展实验室房地产金融研究中心整理而得。

四 利用 ABS 隐藏有息负债的估算

ABS（Asset-Backed Security），即资产支持证券，是指以特定基础资产或资产组合所产生的现金流为偿付支持，通过结构化方式进行信用增级，在此基础上发行的证券。从严格意义上讲，ABS 并不是房企的负债，但房企大都对发行的 ABS 提供担保，其实质还是隐性负债。ABS 的基础资产可以是房企应收账款、租赁债权、信贷资产、信托受益权等财产权利，基础设施、商业物业等不动产或不动产收益权，以及中国证监会认可的其他财产或财产权利。根据基础资产的类型,房企 ABS 可以细分为供应链应付账款 ABS、CMBS/CMBN、购房尾款 ABS、房企应收账款 ABS、棚改/保障房 ABS、类 REITs、物业费收费收益权 ABS 等。

(一)房企 ABS 发行及存量情况

1. 房企 ABS 的发行情况

2012 年 8 月 24 日,天房集团的子公司天津房信以其持有的公有住房的租金收入为基础资产和还款来源,经中国银行间市场交易商协会核准在银行间市场发行了国内第一只房企 ABS(ABN)——天津市房地产信托集团 2012 年第一期资产支持票据,发行规模为 20 亿元;募集所得资金,通过委托贷款形式借贷给天房集团以用于保障性住房建设。2014 年 11 月,证监会发布《证券公司及基金管理公司子公司资产证券化业务管理规定》(中国证券监督管理委员会公告〔2014〕49 号)及配套工作指引,企业 ABS 的发行由核准制改为备案制。在此之后,我国资产证券化业务呈快速发展的态势;同时,更多房企开始关注和试水 ABS 融资。2016 年,随着新一轮房地产调控的开始,房地产金融政策大幅收紧,银行贷款、信托、信用债等房企传统融资渠道开始受限;房企的部分融资需求开始转向 ABS 融资,ABS 发行规模大幅增加,并逐渐成为房企重要的补充融资渠道。2021 年以来,受部分大型房企债务违约事件影响,房企 ABS 的发行规模有所下降。

截至 2022 年 5 月 31 日,房企 ABS 累计发行 1761 只,发行规模达到 1.57 万亿元(见图 10-20)。其中,供应链应付账款 ABS 的发行规模为 6854.41 亿元,占比为 43.68%;CMBS/CMBN 的发行规模为 2724.45 亿元,占比为 17.36%;购房尾款 ABS 的发行规模为 2066.50 亿元,占比为 13.17%;房企应收账款 ABS 的发行规模为 1130.85 亿元,占比为 7.21%;棚改/保障房 ABS 的发行规模为 967.69 亿元,占比为 6.17%;类 REITs 的发行规模为 820.18 亿元,占比为 5.23%;物业费收费收益权 ABS 的发行规模为 630.96 亿元,占比为 4.02%;其他未分类 ABS 的发行规模为 497.59 亿元,占比为 3.17%(见图 10-21)。

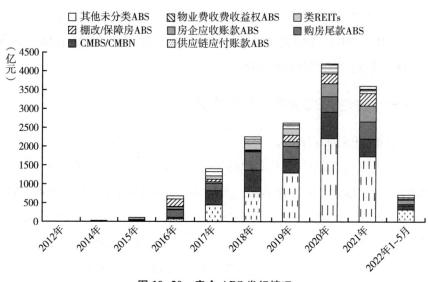

图 10-20 房企 ABS 发行情况

注：2013 年房企 ABS 发行规模为 0。
资料来源：Wind，由国家金融与发展实验室房地产金融研究中心整理而得。

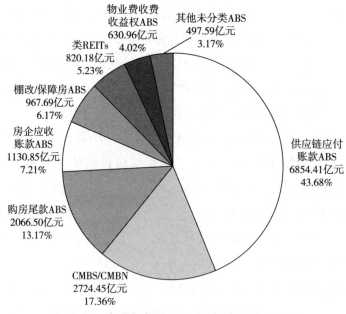

图 10-21 房企各类型 ABS 发行规模及占比情况

资料来源：Wind，由国家金融与发展实验室房地产金融研究中心整理而得。

2. 房企 ABS 的存量情况

截至 2022 年 5 月 31 日，房企存量 ABS 共计 781 只，存量规模为 6892.06 亿元。其中，供应链应付账款 ABS 规模为 2029.29 亿元，占比为 29.44%；CMBS/CMBN 规模为 1855.85 亿元，占比为 26.93%；房企应收账款 ABS 规模为 686.6 亿元，占比为 9.96%；购房尾款 ABS 规模为 679.92 亿元，占比为 9.87%；类 REITs 规模为 674.96 亿元，占比为 9.79%；棚改/保障房 ABS 规模为 502.42 亿元，占比为 7.29%；物业费收费收益权 ABS 规模为 135.91 亿元，占比为 1.97%；其他未分类 ABS 规模为 327.11 亿元，占比为 4.75%（见图 10-22）。

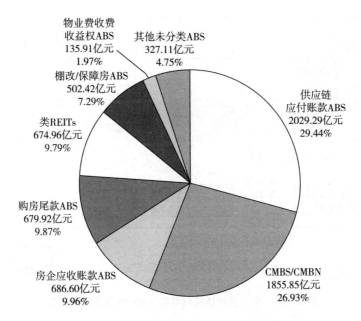

图 10-22 房企各类型 ABS 存量规模及占比情况

资料来源：Wind，由国家金融与发展实验室房地产金融研究中心整理而得。

（二）房企各类 ABS 简介和财务处理方法

1. 供应链应付账款 ABS

供应链应付账款 ABS 是以供应商（建筑施工单位、设计公司、材料供应商等）向房企提供工程承包或分包服务、货物贸易等而产生的应收账款债权（房企的应付账款）为基础资产，通常采用"1+N+1"① 反向保理模式，发行的资产证券化产品。从交易结构来看，房企供应链应付账款 ABS 的发行，首先由多家原始债权人（供应商）通过与保理公司签订保理协议，将对债务人（房企及房企的项目子公司）的未到期贸易应收账款债权和工程应收账款债权转让给保理公司；房企作为共同债务人，对上述债权出具《付款确认书》，做出到期付款承诺或差额支付承诺；保理公司作为原始权益人，将上述应收账款债权组成的资产池或资产组合转让给 SPV；SPV 以上述债权为基础资产，发行资产支持证券（见图 10-23）。

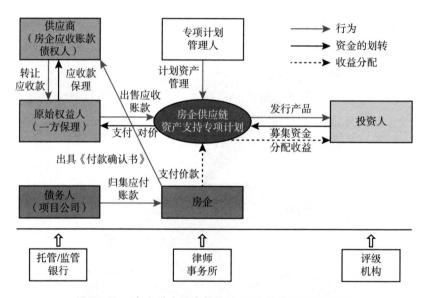

图 10-23 房企供应链应付账款 ABS 的典型交易结构

资料来源：由国家金融与发展实验室房地产金融研究中心整理而得。

房企供应链应付账款 ABS 融资所得资金流入房企供应商，房企供应链应付账款 ABS 可以使房企供应链上游的中小供应商盘活应收账款，加快回收资金、降低资金成本和改善流动性状况。对于房企来说，可以利用基础资

---

① 第一个"1"是指 1 家核心房企，"N"是指房企的多个供应商，第二个"1"是指 1 个保理公司。

产池中债权到期日应早于专项计划到期日的要求，通过供应链应付账款 ABS 对债权到期日进行标准化来延长相关应付账款的期限，从而可以缓解流动性压力，起到与有息债务融资相同的作用。在财务科目的处理上，房企一般仅将供应链应付账款 ABS 相关的应付账款会计科目下的关联方从供应商调整为保理公司；或者将供应链应付账款 ABS 相关的应付账款债务，从应付账款会计科目调整至其他应付款会计科目。房企供应链应付账款 ABS 具有类信用债的特征，虽然融资主体为房企上游供应商，但其偿付的现金流完全来自房企的还款；且房企积极参与房企供应链应付账款 ABS 发行的动力来自其可以在不增加有息债务的情况下延长应付账款期限，达到与房企通过发行一般短期债券融资来提前偿还供应商的应付账款相同的作用。因此，房企供应链应付账款 ABS 可以视为房企的隐性有息负债。

2. CMBS/CMBN

CMBS（Commercial Mortgage Backed Securities，商业房地产抵押贷款支持证券）/CMBN（Commercial Mortgage Backed Securities Notes，商业房地产抵押贷款支持票据）是以商业房地产（商场、写字楼、酒店、公寓、会议中心等）作为标的资产，以标的商业房地产物业作为贷款的抵押担保物，以标的商业房地产抵押贷款债权作为基础资产，以商业房地产未来营运收入（租金收入、物业费、管理费等）作为还本付息来源，发行的资产支持证券或票据。常用的交易结构有"委托贷款+专项计划""资金信托+专项计划""关联方借款+专项计划""关联方借款+财产权信托+专项计划"4 类。房企 CMBS/CMBN 典型交易结构（双 SPV）见图 10-24。

对于房企来说，房企 CMBS/CMBN 实质上将标的商业房地产物业（房企持有的经营性物业）作为抵押担保，以商业房地产的营运收入作为质押担保和本息偿付来源的中长期借款。在财务处理时，房企一般将 CMBS/CMBN 融资所产生的债务记入应付债券或其他非流动负债等会计科目中。

3. 购房尾款 ABS

购房尾款是指购房者与房企项目公司签订购房合同并支付首付款后，房地产项目公司因销售商品住房对购房者相应的应收款债权。购房尾款

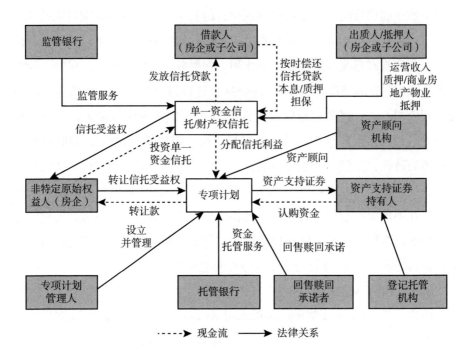

图 10-24　房企 CMBS/CMBN 典型交易结构（双 SPV）

资料来源：由国家金融与发展实验室房地产金融研究中心整理而得。

ABS① 是房企或房企项目公司作为原始权益人或发起人，受让项目公司拥有的、拟纳入初始资产包以及后续循环购买的购房者支付了首付款之后的购房尾款应收款，并以此购房尾款应收款债权及附属权利为基础资产，以基础资产所产生的现金流为本息偿付来源，发行的资产证券化产品。房企购房尾款 ABS 典型交易结构见图 10-25。

对于房企来说，通过发行购房尾款 ABS 产品，可以提前取得销售回款现金流，有助于拓宽融资渠道、缓解房企资金压力和优化资产结构。从实质

---

① 购房尾款 ABS 的基础资产，一般限定为购房者与银行或住房公积金中心签订贷款合同至银行或住房公积金中心发放贷款至房地产项目公司这一特定期间内的房企应收账款，即入池基础资产付款类别为商业银行按揭贷款、住房公积金按揭贷款或两者的组合贷款。另外，因银行贷款审批和发放流程通常为 3~6 个月，远低于一般购房尾款 ABS 2~3 年的期限，在实操中通常会引用循环购买机制和不合格资产赎回机制。

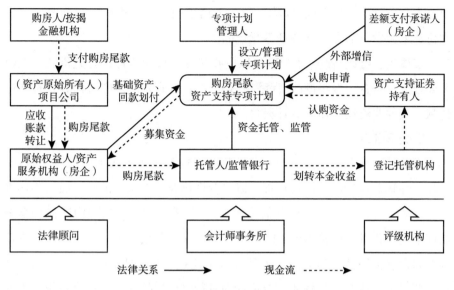

图 10-25　房企购房尾款 ABS 典型交易结构

资料来源：由国家金融与发展实验室房地产金融研究中心整理而得。

上看，购房尾款 ABS 可以视为房企以未确认收入的未来应收账款债权的偿债现金流为质押的有息借款。在财务处理时，房企一般将购房尾款 ABS 产生的债务记入应付债券、长期应付款、其他非流动负债等会计科目。

4. 房企应收账款 ABS

房企应收账款 ABS 以房企对合营或联营项目的应收账款、经营性物业的运营收入等应收账款为基础资产，发行的资产证券化产品。

实质上，房企应收账款 ABS 是以应收账款债权为质押的有息借款。房企作为发起人将应收账款转让给专项计划，在转让合同里，一般情况下存在担保条款、差额支付条款、固定价格回购条款、追索权条款等，因此，这应该视为房企保留了应收账款的几乎所有的风险和报酬。在财务处理上，房企一方面需将应收账款保留在相应的资产科目中，另一方面将应收账款 ABS 产生的债务记入应付债券、长期应付款、其他非流动负债等会计科目。

5. 棚改/保障房 ABS

棚改/保障房 ABS 是以棚改/保障房项目产生的应收账款债权及其附属

权益为基础资产，以棚改/保障房的未来销售回款、公租房的租金收入为还本付息来源发行的资产支持证券化产品。

实质上，棚改/保障房 ABS 是以应收账款债权为质押的有息借款。在财务处理上，房企一般将棚改/保障房 ABS 产生的债务记入应付债券、长期应付款、其他非流动负债等会计科目。

6. 类 REITs

类 REITs 是以房企持有的经营性物业产权和运营收入为底层基础资产，以经营性物业资产产权进行抵押，以经营性物业资产未来的营运收入为还本付息来源，发行的房地产投资信托或基金。"类 REITs"是国内法律和金融制度不完善背景下嫁接国外 REITs 的产物，在交易结构上，一般由基金管理人发起设立契约型私募基金，由私募基金通过 SPV 间接持有项目公司的股权，项目公司持有标的物业。专项计划发行资产支持证券募集合格投资者的资金，用于收购和持有私募基金份额，进而间接享有标的物业产权。与国外主流 REITs 相比，房企类 REITs 底层资产产生的现金流经过两层 SPV 传递后过手摊还至投资者，但投资者并不享有底层物业资产升值收益。因此，房企的类 REITs 产品依然具有较强的债权属性。

在财务处理上，因房企类 REITs 基于底层标的物业所有权是否发生转移而不同。对于发生标的物业所有权转移的情况，即真实出售的出表型类 REITs，在会计处理上与出售物业资产相同，在资产方的会计科目中减记投资性房地产或长期股权投资（项目公司股权），并确认资产处置损益。对于不发生标的物业所有权转移的情况，即非真实出售的类 REITs，在会计处理上与房企 CMBS/CMBN 相同，将因发行类 REITs 产生的债务记入应付债券、长期应付款、其他非流动负债等会计科目。

7. 物业费收费收益权 ABS

物业费收费收益权 ABS 是指以物业管理公司（以房企下属物业管理子公司为主）为原始权益人，以物业合同债权未来现金流作为基础资产或底层资产发行的资产支持证券化产品。

在财务处理上，房企物业费收费收益权 ABS 与房企应收账款 ABS 类似，将物业费收费收益权 ABS 产生的债务记入应付债券、长期应付款、其他非流动负债等会计科目。

（三）上市房企利用 ABS 隐藏有息债务规模估算

1. 上市房企 ABS 的发行情况

截至 2022 年 5 月 31 日，样本上市房企累计发行 ABS 产品 773 只，发行规模为 7918.44 亿元（见图 10-26）。其中，供应链应付账款 ABS 的发行规模为 2435.64 亿元，占比为 30.76%；CMBS/CMBN 的发行规模为 1977.29 亿元，占比为 24.97%；购房尾款 ABS 的发行规模为 1567.22 亿元，占比为 19.79%；房企应收账款 ABS 的发行规模为 595.00 亿元，占比为 7.51%；类 REITs 发行规模为 522.87 亿元，占比为 6.60%；物业费收费收益权 ABS 发行规模为 396.45 亿元，占比为 5.01%；其他未分类 ABS 的发行规模为 423.97 亿元，占比为 5.35%。碧桂园、万科、中国金茂、华发股份、绿城中国、世茂股份、金融街、华润置地、阳光城、保利置业集团、中国海外发展、雅居乐集团、招商蛇口、融创中国、远洋集团、龙光集团、首开股份、新城控股、金地集团、金辉控股、中交地产、华夏幸福 22 家房企的 ABS 发行规模超过 100 亿元；其中，碧桂园 ABS 的发行规模高达 1007.52 亿元，万科 ABS 的发行规模高达 974.57 亿元，远超其他同规模房企（见图 10-27）。

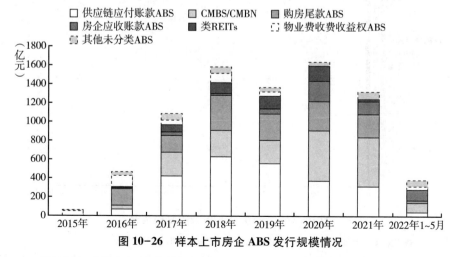

图 10-26　样本上市房企 ABS 发行规模情况

资料来源：由国家金融与发展实验室房地产金融研究中心整理而得。

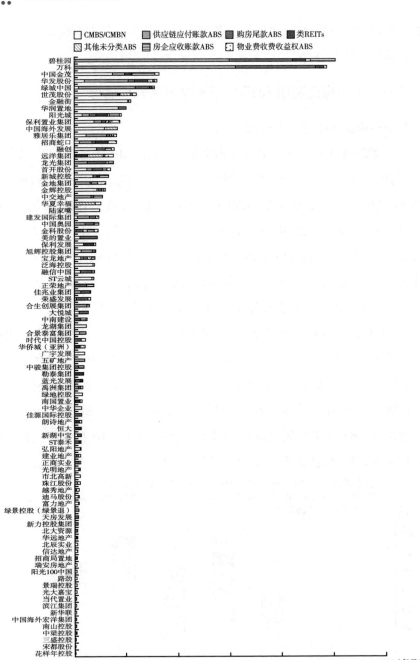

图 10-27　上市房企 ABS 发行规模情况

资料来源：由国家金融与发展实验室房地产金融研究中心整理而得。

2. 上市房企 ABS 的存量情况

截至 2022 年 5 月 31 日，样本上市房企 ABS 存量余额为 3891.81 亿元。其中，CMBS/CMBN 的存量规模为 1479.66 亿元，房企供应链应付账款 ABS 存量规模为 835.11 亿元，类 REITs 存量规模为 413.75 亿元，购房尾款 ABS 存量规模为 406.96 亿元，房企应收账款 ABS 存量规模为 366.75 亿元，物业费收费收益权 ABS 存量规模为 71.57 亿元，其他未分类 ABS 存量规模为 318.01 亿元。万科、绿城中国、华润置地、碧桂园、华发股份、中国海外发展、金融街、中国金茂、雅居乐集团、远洋集团、阳光城、保利置业集团、招商蛇口等 13 家上市房企的 ABS 存量余额超过 100 亿元（见图 10-28）。

五　上市房企隐性负债合计

我们将以少数股东权益方式存在的隐性负债、以长期股权投资方式存在的隐性负债、计入所有者权益的表内隐性负债、利用 ABS 隐藏有息负债的规模加总，得到上市房企隐性负债规模（见图 10-29）。

从时间趋势看，2015 年后隐性负债规模快速增长，2017 年隐性负债规模超过 1 万亿元，2019 年一举超过 2 万亿元，2020 年达到 2.68 万亿元的峰值，2021 年受"爆雷"影响略有下降（为 2.47 万亿元）。从横向对比来看，以长期股权投资方式存在的隐性负债规模明显大于以少数股东权益方式存在的隐性负债规模。之所以房企愿意以长期股权投资方式进行隐性负债，是因为其报表透露的信息更少，隐蔽性更强。

六　房企对金融体系负债测算

（一）对金融体系负债测算方法

房企对金融体系负债的测算方法如下。第一，从上市房企年报取得其有息负债总额，主要包括短期借贷及长期借贷当期到期部分、长期借款两个科目。第二，测算上市房企的隐性负债，包括以少数股东权益和长期股权投

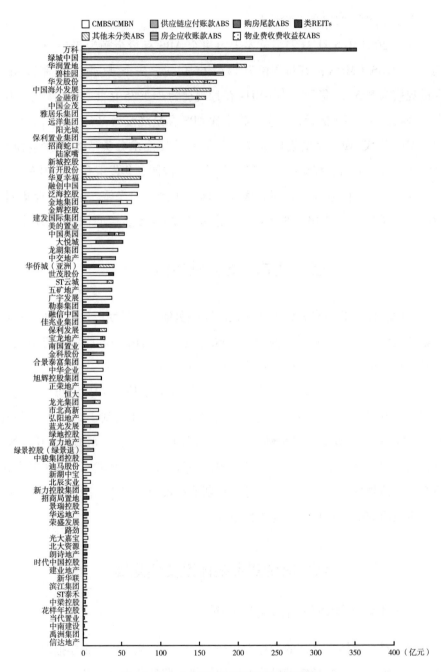

图 10-28　上市房企 ABS 存量余额情况

资料来源：由国家金融与发展实验室房地产金融研究中心整理而得。

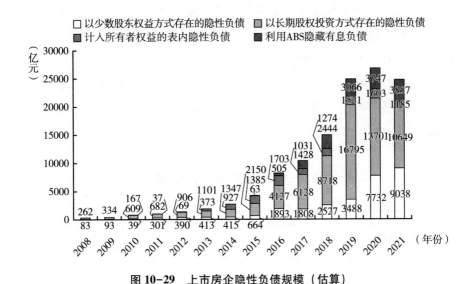

图 10–29　上市房企隐性负债规模（估算）

资料来源：由国家金融与发展实验室房地产金融研究中心估算而得。

资方式存在的隐性负债，计入所有者权益的表内隐性负债以及利用 ABS 隐藏有息负债，本章第一部分至第四部分已完成测算。第三，测算与上市房企合作开发的房企的金融体系负债，具体测算方法为通过上市房企的权益销售与全口径销售的比例推算债务规模，同时，我们假设合作房企没有隐性负债，因为它们并不上市，财务报表无须公开，没有必要通过股权的方式隐藏负债，又由于规模较小，我们假定其没有公开发行的信用债，因此合作房企对应的负债来源仅包括银行贷款、信托贷款、房地产私募股权基金以及资产支持证券。第四，测算独立开发房企的金融体系负债规模，具体测算方法为通过上市房企全口径销售与全行业销售的比例推算债务规模，独立开发房企的负债来源同合作房企对应的负债来源。第五，将三类房企的负债规模加总，将所得数据与金融机构和金融市场对房地产的各类资金供给加总数据进行交叉检验。

（二）上市房企有息负债规模

我们从 Wind 数据库分别取得房地产管理和开发行业的短期借贷及长

期借贷当期到期部分以及长期借款的余额数据，再从上述行业中扣除掉房地产服务行业这两个科目的余额数据，分别得到表10-4中（1）和（2）两列数据，将（1）（2）两列数据相加即可得到上市房企表内的有息负债数据；在扣除掉境内外债券数据即可得到除债券外的有息债务数据，这一数据是下文估算与上市房企的合作开发房企以及独立开发房企的有息负债的基础。

表 10-4 上市房企有息负债规模

单位：亿元

年份	短期借贷及长期借贷当期到期部分(1)	长期借款(2)	有息负债(3)=(1)+(2)	境内外债券(4)	除债券外的有息负债(5)=(3)-(4)
2008	2358.0	5716.6	8074.6	265.0	7809.6
2009	2611.5	7599.9	10211.3	724.6	9486.7
2010	4169.0	10565.2	14734.2	778.6	13955.6
2011	6076.3	12155.6	18231.9	882.6	17349.3
2012	6832.8	15140.7	21973.5	1103.7	20869.8
2013	7571.7	19480.5	27052.1	1382.8	25669.4
2014	11934.2	24229.1	36163.4	2533.7	33629.6
2015	14313.9	32281.1	46595.0	7635.8	38959.2
2016	15005.6	41411.0	56416.6	15457.5	40959.1
2017	22758.2	48602.7	71360.9	18392.3	52968.6
2018	26423.6	57317.1	83740.7	21701.0	62039.8
2019	31140.3	61579.0	92719.3	24408.3	68311.0
2020	31503.4	65860.1	97363.5	27999.2	69364.3
2021	29694.4	67835.3	97529.7	29045.7	68484.0

注：因不少房企2021年年报未公布，表格最后一行采取的是2021年半年报数据。
资料来源：Wind，由国家金融与发展实验室房地产金融研究中心整理而得。

（三）合作开发房企和独立开发房企有息负债估算

我们假定合作开发房企和独立开发房企可以撬动的非公开发行债务杠杆与上市房企是一样的，上市房企还可发行信用债以及通过影子银行融资，则上市房企的杠杆依然高于非上市房企，这一假定是合理的。因而在具体计算中我们只需知道合作开发房企在上市房企全口径销售中的比重，即可推算合作开发房企有息负债规模，即用表10-4（5）数据除以表10-5（4）得到合作开发房企与上市房企总的有息负债规模，再减去表10-4（5）数据即可得到合作开发房企有息负债规模。独立开发房企有息负债的计算方法如下：用表10-4（5）数据除以表10-5（4）再除以表10-5（5）得到全行业有息负债规模，再减去表10-4（5）数据以及表10-5（6）数据，即可得到独立开发房企有息负债。

表10-5 合作开发房企和独立开发房企有息负债规模估算

单位：亿元，%

年份	上市房企全口径销售（1）	上市房企权益口径销售（2）	商品房销售（3）	上市房企权益口径销售占上市房企全口径销售比例(4)=(2)/(1)	上市房企全口径销售占商品房销售比例(5)=(1)/(3)	合作开发房企有息负债规模(6)	独立开发房企有息负债规模(7)
2016	62105.3	53100.0	117627.1	85.5	52.8	6946.3	42827.1
2017	70544.5	58424.7	133701.3	82.8	52.8	10988.0	57258.9
2018	86253.2	67394.8	149614.4	78.1	57.7	17359.9	58326.6
2019	102761.9	80254.5	159725.1	78.1	64.3	19157.8	48486.0
2020	115732.1	84182.4	173612.7	72.7	66.7	25996.2	47692.2
2021	115343.8	83155.6	181930.0	72.1	63.4	26509.0	54837.9

注：（1）（2）两列数据根据克而瑞公布的房企数据逐个整理加总，由于克而瑞只搜集了2016年之后的数据，这里也只估算2016年之后的情况，后续基于资金供给面的交叉检验也只核对2016年之后的情况。

资料来源：克而瑞，Wind，由国家金融与发展实验室房地产金融研究中心估算而得。

（四）基于资金供给面的交叉检验

无论哪种类型的房企，其最终的资金来源包括五个方面，即房地产开发贷、房地产信托贷款、房地产私募股权基金、金融市场公开发行的信用债

（境内信用债和境外债）和非信用证券（包括计入所有者权益的永续债、可转债等，以及利用 ABS 隐藏的有息债务），此外可能还存在以其他名义供给的资金，我们最终将其归为误差项。这里我们将除境内信用债和境外债之外的四项相关数据加总，以便与后续基于需求侧的房企有息债务进行交叉检验（见表 10-6）。

表 10-6　房企金融负债来源

单位：亿元

年份	房地产开发贷余额（1）	房地产信托贷款余额（2）	房地产私募股权基金管理规模（3）	境内信用债和境外债余额（4）	非信用证券余额（5）	除境内信用债和境外债之外加总（6）＝（1）+（2）+（3）+（5）
2008	19300	—	—	265	—	19300
2009	25278	1719.9	—	724.6	—	26997.9
2010	31325.8	4323.7	—	778.6	39.04	35688.54
2011	34880	6882.3	0	882.6	37.19	41799.49
2012	38630	6880.7	500	1103.7	68.87	46079.57
2013	46000	10337.5	800	1382.8	372.94	57510.44
2014	56300	13094.9	1000	2533.7	927.45	71322.35
2015	65600	12877.2	2200	7635.8	1447.54	82124.74
2016	71100	14295.4	7500	15457.5	2208.39	95103.79
2017	83000	22828.3	12000	18392.3	2458.92	120287.22
2018	101900	26872.7	15000	21700.9	3717.93	147490.63
2019	112200	27038	17000	24408.3	4587.33	160825.33
2020	119100	22780.5	22052.2	27999.2	5349.79	169282.49
2021	120100	17615.6	22052.2	29045.7	5041.67	164809.47

资料来源：Wind，中国证券投资基金业协会。

　　我们将上市房企有息负债、上市房企隐性负债、合作开发房企有息负债以及独立开发房企有息负债加总，然后与表 10-6（6）数据进行核对，以验证估算的准确性。这里需要说明的是需求面和供给面数据不存在相关性，是完全独立的，即不存在循环论证的情况。需求面的隐性负债的估算基于上市公司年报数据，合作开发房企和独立开发房企负债是基于相同杠杆比例并根据销售占比推算的；而供给面的数据来自中国人民银行、中国信托业协会和中国证券投资基金业协会。图 10-30 给出了资金需求面与资金供给面的交叉验证结果，总体来看，两种方式计算的吻合度较高，2016~2021 年平均年误差为 4296 亿元，占年负债余额的 2.9%，应该说这个误差程度是可以接受的。从各年误差数据来看，误差最小的年份是 2020 年，需求侧估算数据仅比供给侧估算数据高 552.69 亿元；误差较大的年份为 2017 年和 2021 年，需求侧估算数据比供给侧估算数据分别高 1.13 万亿元和 0.97 万亿元。

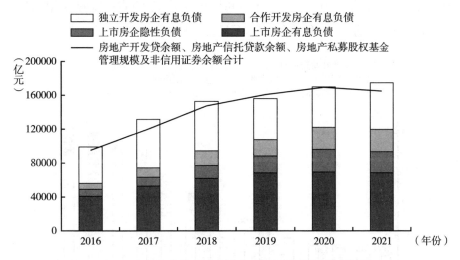

图 10-30　资金需求面与资金供给面的交叉验证结果

资料来源：由国家金融与发展实验室房地产金融研究中心估算、整理而得。

（五）房企对金融体系负债总规模及结构

对于上述资金需求面和资金供给面交叉检验存在误差的情况，我们取两种中的较大者作为最终的负债结果，这是因为近年来房企加杠杆扩张规模是常态。对于需求侧数据大于供给侧数据的情况，我们认为金融机构存在以其他名义对房企放贷的情况，增加一项"其他资金"科目，并将误差项填入。

图 10-31 给出了基于供给侧的房企负债结构，从图 10-31 中可以看出，2008~2014 年，房企扩张主要依靠房地产开发贷和房地产信托贷款；从 2016 年开始，境内信用债和境外债成为房企第二大融资来源，一般而言，只有上市房企才能公开发债，债券融资规模的快速增长说明行业集中度在进一步提高；另外，房地产私募股权基金以及其他可被称为"影子银行的影子"资金也进入房企，体现了房企高速扩张中的融资饥渴症。从房企对金融机构负债的产品结构来看，2021 年，房地产开发贷款的规模为 12.01 万亿元，房地产信托规模为 1.76 万亿元，信用债规模为 2.90 万亿元，非信用债规模为 8968 亿元（包括房企 ABS 6598 亿元、可转债等记入所有者权益的表内隐性债务 1185 亿元），房地产 PE 基金 2.21 万亿元，其他资金 9749 亿元。

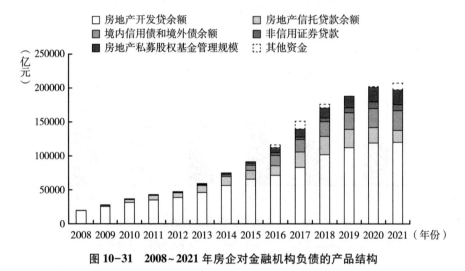

图 10-31　2008~2021 年房企对金融机构负债的产品结构

资料来源：Wind，中国证券投资基金业协会，由国家金融与发展实验室房地产金融研究中心估算、整理而得。

对于供给侧数据大于需求侧数据的情况，我们认为，负债面对隐性负债的估计不充分，将误差数据直接加入隐性负债进行调整。由于根据 2016 年之前的数据我们不能分别推算合作房企和独立开发房企的情况，我们直接用总规模减去上市房企的各类负债得到两者合并的有息负债，为保持前后一致，对于 2016 年之后的数据，我们也将两类房企的数据合并计算。

图 10-32 给出了不同房企对金融体系的负债情况，从图 10-32 中可以看出，2014 年之前，上市房企的融资规模还没有超过非上市房企，说明市场还处于竞争相对充分的状态；从 2015 年开始，伴随着影子银行的扩张和债券市场融资成本更低，上市房企债务规模一举超过非上市房企，市场集中度进一步提高。

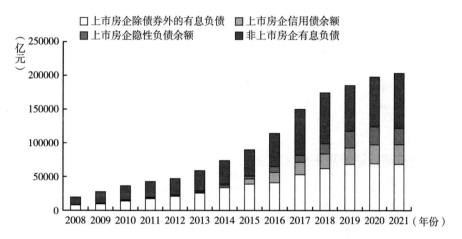

图 10-32　2008~2021 年不同房企对金融体系的负债情况

资料来源：Wind，中国证券投资基金业协会，由国家金融与发展实验室房地产金融研究中心估算、整理而得。

图书在版编目（CIP）数据

中国住房金融发展报告 . 2023 / 蔡真，崔玉主编
. --北京：社会科学文献出版社，2023.8
ISBN 978-7-5228-2016-3

Ⅰ. ①中… Ⅱ. ①蔡… ②崔… Ⅲ. ①住宅金融-研
究报告-中国-2023 Ⅳ. ①F299.233.38

中国国家版本馆 CIP 数据核字（2023）第 111576 号

中国住房金融发展报告（2023）

顾　　问 / 李　扬
主　　编 / 蔡　真　崔　玉

出 版 人 / 冀祥德
组稿编辑 / 恽　薇
责任编辑 / 孔庆梅
责任印制 / 王京美

出　　版 / 社会科学文献出版社·经济与管理分社（010）59367226
　　　　　　地址：北京市北三环中路甲 29 号院华龙大厦　邮编：100029
　　　　　　网址：www.ssap.com.cn
发　　行 / 社会科学文献出版社（010）59367028
印　　装 / 三河市东方印刷有限公司

规　　格 / 开　本：787mm×1092mm　1/16
　　　　　　印　张：20.5　字　数：310 千字
版　　次 / 2023 年 8 月第 1 版　2023 年 8 月第 1 次印刷
书　　号 / ISBN 978-7-5228-2016-3
定　　价 / 138.00 元

读者服务电话：4008918866